AF261734

LE

DROIT DU SEIGNEUR

AU MOYEN AGE

PARIS. — IMP. VICTOR GOUPY, 71, RUE DE RENNES.

LE DROIT DU SEIGNEUR

AU MOYEN AGE

PAR

LOUIS VEUILLOT

Rédacteur en chef du journal *l'Univers*

Troisième édition

Mentientes populo credenti mendaciis.
(ÉZÉCH., XIII, 19.)

SOCIÉTÉ GÉNÉRALE DE LIBRAIRIE CATHOLIQUE

(Ancienne Maison Victor PALMÉ, éditeur des *Bollandistes*).

PARIS
rue de Grenelle-Saint-Germain. 25.

BRUXELLES
F, place de Louvain, 5.

M D CCC LXXVIII

AVANT-PROPOS

DE LA PREMIÈRE ÉDITION (1854)

M. Dupin a lu dernièrement à l'Académie des sciences morales et politiques un rapport sur l'ouvrage intitulé : *Coutumes locales du Baillage d'Amiens*, publié par M. Bouthors, greffier de la Cour impériale de cette ville. M. Alloury, du *Journal des Débats*, loue le mérite du livre et surtout celui du rapport. Selon lui, le livre fournit des renseignements précieux « sur le régime « féodal, sur les droits des seigneurs, et sur les « mœurs de ces siècles que l'*on ne craint pas aujour-* « *d'hui de proposer en exemple au nôtre.* » Parmi les droits féodaux « qui sont *formellement consacrés* par ces coutumes, *il en est deux,* » qui le frappent d'horreur, et probablement de joie, et qu'il laisse à M. Dupin « le soin de *caractériser.* » Il paraît que M. Dupin les caractérise à son gré. « Le premier, continue-t-il, est « celui que l'on appelle aujourd'hui simplement le « *Droit du seigneur,* pour se dispenser de lui donner le « nom trop cru sous lequel il est formulé dans les « textes. » L'autre est « celui que la coutume recon-

« naissait au seigneur de contraindre ses sujets à
« battre l'eau des fossés pendant la nuit, pour empê-
« cher que les raines et grenouilles ne lui fassent
« noise en troublant son sommeil. »

Ayant ainsi préparé le lecteur, M. Alloury lui livre
le passage suivant du rapport où M. Dupin *caractérise*
les droits en question :

« Que les amis posthumes de la féodalité ne viennent pas
dire que ce sont là des fables ou des exagérations inventées par
les adversaires de l'ancienne aristocratie seigneuriale! On peut
contester certains récits qui ne se trouvent que dans des chroniqueurs crédules ou dans quelques écrivains passionnés ; mais
quand de tels faits sont écrits dans des lois où ils sont qualifiés
droits, quand le texte de ces lois est authentique et qu'il est
produit, le rôle officieux de la dénégation devient impossible.

« Ce qu'il y a de plus scandaleux, c'est que les seigneurs
même ecclésiastiques prétendaient à l'exercice de ce droit.
« J'ai vu, dit Boërius (décision 297), juger dans la cour de
« Bourges, devant le métropolitain, un procès d'appel où le
« *curé* de la paroisse prétendait que, de vieille date, il avait
« la *première connaissance charnelle* avec la fiancée ; laquelle
« coutume avait été annulée et *changée en amende*. »

« C'est ainsi que, pour la représentation du même droit, les
officiers de l'évêque d'Amiens se contentaient « d'exiger de
« toutes les personnes nouvellement mariées une *indemnité*
« pour leur *permettre* de coucher avec leurs femmes la pre-
« mière, la deuxième et la troisième nuit de leurs noces. »
(Bouthors, t. I, p. 469.) Mais un arrêt du Parlement, du
19 mars 1409, lui *interdit* l'exercice de ce droit (Laurière, *Glossaire*, I, page 308. Ce même auteur cite plusieurs autres
exemples pour d'autres pays que la France). »

Ces audacieuses assertions, particulièrement celle

qui touche à l'honneur de l'Église, ont été l'occasion du présent travail.

La première esquisse en a paru dans l'*Univers*.

Écrivant à la hâte, en journaliste, à mesure que j'étudiais, j'avais laissé passer quelques erreurs et omis beaucoup de textes importants. J'ai pu ici faire plus large place à la vérité.

Dans un sujet que tant de plumes effrontées ont souillé par plaisir, sous prétexte de défendre la pudeur, j'ai voulu rester lisible à peu près pour tout le monde. J'espère avoir réussi. Néanmoins, j'ai dû donner quelquefois la parole à mes adversaires, quelquefois aussi laisser au latin et au vieux français toute leur liberté. Je ne pouvais pas supprimer des preuves décisives, parce qu'i s'y rencontre une certaine grossièreté d'expression. Saint Augustin, obligé de traiter une matière difficile, renvoie au lecteur impudique la censure que pourrait lui attirer l'inévitable emploi de certaines paroles. « Tout homme chaste, dit-il, les pardonnera sans peine à la nécessité de vaincre l'infidélité qui nous combat non sur des opinions recommandées à la foi, mais sur des faits dont l'expérience décide (1). »

Les assertions de M. Dupin, le retentissement que la presse leur a donné, montrent quelle consistance a prise cette vieille calomnie du *droit du seigneur*, et avec quel zèle certaine école politique et philosophique travaille à l'accréditer de plus en plus. Par là aussi est démontrée la nécessité de s'en défaire.

A force de l'entendre répéter avec de tels semblants

(1) S. Aug., *Cité de Dieu*, l. XIV, n° 23.

d'autorité, les catholiques eux-mêmes ont fini par la croire un peu. Ils pensent qu'on exagère sans doute, mais que pourtant la calomnie repose sur quelque fondement.

Elle n'en a aucun.

Le droit du seigneur, tel qu'on le suppose, n'a jamais existé. Tout ce que l'on dit est pure invention, pur mensonge, pure ignorance.

Tel qu'il a existé réellement, il a été une chose légale, naturelle, innocente, et notre législation, qui le maintient, l'a corrompu plutôt que purifié.

Je suis assuré d'avoir mis cette vérité en pleine lumière. J'en ai pour garant le silence que plusieurs journaux, très-enclins à parler du droit du seigneur, ont gardé devant ma démonstration. Je ne compte pas obtenir partout le même succès. Il y a des gens qui ne peuvent connaître la vérité que pour la haïr davantage. Arracher une plante vénéneuse du vaste champ des erreurs publiques, c'est les appauvrir. Ils travaillent à la semer de nouveau. Celle-ci pourtant ne reprendra pas sans peine, et ne fournira pas un poison si sûr.

J'ignore pourquoi M. Dupin a voulu la cultiver en pleine Académie des sciences morales et politiques. Il mérite qu'on lui reproche au moins beaucoup de légèreté. Le livre de M. Bouthors ne dit point ce qu'il lui fait dire. S'il avait lu ce livre avec attention, comme c'était son devoir de rapporteur, il se fût trompé moins gravement. Est-il excusable d'avoir abordé un pareil sujet sans l'étudier, sans remonter à une source, sans consulter un seul de tant de livres célèbres publiés depuis trente ans sur le Moyen

Age, qu'il ne connaît pas? *Antequam loquaris, disce.*

Raepsaet, ce vrai savant et ce grand jurisconsulte, que M. Dupin a pu rencontrer au Corps législatif sous l'Empire, disait qu'un avocat, quelle que langue qu'il possède, n'est qu'une manœuvre, si à la connaissance des lois il ne joint pas celle de la littérature, et en particulier de l'histoire (1). Cela est aussi vrai des académiciens.

Nourri dans le barreau, plus tard magistrat, M. Dupin devait du moins se souvenir des lois de sa profession. Si le dernier des hommes était accusé devant lui, il ne le voudrait pas juger sans instruction préalable, il ne le condamnerait pas sur un témoignage unique et suspect. Et quand il s'agit de l'honneur des ancêtres, de l'honneur de l'Église, ce seul témoignage lui devient suffisant ! Il n'en veut pas d'autre pour diffamer l'Église dans les académies, dans les journaux, partout où il pourra pousser les restes de sa voix !

Ce que l'on peut remettre à quelque folliculaire dont l'injure expire du matin au soir dans le vil papier qui l'enveloppe, il est juste et nécessaire d'en demander sévèrement compte à l'ancien procureur général près la Cour de cassation, à l'ancien président de l'Assemblée nationale législative, au grand-cordon de la Légion d'honneur, membre de deux académies.

Parce que M. Dupin est en retraite (2), faut-il que l'Église serve de plastron à ses velléités d'ancien jou-

---

(1) *Not. sur J.-J. Raepsaet,* t. Ier de ses OEuvres complètes.

(2) Depuis il a repris du service. On sait qu'il était économe. Aux reproches de ses amis politiques, il répondait : « On ne peut pas vivre toujours à *haricoter* sur son revenu. » Villemain qui avait obtenu cette réponse, la racontait drôlement.

teur? Il a tenu de trop grands emplois pour se permettre de tels caprices, et l'on doit reprendre plus que d'autres les hommes qui oublient la situation élevée où ils sont parvenus.

Tant d'honneurs et de récompenses prodigués à leurs services leur ôtent le droit de se tromper sur les choses qui intéressent la morale publique. Assez de gens se chargent d'abuser l'opinion et de la corrompre. Qu'arrivera-t-il, si ceux que la société a laissés monter dans le rang de ses chefs ajoutent le poids de leur parole au redoutable faix de préjugés et d'injures sous lequel elle succombe?

Noblesse oblige. M. Dupin a trouvé bon d'être député, ministre d'État, procureur général, président de l'Assemblée souveraine, de revêtir le grand-cordon de la Légion d'honneur, de passer deux habits d'académicien, d'arriver à tous les grades dans toutes les carrières: c'est-à-dire, qu'il a trouvé bon d'être noble; car tout cela, présentement, c'est noblesse. Qu'il se soumette donc aux obligations de noblesse : qu'il soit sérieux par l'étude, par la pensée, au moins par le langage; qu'il craigne de scandaliser les faibles, d'enhardir les méchants. Les abus dont il parle eussent-ils déshonoré autrefois la société et l'Église, ce ne serait pas à lui de les dévoiler, de les jeter aux commentaires de la foule, en ces jours périlleux où le respect est si déplorablement affaibli. Il n'y a de liberté possible que dans les sociétés où il reste du respect. Quand le respect a péri, le monde appartient à la force, et elle lui oppose l'adulation.

L'homme d'Etat étudie le mal dans le passé pour préserver discrètement l'avenir. Il ne se fait pas un divertissement de cette étude austère ; surtout il n'en fait pas le divertissement d'une opinion ignorante et abêtie. Il a horreur de la popularité qui pourrait lui venir de là. *Noblesse oblige.* Plusieurs, de notre temps, ne l'ont guère compris. Sans transition, des plus hautes magistratures ils passent aux pratiques de Trissotin. M. Dupin embouche sa vieille clarinette d'avocat libéral. Qu'ils étaient placés haut pour leur taille, ces personnages de fortune, et qu'ils ont peu grandi dans ces hauteurs !

Nous autres petites gens, qui avons besoin de chefs, nous devons respecter le grade, la position, l'autorité acquise. Je le veux, pour ma part, de tout mon cœur, mais à une condition pourtant. Dans les choses de la science et de la littérature, où nous sommes toujours en république, cette autorité prendra soin de se respecter d'abord elle-même. *Sinon, non.* Lorsqu'elle suit la foule au lieu de la conduire, lorsqu'elle nous aveugle au lieu de nous éclairer, je lui retire ma soumission, et l'insurrection me paraît plus que légitime.

Cette réfutation des assertions scandaleuses de M. Dupin est divisée en quatre parties.

La première contient un aperçu du Moyen Age dans ce qui se rapporte au sujet général. J'y examine l'origine, la nature et le sens de quelques-uns de ces usages, alors tout naturels, qui paraissent aujourd'hui si étranges et si choquants.

Dans la seconde, je traite du mariage, et j'explique le droit religieux *des premières nuits*, qui a donné lieu au procès dont parle Boërius, et qui différait étrangement de ce que M. Dupin a cru comprendre.

La troisième partie concerne le *droit du seigneur*

suivant la loi civile, et contient toute l'histoire du préjugé qui s'est établi à cet égard.

La quatrième et dernière partie est consacrée à
l'examen de tous les faits, sans exception, dont on a
prétendu se servir pour montrer un abus criminel et
infâme là où il n'y avait ni infamie, ni crime, ni abus.

Je donne la liste des livres où j'ai sincèrement cherché la vérité (1), questionnant les uns pour savoir ce
qu'ils disent, les autres pour m'assurer qu'ils ne disent
rien; car leur silence est une preuve. Je ne veux pas
que l'étendue de cette liste me fasse trop d'honneur.
Je serais fort embarrassé de passer pour érudit. Je me
borne à mon devoir, qui est de m'informer des choses
dont je parle. Je n'ai pu m'informer si amplement
qu'avec l'aide de *M. Arthur Murcier*, élève de l'Ecole
des Chartes, mon parent et mon ami. Je le remercie
surtout du plaisir que j'ai pris à voir, par ma propre
expérience, combien l'enseignement de l'Ecole des
Chartes est sérieux, intelligent et loyal. C'est à cette
école, dirigée par de véritables savants et qui forme
des savants, que nous devrons enfin une histoire du
Moyen Age. Comprenant l'importance de l'étude
où il me voyait engagé à la suite de M. Dupin,
mon jeune collaborateur s'y est appliqué avec une
ardeur de chrétien, avec un cœur de frère. Il m'a
fourni bien des témoins que je n'aurais pas eu le
temps d'interroger, et dont j'ignorais même l'existence.

(1) Elle est supprimée dans cette nouvelle édition.

AVERTISSEMENT

SUR CETTE NOUVELLE ÉDITION

Ce livre de bonne foi fut écrit au vol de la plume et de l'étude, pour défendre l'Église et la société chrétienne contre la calomnie d'un magistrat ignorant. Il resta sans réponse. Le magistrat, voyant qu'il avait fait un pas de clerc, n'essaya même pas de se défendre ; certain auxiliaire, qui survint au bout de trois ans, ne put pas mériter d'être écouté, et parut à tous les yeux un de ces polémistes qui ne savent ni lire, ni écrire, ni se conduire. On ne le soutint pas ; je le laissai, attendant une occasion de faire mention de lui. L'occasion se présente aujourd'hui, je ne la refuse pas (1). Lorsqu'il me provoqua, la question, revue et reprise par beaucoup de gens du métier, était entendue.

Mais, à l'époque où nous sommes, rien ne demeure entendu pour longtemps. La presse à Paris, et plus encore dans les provinces, est pleine d'impudents et de cyniques.

(1) *Appendice.*

Les uns, sans aucune lumière, les autres sans aucune probité, parlent comme il leur plaît à un public sans intelligence. Devant cette foule, nulle preuve ne peut avoir longtemps raison du mensonge, quelque grossier et absurde qu'il soit. En l'absence de tout document nouveau, la calomnie, solennellement enterrée il y a dix-sept ans, d'un commun accord, s'est reproduite de sa propre racine, avec un ensemble merveilleux, et elle n'a pas laissé d'agir dans nos dernières élections. Cette fois, elle ne s'est pas contentée de misérables livres et journaux où elle s'étalait jadis. Profitant de son droit d'agent électoral, elle s'est affichée sur les murs, souvent avec permission des autorités. Quelques semaines après l'effroyable aventure de la Commune, et quand littéralement le feu allumé par les pétroleuses fume encore sous les ruines, le peuple, qui fournit son large contingent des cent mille prostituées de Paris, a voté contre les pauvres bourgeois en haine du droit du Seigneur, qu'ils sont accusés de vouloir RÉTABLIR ! *Voilà le fruit, au bout de moins de vingt ans, des réfutations les plus solides et les mieux acceptées.*

C'est l'opprobre et le désespoir de la raison humaine. On ne voit point de remède à pareille puissance d'effronterie; tout semble trop inutile contre cette conjuration hardie et unanime qui a résolu d'écraser le vrai.

En réimprimant mon travail, je n'ai plus l'espérance d'affaiblir le préjugé stupide que je croyais avoir vaincu. On ne vieillit pas de notre temps pour conserver ces illusions consolantes. Le préjugé contraire à l'Église et à la société, qui se sent ébranler, devient parti pris et n'en est que plus audacieux. Mais, d'un autre côté, l'expérience de la vie et du combat démontre que cependant il ne faut pas fuir. L'honneur de l'âme humaine se retrouve dans le petit nombre qui ne fuit pas, et dans l'autre petit nombre qui, malgré tout, accepte et garde la lumière.

Mon livre est destiné à des gens de cœur faits pour goûter et pour payer le plaisir de ne pas hurler avec les loups.

Je lui ai laissé la forme polémique, assez rude quelquefois, et la physionomie d'improvisation souvent un peu désordonnée. Il fut étudié, composé, imprimé en quarante jours. Ce n'était pas la peine de le refaire, et je n'en aurais pas trouvé le loisir. En pareille matière, il suffisait de l'exactitude des documents. Elle a été vérifiée par les hommes les plus intéressés, à commencer par M. Dupin, mon adversaire. Il avait abordé la question sans la connaître; il n'y voulut plus toucher dès qu'il la connut. Je ne m'excuse pas si je l'ai vivement piqué. En cette circonstance, il méritait toutes les censures comme magistrat et comme homme public. Il est mort sans avoir rétracté son erreur autrement que par un silence insuffisant, et nous lui voyons trop de successeurs disposés comme lui à oublier ce qu'ils doivent à la vérité et à leur propre condition.

J'ai ajouté, soit dans les notes, soit dans le texte même, quelques faits et quelques arguments qui allaient au sujet; j'ai réfuté deux contradicteurs qui ont cru produire deux preuves nouvelles de la pratique du droit du seigneur; et enfin j'ai rectifié un petit nombre d'erreurs, d'ailleurs insignifiantes, que la critique m'a signalées.

LE
DROIT DU SEIGNEUR
AU MOYEN AGE

PREMIÈRE PARTIE

LE MOYEN AGE

I

On donne au Moyen Age une durée de mille ans,
depuis 476, date de la déposition d'Augustule, jusqu'à
1453, date de la prise de Constantinople. Pendant cette
période, il s'est passé des événements de quelque importance ; la physionomie du monde et celle du Moyen
Age ont beaucoup changé : le Christianisme est devenu la religion de l'Europe, à la place de l'idolâtrie
romaine, germanique ou gauloise. Cet effroyable mélange de Goths, de Bourguignons, de Vandales, d'Allemands, de Francs, de Saxons, de Lombards, de

Romains dégénérés, de Barbares jadis asservis aux
Romains et corrompus plutôt que civilisés par eux ;
cette cohue de peuples divers d'origine, de mœurs, de
langage, les uns conquérants, les autres conquis, tous
également dégradés, et « n'ayant à mettre en commun,
« pour fonder une société nouvelle, que des ruines et
« des vices (1); » ce mélange et cette cohue ne sont pas
tout à fait la même chose que les nations qui allaient
à la croisade. Lorsque l'on s'évertue contre le Moyen
Age, contre la brutalité de ses lois, contre l'infamie
de ses mœurs, il faudrait dire à quelle époque on le
prend, et s'il est question du Moyen Age encore païen
ou du Moyen Age chrétien.

Avant que l'Église eût fait pénétrer l'Évangile dans
ces masses formidables et perverses qui venaient de
pulvériser l'empire d'Occident, sans doute, la justice,
l'humanité, la pudeur, y étaient fort méprisées. Raison
de plus pour bénir la force sainte qui, par un si patient travail, en a su former les peuples mâles et doux
qui purent recevoir les lois de Charlemagne et de saint
Louis.

« ...Le grand bienfaiteur du Moyen Age est le Chris-
« tianisme. Ce qui frappe le plus dans les révolutions
« de ces temps demi-barbares, c'est l'action de la reli-
« gion et de l'Église. Le dogme d'une origine et d'une
« destinée communes à tous les mortels, proclamé par
« la voix puissante des évêques et des prédicateurs,
« fut un appel continuel à l'émancipation des peuples.

____

(1) Guérard, *Conditions des personnes et des terres au Moyen Age.*

« Il rapprocha toutes les conditions et ouvrit la voie à
« la civilisation moderne. Quoiqu'ils ne cessassent pas
« de s'opprimer les uns les autres, les hommes se re-
« gardèrent comme les membres d'une même famille
« et furent conduits par l'égalité religieuse à l'égalité
« civile et politique. De frères qu'ils étaient devant
« Dieu, ils devinrent égaux devant la loi, et de chré-
« tiens, citoyens. Cette transformation s'opéra gra-
« duellement, lentement, comme une chose néces-
« saire, infaillible, par l'affranchissement continu et
« simultané des personnes et des terres... L'esclave que
« le paganisme, en se retirant, remet aux mains de la
« religion chrétienne, passe d'abord de la servitude
« au servage; puis il s'élève du servage à la main-
« morte, et de la main-morte à la liberté (1). »

Ainsi parle très-impartialement la science. M. Guérard n'appartenait pas au « parti prêtre » et n'était pas
un « ami posthume de la féodalité. » Ses sentiments
le rapprochaient de M. Dupin et du *Journal des Débats*. Mais il *savait*; et si la science laisse encore place
dans l'esprit pour beaucoup d'erreurs, elle empêche
du moins de commettre beaucoup d'injustices.

Maintenant, la question est de savoir si dans ces nations purifiées, affranchies, fondées, policées par elle,
l'Église a laissé subsister ou établir un droit plus
odieux que tous les droits sauvages qu'elle avait dé-
truits; une coutume qui insultait également au Christianisme et au cœur humain; qui flétrissait la vierge

(1) GUÉRARD.

dès qu'elle avait reçu le sacrement de mariage, et ne la livrait à son époux que profanée ; qui faisait de l'adultère un complément nécessaire des fiançailles ; qui corrompait enfin la famille, base essentielle de l'ordre social chrétien, au moment où elle se formait devant les autels?

Un homme grave nous l'assure, au sein d'une grave assemblée, et il ne fait que répéter ce qu'avaient dit avant lui, dans beaucoup de lieux illustres et dans beaucoup de livres célèbres, beaucoup d'hommes très-graves aussi. Car on y a toujours apporté du zèle, de la solennité, même de la pompe, affectant de ne rendre un pareil témoignage qu'avec horreur et les yeux baissés.

Cet homme grave, donc, se conformant de tout point à la mise en scène, sérieux, positif, entouré de garants, atteste que nos ancêtres, déjà français et déjà chrétiens (autrement, où serait le sel du propos?), ont subi pour leur part, comme les autres peuples du Moyen Age, le plus ignoble et le plus sanglant des affronts. Ils l'ont subi avec une patience inaltérable, puisqu'on ne voit nulle part éclater aucune vengeance, aucun soulèvement. Un jour, à Liége, la ville étant emportée d'assaut, toutes les femmes, par pudeur chrétienne, se précipitèrent dans le fleuve, préférant la perte de la vie à la perte de l'honneur. Ces femmes s'étaient soumises, sans doute, aux lois dont parle M. Dupin. Les Tarquins du Moyen Age n'ont, en effet, jamais rencontré une Lucrèce. Pas un n'a été frappé sur le seuil qu'il venait de souiller ! Pendant un nombre indéterminé d'années et de siècles, tout le monde s'est soumis, les pères et les frères comme les époux. Les magistrats n'ont rien dit, et on ne les a pas même invoqués. Les rois,—des rois que le monde a nommés Charlemagne, Robert le Pieux, Philippe-Auguste, saint Louis, — ont gardé le silence ! Enfin l'Église, qui a laissé tant de monuments de son zèle pour les droits chrétiens des peuples ; l'Église, qui a protégé par tant de longs et célèbres combats l'intégrité du mariage ; l'Église elle-même n'a pas réclamé ; — et l'on va jusqu'à dire qu'elle a été complice !

Si la coutume en question avait existé, la complicité matérielle de l'Église ne serait pas certes plus surprenante que son silence. Pour souffrir que le mariage fût à ce point déshonoré et la loi divine à ce point avilie, il aurait fallu que l'Église prît sa part du crime commun.

C'est invraisemblable !

Cependant, l'assertion de M. Dupin est formelle :

« Que les amis posthumes de la féodalité ne viennent pas dire que ce sont là des fables ou des exagérations inventées par les adversaires de l'ancienne aristocratie seigneuriale ! On peut contester certains récits qui ne se trouvent que dans des chroniqueurs crédules et dans des écrivains passionnés ; mais quand de tels faits sont écrits dans les lois où ils sont qualifiés *droits*, quand le texte de ces lois est authentique et qu'il est produit, *le rôle officieux de la dénégation devient* IMPOSSIBLE. »

Je vais prouver à M. Dupin que *le rôle de la dénégation* est possible officieusement et officiellement : possible à l'égard des seigneurs spirituels, possible à l'é-

gard des seigneurs temporels; non-seulement possible, mais facile, mais seul possible. — Personne ne
produit des textes de *lois* « où de tels faits sont qualifiés *droits*. » On n'en produira point; il n'y a rien à
produire. Tout ce que M. Dupin affirme, il ne l'a
trouvé que dans des *chroniqueurs crédules* et dans des
écrivains passionnés. Que dis-je? il ne l'a pas même
trouvé là, car, à part deux ou trois compilateurs au-
dessous du dernier ordre et indignes de crédit, les
écrivains mêmes qui se sont appliqués à établir l'imposture, ont laissé voir qu'ils n'y croyaient point. Ce
que M. Dupin a dit, il l'a pris en l'air. La conviction
de ce magistrat repose sur quelque couplet d'opéra-
comique.

Avant d'aborder la question principale, jetons un
regard plus attentif sur le Moyen Age; rendons-nous
compte de ces bizarreries alléguées avec tant dé colère
contre « l'ancienne aristocratie seigneuriale » par les
grands seigneurs de tribune, d'académie et de journal, portion très-considérable de la nouvelle aristocratie.

Certaines obligations des vassaux envers les seigneurs ne les offusquent guère moins que le prétendu
droit sur les mariées, et leur polémique n'en veut
pas tirer un moindre parti. On a vu avec quel chagrin
M. Alloury parle du droit « que la coutume recon-
« naissait *au seigneur*, de contraindre ses sujets à bat-
« tre l'eau des fossés pendant la nuit peur empêcher
« que les raines et grenouilles ne lui fassent noise en
« troublant son sommeil. » C'est une des monstruo-

sités du Moyen Age qui agacent le plus cet excellent homme de lettres. Suffoqué par un tel excès d'injure envers la dignité humaine, il renonce à s'en exprimer ; il laisse à M. Dupin « le soin de caractériser » un crime de lèse-humanité devant lequel, sans doute, sa propre éloquence ne lui paraît plus assez âcre et son courroux assez puissant.

Évidemment M. Alloury s'est persuadé que, durant tout le règne de la féodalité, dans toute la France, dans toute l'Europe, les populations rurales, hommes, femmes, enfants, — peut-être aussi les vieillards ! — ont passé la plus grande partie des nuits à battre l'eau des fossés, des mares et des étangs, pour empêcher les grenouilles de coasser. C'était le *droit du seigneur !* Et voilà « ces siècles que l'on ne craint pas aujourd'hui « de proposer en exemple au nôtre ! »

M. Alloury croit ce qu'il dit là, ou il veut simplement le faire croire. S'il le croit, ses études ont été courtes. S'il veut simplement le faire croire, que faut-il penser de son équité ? Nous allons nous fixer là-dessus.

II

C'est un long et important chapitre que celui des droits et redevances au Moyen Age. Il ne faut pas se contenter de le parcourir avec une curiosité frivole, pour amuser un frivole public. On risquerait de s'émouvoir mal à propos, comme il arrive à nos penseurs. Ce qui choque était souvent très-utile, très-humain; ce qui leur semble incompréhensible avait sa raison d'être. Sous une forme insolite, ces usages attestaient chez la plupart des anciens seigneurs un esprit de modération et de libéralité qui n'est ni général ni fréquent parmi les suzerains modernes.

M. Michelet en a rassemblé de nombreux exemples dans ses *Origines du Droit français*, livre amusant, que l'auteur aurait pu faire plus solide, mais qu'il ferait aujourd'hui, probablement, plus mauvais.

Le droit du seigneur, c'est-à-dire du propriétaire, s'exprimait souvent par des formules absolues, dures, même cruelles : « Le seigneur enferme les habitants « sous portes et gonds, du ciel à la terre, l'oiseau « dans l'air, le poisson dans la mer. — Il est seigneur « dans toute l'étendue du ressort, sur cou et tête, eau, « vent et prairies. — A nous les eaux et pacages, « la forêt chenue, l'homme qui vient, la cloche qui

« sonne, le cri public et le droit de poursuite.—Nous
« reconnaissons à notre gracieux seigneur le ban et la
« convocation, la haute forêt, l'oiseau dans l'air, le
« poisson dans l'eau qui coule, la bête au buisson,
« aussi loin que notre gracieux seigneur ou le servi-
« teur de sa grâce pourra les forcer. Pour ce, notre
« gracieux seigneur prendra sous son appui et sa pro-
« tection la veuve et l'orphelin, l'homme qui vient
« avec sa lance rouillée, comme aussi l'homme du
« pays (1). » C'est le langage de la propriété et du gouvernement. De nos jours, ces puissances parlent
avec moins d'emphase : au fond, elles disent la
même chose, elles ont les mêmes prétentions, souvent elles les exercent. A la place du seigneur, mettez
l'*État*, et voyez plusieurs époques de l'histoire con-
temporaine (2).

Du reste, ces âpres formules, la plupart germa-
niques, n'ont jamais été générales. En Germanie
comme ailleurs, l'esprit chrétien en a promptement
adouci et restreint la pratique.

Au temps de saint Louis, Philippe de Beaumanoir
divisait la société laïque en trois classes : 1° les *nobles;*

(1) MICHELET, *Origines*, etc., p. 228 et suiv.
(2) M. Bouthors emprunte à Grimm un texte plus violent que
ceux qui précèdent : « Cet homme est à moi, j'ai le droit de le
cuire et de le rôtir. » Mais cela est si évidemment contraire et
peut-être antérieur au Christianisme, que nous n'avons pas à nous
en occuper. M. Bouthors dit que l'homme qui pouvait parler ainsi
pouvait tout faire. — Oui, tout, excepté d'entrer avec un pareil
droit dans la communion catholique. En entrant on le laisse à la
porte ; on le reprend lorsqu'on sort.

1.

2° les *hommes francs*, dont la liberté n'était limitée que par la religion chrétienne et par l'intérêt commun ; 3° enfin, les *serfs*, partagés eux-mêmes en deux catégories, les uns appartenant au seigneur suivant son bon plaisir, les autres auxquels le seigneur ne pouvait réclamer, vivants, que leurs cens, rentes ou redevances, et dont il héritait à leur mort. Mais, suivant la remarque de M. Guérard, « cette servitude « encore si accablante dont parle Beaumanoir, n'é-« tait plus admise de son temps dans les Beauvoi-« sis (1), comme il a soin d'en avertir, *et même ne sem-« ble pas avoir été très-répandue ailleurs à la même « époque*. On serait fort en peine d'en retrouver beau-« coup de vestiges dans les chartes et autres docu-« ments contemporains (2). »

Il y avait déjà des provinces, la Normandie, par exemple, où le servage était inconnu depuis près de deux siècles. « Non-seulement les seigneurs n'y exer-« çaient sur personne un pouvoir absolu et arbitraire,

---

(1) « Et saches bien que, selon Dieu, tu n'as mie plenière poesté (entière puissance) sur ton vilein : dont, se tu prens dou suen fors les droites recevances qu'il te doit, *tu les prens contre Deu et sur le péril de t'ame, come robierres* (larron). Et ce qu'en dit que totes les cozes que vileins a sont son seignor, c'est voirs à garder : car s'eles estoient son seignor propres, il n'averoit quant à ce nule différence entre serf et vilein. » (Pierre de Fontaines.)

« Por nostre coutume, pot le sers perdre e gaaignier par marcandise, et si pot vivre de ce qu'il a largement à sa volonté que ses sires ne l'en pot ni ne doit contraindre, et tant poent-il bien avoir de seignorie en leurs cozes, qu'il aquierent a grief peine et grant travail. » (Beaumanoir, ch. xlv, n. 37.)

(2) Guérard, *Condition des personnes et des terres*, etc.

« mais tous les vassaux, moyennant une redevance
« minime et déterminée, pouvaient se marier suivant
« leurs inclinations et transmettre leurs biens à leurs
« héritiers. Au lieu de payer au seigneur de l'héritage,
« ceux-ci ne leur devaient plus qu'un droit modéré,
« connu sous le nom de relief (1). »

Si l'on veut se souvenir du long esclavage de l'Irlande
et de sa misère qui saigne encore sous les yeux du
monde, on verra que trois siècles de philosophie et
d'institutions libres n'ont pu inspirer aux maîtres de
ce pauvre peuple ce que l'Église catholique avait obtenu si vite des descendants de Rollon.

En attendant qu'il devînt possible d'abolir entièrement la servitude, les chefs de la société en dimi-
nuaient chaque jour la rigueur, et la religion donnait
d'avance au sujet les garanties que la loi civile lui refusait encore. Si l'on veut bien connaître l'esprit de
liberté, le saisir dans sa source, le voir à l'œuvre, il
faut lire les canons des conciles et en suivre la trace
dans les ordonnances de nos rois, particulièrement
dans les *Établissements* de saint Louis.

Esquissons en peu de traits cette belle histoire de
la liberté.

Le paganisme lègue au Christianisme naissant la
plus abominable et la plus naturelle des institutions
humaines, l'esclavage. L'esclave des Romains n'était
pas un homme : il était une chose possédée. Même en

---

(1) Léop. Delisle, *Études sur la condition de la classe agricole et
l'état de l'agriculture en Normandie au Moyen Age*, p. 2.

se rachetant, il ne pouvait s'élever au rang de citoyen. Il devenait affranchi et restait attaché à la clientèle de son ancien maître.

Dès que le Christianisme retentit au milieu de la Gentilité, par le ministère de saint Paul, l'esclavage est attaqué dans sa source. Les maîtres chrétiens donnent la liberté à ceux qu'ils ne regardaient pas comme des hommes, et qu'ils considèrent désormais comme leurs frères. Souvent, ils vont dans les marchés acheter ces malheureux, pour les délivrer du joug.

La Croix, suivant l'expression de saint Augustin, s'élève du lieu du supplice au front des empereurs, *a locis-suppliciorum, ad frontes imperatorum*. Constantin promulgue, en 316 et en 321, deux édits par lesquels chacun a permission d'affranchir ses esclaves en présence du peuple chrétien et des évêques ou des prêtres. C'est comme le premier fruit civil du sang des martyrs. Devant les monstrueuses inégalités de la société païenne, les apôtres, les évêques, les fidèles avaient professé hautement que les esclaves et les maîtres n'avaient qu'un maître dans les cieux. Cette vérité était acquise au genre humain : saint Jean Chrysostome allait bientôt demander positivement l'abolition de l'esclavage.

La hautaine formalité de l'affranchissement païen devint bientôt une cérémonie chrétienne. Les actes dressés ou signés par les prêtres étaient déposés sur l'autel en forme d'oblations. L'affranchi devenait citoyen de la terre, comme le baptisé citoyen des cieux.

Malgré la tendance générale des chrétiens, il y avait néanmoins encore dans le monde beaucoup de païens, surtout beaucoup de paganisme. Plusieurs siècles durent s'écouler avant que la société civile acceptât ces principes qui la transformaient entièrement. L'Église continua, reprit, accomplit son œuvre. Depuis le concile d'Orange (441), qui défend de réduire en servitude ceux qui auraient été affranchis dans l'Église, on voit les prescriptions en faveur des esclaves se renouveler dans la plupart de ces assemblées véritablement constituantes et législatives. Aux VIe, VIIe et VIIIe siècles, le sort des esclaves reçut des améliorations notables. Élevés au rang d'hommes par la main divine qui leur donne le rang de chrétiens, ils se font place dans la société civile, disposent d'un pécule, et échappent au caractère décisif de la servitude, en ce point qu'ils ne sont plus vendus comme une chose.

A la fin du IXe siècle, les serfs sont établis d'une manière à peu près durable sur l'héritage qu'ils cultivent.

Bien que les lois civiles ne consacrent pas leurs droits, les lois de l'Église et les mœurs publiques les ont admis à la possession du sol. Cette usurpation des tenures serviles se fit en même temps que l'usurpation des tenures libérales ; et l'approbation territoriale ayant eu lieu partout dans le haut comme dans le bas de la société, il fut aussi difficile de déposséder un serf de sa manse qu'un seigneur de son bénéfice. Dès ce moment la servitude fut transformée en servage. Le serf, ayant retiré sa personne et son champ

desmains du maître, dut à celui-ci non plus son corps
et son bien, mais seulement une partie de son travail
et de ses revenus. Dès ce moment il a cessé de servir ;
il n'est plus en réalité qu'un tributaire (1).

On trouve, il est vrai, des chartes très-postérieures
à cette époque, constatant la vente par le seigneur
d'un ou plusieurs de ses tenanciers. Prenant ces documents à la lettre, quelques petits savants, quelques
lecteurs naïfs s'écrient : Quels temps ! on vendait les
hommes ! *Voilà donc ces siècles qu'on ne craint pas aujourd'hui de proposer en exemple au nôtre* ! Aujourd'hui
comme toujours, beaucoup de gens savent moins
lire qu'ils ne croient, et parlent trop à la légère. C'est
se tromper beaucoup, dit M. Guérard, d'imaginer que
ces donations ou ventes comprenaient la personne
même des hôtes et emportaient avec elle le droit de
disposer d'eux arbitrairement. Ces actes ne comprenaient réellement que les tenures avec lés services dus
à ce titre par les tenanciers (2),

Il ne faut pas oublier que la servitude, ainsi limitée,
encourue quelquefois légalement pour refus de service militaire, avait eu souvent son origine dans la
volonté même de celui qui la subissait. Le serf du
Moyen Age n'était pas vendu comme hier encore le
nègre de la libre et philosophique Amérique ; mais
l'homme libre se donnait, tantôt aux Eglises par piété,
tantôt à quelque seigneur laïc pour avoir sa protection

(1) GUÉRARD, *Condition des personnes*, etc.
(2) GUÉRARD, loc. cit. M. Delisle en empruntant cette remarque
l'appuie de ses propres observations.

ou parce qu'il trouvait intérêt à vivre sur sa terre (1).

L'Église ne s'en tint pas à ces premiers succès. Chaque succès l'animait au contraire à demander plus, l'aidait à obtenir davantage. Pour alléger au pauvre peuple le fardeau des guerres, elle avait imposé aux seigneurs, toujours en lutte les uns contre les autres, la trêve de Dieu. Elle fit de l'église du village un lieu d'asile pour les hommes et pour les biens ; elle voulut que le laboureur fût sacré quand il touchait le manche de la charrue (2) ; elle exigea qu'il y eût partout

(1) BEAUMANOIR dit à ce sujet : « Servitutes de cors si sont venues en mout de manieres, les unes por ce qu'anciennement c'on monnoit ses songès por les os et por les batailles... On i mettoit tel peine, à la semonce fère, que cil qui demouroient sans cause résnable demorroient sers à tozjors, aus et lor oirs. La seconde, si por ce que, par grant devotion, moult se donnoient, aut et lor cozes, as sains et as saintes, et paoient ce qu'il avoient proposé en leur cuers... Et la tierce maniere, si fu par vente ; si comme quant aucuns caoit et povreté, et il disoit à aucun seigneur : *Vos me donrez tant, et je devenrai vostre hons de cor.* Et aucune fois le devenoient-il par leur propre don, por estre garanti des autres seigneurs ou d'aucunes haines con avait à eus. Encore y a-t-il des tix terres quant un franc hons qui n'est pas gentixhons de linage y va manoir, et il y est residens un an et un jour, qu'il devient soit hons soit fème ; sers au seigneur desoz qu'il veut être residens, etc. » LAURIÈRE, au mot *sainteurs*, qui étaient ceux qui se donnaient aux saints, dit que pour rendre plus efficace le sacrifice qu'ils faisaient de leur liberté, ils mettaient quatre deniers de chevage sur le maître-autel, et s'entouraient dévotement le col de la corde des cloches. Les pères, par nécessité ou par « grant dévotion, » faisaient l'offrande de leurs enfants. Ce fut ainsi que Suger fut donné à Saint-Denis.

(2) Un synode réuni à Caen en 1042, déclara que la trêve de Dieu devait être observée depuis le mercredi soir jusqu'au lundi matin, depuis l'entrée de l'Avent jusqu'aux octaves de l'Épipha-

des écoles ; ses tribunaux punirent les infractions publiques aux bonnes mœurs (1) ; enfin, ses conseils et ses exhortations, ses secours et ses exemples ne cessèrent de provoquer tous les adoucissements de servitude, tous les rachats, tous les affranchissements compatibles avec l'état général du temps et du pays. Ce sont les Bons-Hommes de Grammont qui déterminent, en 1177, le roi Henri II à défendre de saisir les biens du tenancier pour le paiement des dettes de son seigneur ; ce sont les moines de Fécamp qui procurent aux hommes de Boissi Mauvoisin les 900 sous parisis dont ils achètent leur pleine liberté (2).

« Il n'était pas difficile, dit Hurter, d'obtenir de la générosité des seigneurs ecclésiastiques des exemptions que les seigneurs laïques n'auraient pas accordées sans indemnité. Ces rapports du maître au sujet

---

nie, depuis le commencement du carême jusqu'à l'octave de Pâques, depuis les Rogations, jusqu'à l'octave de la Pentecôte. Tant qu'elle durait, il était spécialement défendu de dévaster les terres et d'enlever les bestiaux. Un concile réuni à Rouen en 1096, prit des résolutions plus radicales. Il modifia peu la durée de la trêve de Dieu ; mais il défendit, sous les peines les plus sévères, de jamais inquiéter les laboureurs qui étaient à la charrue ou à la herse, et de toucher aux bœufs et aux cheveaux qu'ils employaient à ces travaux. Bien plus, les paysans menacés pouvaient courir à la charrue, qui devenait pour eux un asile inviolable. — En Normandie, au xiiiᵉ siècle, l'assaut d'un homme à la charrue était un crime réservé à la justice du roi. (LÉOPOLD DELISLE, *Études*, etc., p. 115 et 116.)

(1) « Les archidiacres devaient visiter annuellement chacune des paroisses de leur ressort. Ils vérifiaient... si le curé et les clercs menaient une vie conforme à la dignité de leur état. » (*Ibid.*, 118.)

(2) *Ibid.*, p. 133.

se présentaient sous une forme bien plus douce quand le maître appartenait au clergé. Il était rare qu'un démenti fût donné au proverbe qui vantait la bénignité de la houlette pastorale : *Sous la crosse, il fait bon vivre* (1).

En 1779, le progrès de l'opinion de plus en plus gouvernée par l'esprit de l'Évangile, permettait au Pape Alexandre III de proclamer qu'il ne devait pas y avoir d'esclaves dans le royaume chrétien; et cette grande parole était, quelques années plus tard, une des maximes de saint Louis. Au mois d'octobre 1246, Louis avait affranchi les « hommes de corps » de Villeneuve-le-Roy. L'année suivante, les serfs de l'abbaye se rachètent, grâce à l'appui du monarque chrétien qui ne cessait d'engager les grands vassaux, les bannerets, les chevaliers, à accorder la libération moyennant des redevances ou des sommes d'argent. Les sentiments qu'il invoquait lui donnaient de nombreux imitateurs. « Souvent, à Pâques et à Noël, on voyait ces suzerains, touchés d'un sentiment d'humilité religieuse, affranchir leurs serfs, même sans condition, au pied de l'autel où le prêtre venait de les admettre à la participation des sacrements (2). »

Les bourgeois des villes du nord de la France, enrichis par le commerce et l'industrie, commencèrent au XIᵉ siècle à réclamer leur indépendance vis-à-vis de

---

(1) HURTER, *Tableau des institutions et des mœurs de l'Église au Moyen Âge.* On sait que Hurter était encore protestant lorsqu'il écrivit ce livre.

(2) VILLENEUVE TRANS, *Hist. de saint Louis,* **3.**

leurs seigneurs. Ces réclamations, dans lesquelles les rois prirent une part active, eurent pour résultat, au XIIe siècle, l'émancipation des communes et leur organisation sous des chartes quelquefois très-libérales. La révolution fut générale et se fit sans bruit, surtout dans les campagnes. Elle remplit la fin du XIIe, XIIIe et XIVe siècles. Rien n'en fait mieux connaître le principe moteur que le préambule de la charte d'affranchissement donnée au XIVe siècle par le chapitre d'Auxerre :

« Comme notre Seigneur et Rédempteur, auteur de toute créature, a voulu, pour cette raison, revêtir la nature humaine, afin que, par la grâce divine, rompant ce lien de servitude qui nous tenait captifs, notre ancienne liberté nous fût rendue ; comme tous les hommes doivent, en vue du droit naturel, jouir du bienfait de la liberté, et qu'entre tous les ministres de la foi chrétienne, l'Église, en tant que mère de tous les fidèles, est tenue non-seulement de donner le privilége de la liberté, mais encore de veiller pour tous les fidèles du Christ au maintien et à la défense de ce privilége, selon l'ordonnance des sacrés canons et la sanction légitime des plus saintes lois ; considérant donc que nos actions et nos lumières viennent de notre Seigneur Jésus-Christ ; voulant en outre marcher sur les traces de notre Sauveur, et suivre la doctrine des saints Pères, nous accordons à nos hommes, à nos bourgeois, les libertés ci-dessus mentionnées, etc. (1). »

Les serfs étaient alors appelés *homines de corpore* ou *de potestate,* termes qui précisaient leur état de servitude, mais qui ne permettaient pas d'exiger d'eux

---

(1) Voy. le texte latin dans l'excellent *Dictionnaire raisonné de diplomatique chrétienne* de M. QUANTIN. (Migne, 1846.)

autre chose que des redevances en nature telles que
la capitation, la taille ou la corvée. On les nommait
aussi *homines conditionis manus mortuæ*, parce qu'ils
n'avaient pas le pouvoir de vendre leur propriété sans
le consentement du seigneur, et qu'il héritait d'eux
quand ils n'avaient pas d'enfants, à moins que leurs
parents n'acquittassent le droit de main-morte, condition peu différente de celle dans laquelle nous sommes
encore vis-à-vis de l'État.

Plusieurs édits royaux furent nécessaires pour ac-
célérer cette révolution. « La servitude ayant disparu,
« dit le très-sensé et très-savant jurisconsulte Rae-
« psaet, le peuple ne s'est pas soucié, autant qu'on le
« croit communément, d'obtenir un affranchissement
« complet. Il a fallu souvent le contraindre à devenir
« libre. » Un édit solennel de Louis le Hutin, publié
en 1315, appela les serfs à se racheter de la servitude
en payant les droits de la couronne, afin que, « dans
« le royaume de France, la chose en vérité fût accor-
« dante au nom. » Mais on parut ne pas goûter extrêmement ce bienfait. « Aucuns, dit plaintivement le roi
« libérateur, *par mauvez conseil et deffaute de bons*
« *avis, préfèrent de rester dans la chétiveté de servi-*
« *tude que venir à estat de franchise.* » D'où l'on peut,
sans témérité, conclure que cette chétiveté de servitude ne les blessait pas démesurément.

Cependant la marche des affranchissements ne s'arrête pas. Il y a encore quelques actes d'affranchissement individuels ; mais, en général, les habitants traitent au nom de la communauté avec leur seigneur,

sur le pied de l'égalité. A la fin du XIVe siècle, le nom de serf commence à devenir injurieux. Charles VI, dans ses lettres du 22 septembre, adressées au bailli du Vermandois, défend qu'on appelle de ce nom les *hommes de corps* qui se trouvent dans le bailliage. On rencontre encore quelques actes d'affranchissement au XVe et même au commencement du XVIe siècle. La trace de cet état de choses disparaît alors (1).

(1) QUANTIN, *Dict. raisonné de diplomatique chrétienne*, art. AF-FRANCHISSEMENT.

III

Nous avons vu l'esprit chrétien se manifester par l'établissement de la liberté ; voyons-le se manifester encore par l'établissement de la justice, sans laquelle il n'est point de liberté.

Il y a un livre du Moyen Age dont M. Dupuis fait grand cas, bien qu'il en parle ridiculement : c'eet le *Conseil* de Pierre de Fontaines, ami et conseiller de saint Louis, qui « avait moult volentiers avecque lui hommes justes. » Nous savons par Joinville que le saint roi, quand il rendait la justice, *commendait souvent à Monseigneur Pierre de Fontaines de délivrer* (juger) *les parties.* » De son côté, M. Dupin rend le témoignage suivant du *Conseil,* en style qui sent fort peu l'académie : « Pierre de Fontaines est le premier « auteur de pratique écrit en français que nous ayons. « C'est ce qui rend son travail plus précieux pour l'in-« telligence de notre ancien droit, et c'est aussi ce qui « dut augmenter la peine qu'il eut à le composer. Son « ouvrage, bien que composé pour le fils de son ami, « n'en est pas moins général. » Quel épouvantable patois ! Mais enfin, voici ce que l'on trouve dans le *Conseil* sur les devoirs du juge :

« En toutes affaires où tu devras juger, fais en sorte de juger suivant le droit. Ne prends pas garde aux larmes et aux pleurs des parties, prends garde à faire droit jugement. Ayes toujours, quand tu jugeras, devant les yeux de ton cœur, Celui qui rendra à chacun le prix de ses œuvres; car à la mesure dont tu te seras servi pour autrui, à la même aussi te mesurera-t-on.

« On voit, aux Saintes-Écritures, que nul n'osait juger qu'il n'eût auparavant fait le serment de juger en toute chose suivant la vérité et suivant les lois.

« Et quoique notre usage ne fasse pas apporter aux plaids la sainte image de notre Seigneur, encore faut-il que des yeux de ton cœur tu la contemples toujours. Et boute arrière toute envie, quand tu jugeras, et toute affection terrestre, toute haine, toute convoitise, toute espérance de terrestre guerdon ; toute crainte de mort, de danger, d'exil, et de pauvreté : car, avec tels hôtes, n'habitent jamais droiture et justice. Aime-toi plus que tout ce qui est de ce monde. Là où tu prendras garde en tes jugements plus à chose terrestre, quelle qu'elle soit, qu'à droit jugement faire, là te haïras-tu plus toi-même qu'aucun ennemi, et te condamneras-tu plus dûrement que la victime de ton injustice. Et sache bien que le jugement est plus redoutable aux juges qu'aux parties : que si les parties sont au-dessous des hommes qui les jugent, à leur tour les juges sont au-dessous de Dieu, qui toujours les regarde, examinant s'ils observent la loi (1). »

Il me semble que d'Aguesseau et même M. Dupin, en leurs mercuriales, n'ont pas toujours si bien dit, et n'ont jamais dit mieux ; et je peux conclure que dès

______

(1) J'ai cru devoir traduire ce beau passage, au risque d'en affaiblir l'énergie. Voir le texte original dans la belle et savante édition de M. Marnier, Paris, 1846.

le XIIIe siècle, on s'entendait assez au métier de rendre la justice. Je prie qu'on ne l'oublie pas.

Personne n'ignore quel juge était saint Louis lui-même. Pour venger la mort de trois pauvres étudiants de Flandre, il ne craignit pas d'humilier en la personne du sire de Coucy toute la noblesse du royaume. Les barons réclamaient leurs priviléges : « S'il m'était « clair, répondit le saint roi, que Dieu me demandât « de traiter le sire de Coucy comme il a traité ces pau-« vres innocents, sachez que ni sa naissance ni tout « ce qu'il a de proches et d'amis ne lui éviteraient la « mort. » Il fit payer au sire de Coucy douze mille livres parisis qui furent envoyées en Terre-Sainte ; lui confisqua les bois où les jeunes gens avaient été pendus, l'obligea d'établir trois chapellenies perpétuelles et de les doter pour que le saint sacrifice y fût offert en faveur de l'âme des victimes, et enfin lui ôta toute haute justice de bois et de viviers, « que il ne « peust puis cel temps nul mettre en prison ne trère « à mort pour aucun forfêt que le feist. » Ce seul exemple montre assez que le faible n'était pas abandonné aux caprices du fort.

Pour les garanties de l'incorruptibilité du juge, pour la sollicitude des intérêts des justiciables, rien n'égale les institutions judiciaires de saint Louis.

Il faudrait citer en entier son ordonnance de 1254, concernant les obligations des officiers royaux de judicature (baillis et sénéchaux). Contentons-nous d'en rappeler quelques dispositions.

Et d'abord, autour du magistrat, pas de clientèle,

pas de familiers, aucune des dépendances qui peuvent énerver la conscience du juge. Le bailli ne pouvait être l'obligé de personne; *il lui était interdit de contracter aucun emprunt*, si ce n'est de somme modique et n'excédant pas vingt livres : « Jurabunt mutuum « non accipere, per se vel per alios, ultra summam « viginti librarum. » (Art 5.)

Défense lui était faite de prendre femme sur les terres de sa juridiction et d'y marier aucun des siens tant que durait l'exercice de sa charge : « *Prohibemus senescallis ne quamdiu balivi fuerint sibi, vel suis domesticis aut propinquis matrimonia copulent tempore suæ balivæ.* (Art. 14.)

Les gouvernements modernes exercent une discipline intérieure sur leurs fonctionnaires, et à l'occasion, ils les morigènent probablement à huis-clos. Mais, aux yeux de la foule, ils couvrent soigneusement leurs faiblesses, voire leurs prévarications.

Pour actionner devant les tribunaux, pour cause de malversation, l'agent le plus subalterne de l'autorité, il nous faut avant tout la permission du conseil d'État, lequel peut étouffer la plainte au début, s'il pressent qu'il en résultera du scandale ou *une émotion dangereuse.*

La législation de saint Louis ne connaissait pas ces enveloppements. Elle intimait aux magistrats leurs devoirs en termes d'une sévérité redoutable ; avec une franchise qu'on ne peut assez admirer, elle appelait sur leurs actes le contrôle populaire.

En entrant en fonction, les baillis et sénéchaux

prêtaient un serment dont la formule récapitulait toutes leurs obligations et chacune des prohibitions qui leur étaient faites. La prestation du serment avait lieu en audience publique. Et pourquoi cette publicité ?

L'ordonnance n'en fait pas mystère; c'était pour contenir par la crainte de l'ignominie attachée à un parjure notoire, ceux que la crainte de Dieu n'eût pas suffi à maintenir dans le droit chemin : *ut non solum divinæ indignationis et nostræ metu, sed etiam confusionis et erubescentiæ apud homines perjurium manifestum incurrere mereantur.* (Art. 11.)

En outre de ces moyens préservateurs, et si néanmoins les officiers royaux avaient prévariqué, une disposition remarquable de l'ordonnance assurait la réparation du méfait.

En sortant de charge, les baillis et sénéchaux, dont la juridiction était temporaire, étaient tenus de résider cinquante jours au siége du bailliage, et là, rentrés dans la vie privée, désarmés de tout prestige et de tout moyen d'intimidation, de répondre devant des commissaires *ad hoc* aux plaintes que leur administration avait pu susciter. (Art. 31.) La responsabilité de l'administration et du juge n'était pas une fiction dans la France de saint Louis.

Dans le même ordre d'idées et de garanties, il faut citer une disposition de loi de Louis le Hutin, postérieure aux Établissements de saint Louis. — Les offices de prévôts (juges royaux d'un dégré inférieur) s'acquéraient à prix d'argent; mais on n'en disposait que temporairement et pour trois ans au plus.

Louis X, par ordonnance du 15 mai 1315, défendit qu'elles fussent revendues aux prévôts sortant de charge ; et voici la raison qu'en donne l'ordonnance, on y sent encore le souffle de saint Louis. Elle dit en parlant des prévôts, et pour motiver la prohibition : « car quand ils ont tenu les prévotéz leurs trois ans, « et ils ont fait assez de maulx, se ne s'en osent plain- « dre les bonnes gens, et ainsi sont estains les faits. »

Quelle séve chrétienne et quelle émotion d'honnê- teté dans les lois de ces siècles barbares !

L'empire que prit la justice pendant le XIIIᵉ siècle prépara l'institution des parlements, qui datent des premières années du siècle suivant. La forme dans la- quelle ils furent établis pourra paraître assez libé- rale.

Le 26 décembre 1303, les capitouls, en habit de cé rémonie, accompagnés de plusieurs bourgeois et ha- bitants, tant du premier que du second ordre, et ayant avec eux deux héraults, publièrent à son de trompe les noms de ceux que le Roi avait choisis pour tenir la Cour du parlement de Toulouse.

Voici la forme de cette proclamation :

« Sachent tant hommes que femmes, de quelque « qualité et condition qu'ils soient, que s'il est venu à « leur connaissance que quelqu'un des magistrats « susnommés se rend indigne du choix qu'on a fait « de lui par son incontinence, par ses crimes, par le « scandale qu'il donne, ou par ses mœurs dépravées, « ils ayent à le déclarer dans huit jours au chancelier

« de France, afin qu'ayant fait les informations né-
« cessaires en suite de leur délation, celui qui aura
« été déféré puisse être biffé du tableau ou confirmé
« dans sa charge par la proclamation qui en sera faite
« par toutes les places et carrefours de Toulouse. »

Le tableau du futur magistrat fut ensuite affiché aux portes des églises, et le 10 janvier suivant, leur installation eut lieu de la manière suivante :

« ..... Les magistrats revêtus des habits et des insignes de leurs fonctions mirent un genou presque en terre et saluèrent le Roi, qui à l'instant leur fit signe de se lever, et le secrétaire ou vice-chancelier lui apporta les saints Évangiles écrits en lettres d'or. Le premier président s'approcha du trône, fit une profonde inclination, et ensuite il monta jusqu'au quatrième degré du trône, où, étant à genoux, et ayant mis ses deux mains sur les Évangiles, le roi lui fit prêter le serment :

« Vous jurez et promettez à Dieu et à moi que vous donnerez des conseils fidèles dans toutes les causes et affaires qui regarderont les intérêts de Dieu, de ma personne et de mon royaume ; que vous ne révélerez point les secrets de la Cour, ni les découvrirez qu'à moi seul et au chancelier de France par mon ordre ; que vous rendrez bonne et briève justice à tous mes sujets ; *que vous jugerez les coupables selon la sévérité des lois ; que vous ne recevrez des seigneurs, soit laïques, soit ecclésiastiques, aucune pension sans mon congé ; et, en cas de contravention à ces articles, vous vous soumettez à être dégradé avec infamie.* »

L'autre président et le reste des conseillers, tant laïques que clercs, prêtèrent serment de la même manière ; mais celui du procureur général du Roi était conçu en ces termes :

« Vous jurez et promettez à Dieu et à moi que vous défendrez avec sévérité et vigueur la cause de Dieu et de l'Église, comme aussi les droits royaux et domaniaux qui m'appartiennent ; que, *sans acception ni distinction de personnes*, vous ferez toutes les réquisitions nécessaires pour retrancher les abus qui pourront se commettre dans l'administration de la justice ; que vous me rendrez compte ou au chancelier de France des diligences que vous aurez faites pour satisfaire à ce que vous avez promis (1). »

La forme et le fond d'une pareille solennité assurément n'indiquent pas une société à l'état sauvage.

(1) *Annales de Toulouse*, 1ʳᵉ partie, p. 29 et suiv.

IV

Puisque certains hommes, à la suite desquels je m'honore de marcher, sont si vivement repris de leur affection pour le Moyen Age en général, j'ai bien le droit de dire à quelle époque je l'admire et je l'aime. Ce n'est ni lorsqu'il commençait, puisqu'il n'était pas encore, ni lorsqu'il allait finir, puisqu'il n'était déjà plus. Ses commencements sont laborieux et terribles ; sa fin est triste, peut-être méritée ; son milieu fut sublime. Je le prends là. Jamais esprit humain n'a déployé plus de vigueur, et l'âme humaine plus d'amour.

Que ne pouvait-on pas espérer de ce XIIIe siècle, où le génie du mal, par un dernier effort, rassemblait à la fois contre le Christianisme triomphant, et les restes de la barbarie, et l'hérésie, et l'infidélité, et la guerre ; mais où Dieu tirait du sein de la société et suscitait presque au même instant contre tous ces périls Innocent III, Simon de Monfort, saint François d'Assises, saint Dominique, saint Thomas, saint Bonaventure, saint Louis de France, et tant d'autres saints entourés de grands hommes ! La France se couronna d'une gloire pure, durable, féconde. Elle ter-

rassa l'hérésie albigeoise, qui était le socialisme d'a-
lors, s'agrandit légitimement de tout le comté de
Toulouse, se fortifia dans l'ordre et dans la justice.
Saint Louis, roi modèle, que l'Eglise compare au juste
David et à Judas Machabée, qu'était-il, sinon un fidèle
enfant de l'Église, un disciple de saint François d'Assises, et, comme on l'a dit, un franciscain couronné?
Je vois en lui l'expression entière de ce Christianisme
qui depuis six siècles, luttant sans cesse contre le paganisme barbare sans cesse ravivé par des invasions
nouvelles, et l'ayant enfin vaincu dans une dernière
victoire, travaillait alors à développer et consolider
son œuvre tant de fois compromise par tant d'assauts.
Avec Louis IX, l'esprit de François, qui s'appelait
« le pauvre Jésus, » monta sur le premier trône du
monde, humble et compatissant comme il sied à un
serviteur du Christ, ferme et juste comme il sied à un
roi. Il fonda cette royauté paternelle qui devint le plus
populaire des gouvernements. Il abolit ou attaqua les
mauvaises coutumes les plus enracinées, mit la loi à
la place de la force, fit fleurir les sciences, les arts, les
mœurs. Réformateur et législateur prudent, apôtre
intrépide, justicier redoutable, vaillant soldat, glorieux martyr, père des lettres, père des pauvres,
appui de tout ce qui était bon, protecteur de tout ce
qui était faible, aucun rayon de la gloire humaine et
de la gloire royale ne manque à son front toujours
incliné devant Dieu.

Eh bien, j'ose dire que saint Louis est la vraie figure
de la maturité du Moyen Age. C'est lui qui en repré-

sente l'esprit, le caractère, les instincts dominants, et non pas tel ou tel baron encore barbare, ou tel prince qui n'a rien fondé. Voudra-t-on croire que saint Louis fut un phénomène au milieu de son siècle, et qu'il a fait de telles choses tout seul, sans qu'elles aient été préparées ni désirées ? Dans l'ordre moral et politique, comme dans l'ordre matériel, saint Louis commandait une armée. Il était le chef séculier de la croisade perpétuelle que l'Eglise a instituée dès le commencement et pour toujours, contre la perpétuelle révolte du paganisme, toujours le même sous ses mille noms et ses mille déguisements. Lorsqu'à la vue de tout le peuple, le Roi, pieds nus, les yeux baignés de tendres larmes, rapportait à Paris la Couronne d'Épines, ce n'était pas un monarque absolu, qui satisfaisait sans avoir rencontré d'obstacle la dévotion de son cœur : en sa personne, l'immense et prépondérant parti de Dieu manifestait sa victoire, par laquelle la France en dépit des ennemis, des faux frères et des faux sages, se maintenait dans la famille du Christ à son rang de fille aînée.

Le siècle qui voyait un pareil spectacle, qui le comprenait, et qui l'avait souhaité et préparé ; le siècle qui se reposait de la dernière croisade en donnant à saint François d'Assises et à saint Dominique autant d'enfants que le siècle précédent avait donné de guerriers à la Terre-Sainte : ah ! je l'avoue, ce siècle-là, je suis de ceux qui « ne craignent pas de le proposer en exemple au nôtre ! » Il fonda pour la France six siècles de gloire, durant lesquels, à travers beaucoup de fautes, elle n'a pu cependant ni abjurer le catholicisme, ni perdre la civilisation, la puissance, l'honneur, l'humanité, la liberté. J'ai peur que le nôtre n'en fasse pas autant, et que les « Principes de 1789 » n'aient pas la suite des Établissements de saint Louis.

V

Ce serait sans doute une grande folie de soutenir qu'il n'y eût ni mauvaises mœurs, ni oppressions, ni misères, ni barbarie au Moyen Age : tout cela s'y trouvait, même dans le meilleur temps; et tout cela se voit encore. C'est une folie égale de reprocher à la féodalité d'avoir commencé dans la sauvagerie et dans les guerres, de n'avoir pas de prime-saut atteint la perfection des lois, des institutions, des arts, et cent autres perfections où nous-mêmes nous ne sommes pas parvenus. Que M. Alloury et M. Dupin prennent la peine de se rappeler les critiques de la société actuelle et de la féodalité industrielle, que faisaient entendre les socialistes il n'y pas longtemps; qu'ils lisent seulement les *Etudes* de M. Faucher, sur le régime manufacturier en Angleterre : ils y verront des faits qui dépassent tout ce qu'on a mis à la charge de la féodalité. Ils diront ensuite ce qu'ils voudront pour excuser le régime et pour justifier le sort que nous ont fait les progrès modernes : tout ce qu'ils diront justifiera mieux le Moyen Age.

Mais ce que je les défie de justifier, c'est le comble de déraison et d'injustice avec lequel de prétendus docteurs qui leur ressemblent fort, en condamnant sommairement le Moyen Age, s'obstinent à n'y pas voir cet admirable instrument de civilisation, cet admirable patron de l'humanité, cet universel ouvrier de Dieu qu'on appelle l'Église catholique, — ou qui ne le veulent voir que pour l'envelopper dans l'absurde et brutale condamnation dont ils frappent tout le reste.

On sait, ils savent eux-mêmes et ils l'avouent, que l'Église a converti les Barbares. Mais voyons ce que c'était qu'un Barbare à convertir ; et ne perdons pas de vue que le Barbare, dans les premiers siècles du Moyen Age, c'était le monde entier.

Je laisse parler Ozanam, grand chrétien, grand savant et grand écrivain :

« Il semble que ce fut beaucoup d'avoir formé les intelligences : c'était beaucoup plus de réformer les volontés ! L'Église y parvint par ses institutions pénitentiaires.

« Toutes les législations punissent ; mais, dans les lois profanes, la peine n'est établie que pour réprimer. Dans les législations religieuses, il faut que le châtiment expie... Les fugitives terreurs du remords pouvaient quelquefois troubler le repos du païen ; n'étant pas soutenues par une ferme connaissance du bien et du mal, elles avaient peu de prise sur la volonté criminelle. Il s'agissait d'y substituer un sentiment plus durable, derrière lequel il y eût une idée précise, impérieuse, et qui ne se laissât pas aisément désobéir. Le sentiment que le Christianisme introduisit fut la crainte de Dieu. Ainsi se trouvait constitué, pour ainsi dire, un pouvoir capable de faire la police de l'âme, de saisir la volonté, non plus dans l'acte du crime, mais dans l'intention même, et de l'arrêter par cette première répression qu'on appelle le repentir. Mais la police des âmes devait avoir son tribunal, et comme il y fallait un juge impassible et désintéressé, le juge fut le prêtre. Le repentir lui amenait l'âme coupable; elle expiait, elle s'immolait par l'aveu de ses fautes. Alors elle entrait dans une discipline réparatrice, où elle retrouvait ses forces dans les épreuves et dans les luttes. Par l'abstinence, par l'aumône, par l'humiliation, elle s'affranchissait de ces trois concupiscences, la volupté, l'avarice, l'orgueil. Ainsi, la pénitence chrétienne, où l'on ne voit d'abord qu'une école d'obéissance, devenait l'apprentissage de la liberté; et tout y conspirait à donner à l'homme l'empire de lui-même, en favorisant son retour volontaire à l'ordre divin d'où il était volontairement sorti.

« Tout était prévu. Les formules de confession, rédigées en langue tudesque et en latin, réglaient la procédure de l'accusation volontaire. Voici l'interrogatoire dressé par un canoniste du IXe siècle. C'est le prêtre qui parle : « Mon frère, ne rougis point de confesser tes péchés; car moi aussi je suis un pécheur, et j'ai fait peut-être plus de mal que toi... Avouons donc librement ce que librement nous avons commis. Peut-être, mon bien-aimé, tous tes actes ne reviennent pas aussitôt dans ta mémoire; je t'interrogerai donc. As-tu fait homicide par hasard, ou par volonté, ou pour venger tes parents, ou pour obéir à ton maître? — As-tu fait quelque blessure, coupé les mains ou les pieds, ou arraché les yeux d'un homme ? — As-tu fait quelque parjure ou induit les autres à se parjurer ? — As-tu fait quelque vol avec sacrilége, effraction ou violence ? — As-tu fait adultère avec la femme ou la fiancée d'autrui ? — As-tu déshonoré une vierge ? — As-tu volé et pillé un tombeau ? — As-tu diffamé quelque homme auprès de ton seigneur ? — As-tu consulté les magiciens, les aruspices, les enchanteurs ? — As-tu fait des vœux aux arbres et aux fontaines ? — As-tu enlevé un homme libre pour le faire esclave ? — As-tu brûlé la maison ou la grange d'autrui ? — T'es-tu enivré jusqu'à vomir ? — As-tu étouffé ton enfant ? — As-tu bu quelque philtre ? — As-tu fait ce que les païens observent aux calendes de janvier ? — As-tu chanté des chansons diaboliques sur les sépulcres ? » Suit l'examen des huit péchés capitaux (1).

« Cette confession du Barbare fait voir ce qu'il faut penser des temps héroïques de la Germanie et de la pureté de cette race vierge dont le Christianisme, dit-on, vint si fâcheusement arrêter l'essor ; ou plutôt on voit à quelles mœurs il avait affaire, et de quelles ruines il fallait tirer des âmes immortelles. C'était déjà un prodige que d'avoir mis la main sur ces hommes farouches qui ne connaissaient d'autre juge que l'épée, et de les avoir réduits à se trahir eux-mêmes, à se livrer, à se mettre à la merci d'un tribunal. Mais l'au-

____

(1) Les huit péchés capitaux, suivant la nomenclature des anciens moralistes, sont : *Superbia. vana gloria, invidia, ira, tristitia, avaritia, ventris ingluvies, luxuria.*

torité de l'Église, une fois saisie, ne relâchait pas si tôt ses justiciables : elle les faisait passer par les degrés de la pénitence. Le meurtrier, separé pendant quarante jours du commerce des chrétiens, pieds nus, sans linge, sans autre nourriture que le pain et le sel, demeurait ensuite trois ans dans l'abstinence, privé des droits de porter les armes ; pendant quatre ans encore, il jeûnait trois quarantaines ; au bout de la septième année, on le réconciliait (1). Ces barbares, si prompts à tuer, apprirent ce qu'ils savaient le moins : le prix de la vie et le respect de la personne d'autrui. Les traditions des saints Pères, les saints canons et l'expérience des siècles avaient fixé les règles correctionnelles ; des traités, connus sous le nom de *Pénitientiels*, les recueillirent et les popularisèrent : elles furent sanctionnées par les décrets des conciles con-contemporains, entre lesquels il faut citer ceux de Mayence (847) et de Tribur (895). On y distingue la pénitence privée et celle qui doit se faire publiquement pour le péché public. Les temps y sont marqués : sept ans pour le meurtre volontaire, l'adultère et le

____

(1) Concilium Triburense, ann. 895 : « Si quis sponte homicidium
« fecerit, xl diebus ab ingressu ecclesiæ arceatur, et nihil mandu-
« cet, illis xl diebus, præter solum panem et sal, neque bibat nisi
« puram aquam. Nudis pedibus incedat ; lineis non induatur ves
« tibus, nisi tantum femoralibus. Sæcularia arma non portet. Ve-
« hiculo non utatur. Ad nullam fœminam, nec propriam uxorem
« his diebus misceatur. Nullam communionem illis xl diebus ha-
« beat cum aliis christianis nec cum alio pœnitente, in cibo vel
« potu, vel ullis rebus, etc. His vii annis rite expletis, recon-
« cilietur. »

parjure ; trois ans pour .l'enlèvement d'un homme libre et pour les actes d'idolatrie ; un an pour la mutilation et pour le vol grave. On recommande au prêtre de jeûner avec le pénitent une semaine ou deux, « car on ne peut relever celui qui est tombé sans se pencher vers lui. » Et, par une disposition où l'on reconnaît bien l'admirable faiblesse de l'Église pour les opprimés : *Quand les esclaves viendront à vous*, est-il dit, *vous ne les chargerez pas d'autant de jeûnes que les riches : imposez-leur seulement la moitié de la peine* (1). »

A propos de ces canons du concile de Tribur, dont Ozanam vient de parler, le savant abbé Rohrbacher fait les remarques suivantes sur le système pénitentiaire de l'Église au Moyen Age. Elles intéresseront les criminalistes et les philanthropes d'aujourd'hui :

« A la fin du IXe siècle, les pénitences solonnelles étaient encore en vigueur. De nos jours et depuis plusieurs siècles cela n'est plus. La raison en est bien simple : ces pénitences publiques et solennelles s'imposaient pour des crimes publics et constatés, mais que les lois civiles ne punissaient pas ou ne punissaient que légèrement. Depuis plusieurs siècles, les choses ont changé : les lois spéciales de l'Églige ont passé dans le Code pénal des nations chrétiennes, avec un caractère moins indulgent. Les homicides, les violences, les brigandages, que l'Église travaillait à réprimer par ses pénitences et par ses anathèmes au Moyen Age, la loi civile aujourd'hui les punit et les

____

(1) OZANAM, *La civilisation chrétienne chez les Francs*, Paris, 1849.

réforme par la mort, les travaux forcés, la prison. L'échafaud, les bagnes, les galères, les maisons de réclusion, ont remplacé les stations pénitentiaires, l'imposition des cendres, les jeûnes, les prières, les exhortations fraternelles. L'Église avait des pénitents, enfants coupables qu'elle cherchait à ramener au bien avec la tendresse d'une mère; la loi civile n'a que des forçats qu'elle ne sait que punir. Quand le pécheur a fait sa pénitence, l'Église le réconcilie avec Dieu, avec les hommes et avec lui-même; elle l'admet à la table sainte et le rétablit dans tous ses droits de chrétien. Quand le forçat aurait deux et trois fois accompli sa peine, jamais la loi civile ne le réconcilie avec la société; jamais elle ne le rétablit dans ses droits de citoyen; toujours elle le traite comme un excommunié, comme un ennemi qu'il faut surveiller sans cesse. Ses maisons de pénitence, ses bagnes et ses prisons, en punissant les méchants, les rendent plus méchants encore; les pires de tous sont ses pénitents absous, ses forçats libérés: le monde même commence à s'en apercevoir. Pour remédier au mal que produit sa manière de réprimer le mal, il cherche à imiter l'Église, mais il ne réussit qu'à la contrefaire; il parle de système pénitentiaire, de système à cellules, de solitude, de silence: c'est là l'extérieur de la pénitence, c'en est le corps. Ce qui manquera toujours au monde, c'est l'âme de la pénitence véritable, c'est la grâce de la conversion: Dieu n'a confié ce trésor qu'à son Église (1). »

(1) Rohrbacher, *Hist. univ. de l'Eglise*, t. XII.

VI

Voilà une partie du travail que l'Église avait fait pour arriver au règne de saint Louis. Elle continue comme elle a commencé. Aucun revers n'avait découragé sa persévérance, aucun succès ne ralentit son ardeur. Partout et sans cesse on la voit à son œuvre de salut. Elle enseigne, elle prie, elle conseille, elle commande, elle frappe. Ses anathèmes protégent le serf, dont ses sacrements ont fait un chrétien, dont ses leçons feront un homme libre. Elle inspire à ses maîtres la charité, en même temps qu'elle leur impose la justice, en même temps qu'elle lui donne la lumière. Non contente de l'appeler dans ses écoles, elle lui ouvre ses rangs, elle le porte à ses plus hautes dignités. Sous l'habit religieux, le serf est propriétaire, docteur, prélat, pontife, seigneur féodal. Dans cette puissance, il n'a pas la dureté que l'on reproche aux parvenus et qui est un des fléaux de notre organisation sociale. Il se souvient de ses frères, il travaille sans cesse à les affranchir. Comme l'a dit si bien M. Guérard, « l'égalité devant Dieu est établie, l'autre ne se fera pas attendre. » Et M. Dupin, tout ennemi qu'il est des moines, peut deviner l'influence que durent exercer en ce sens les deux armées levées par le gentilhomme Dominique de Gusman et par le plébéien François Bernadon. Il conviendra que cent mille franciscains et dominicains appartenant par leur naissance et par leurs relations à tous les ordres de la société, savants, zélés, immensément populaires, portant partout avec hardiesse la parole évangélique, ne durent pas médiocrement contribuer tantôt à contenir la puissance séculière dans ses justes bornes, tantôt à seconder ses bonnes intentions.

Otez le Christianisme de ces flots de barbares dans lesquels fermentaient les débris corrompus de la civilisation romaine, que pouvait-il advenir? Ce qui est advenu de toutes les sociétés que le Christianisme intégral n'a pas pu atteindre ou qui l'ont submergé l'esclavage se généralisant au lieu de la liberté, la civilisation plus tardive, la décadence plus prompte et irréparable. Nous serions Turcs ou Chinois, ou pire encore (1). Voyez la condition actuelle du pauvre, dans les pays mêmes qui, après avoir reçu la lumière de l'Évangile, l'ont rejetée ou affaiblie : l'ouvrier en Angleterre, le serf en Russie, le nègre en Amérique. Dans l'Europe catholique, l'homme a marché sans cesse vers une expression plus complète de sa dignité de chrétien. La société, à cet égard, n'a fait de temps d'arrêt ou de pas en arrière que par sa faute, lorsqu'en ses jours d'erreur, refusant d'écouter l'Église, ou poussant l'ingratitude jusqu'à la persécution, elle a voilé

(1) Cf. dans l'*Histoire universelle de l'Eglise*, par l'abbé Rohrbacher, l'ère des califes et les empereurs de Byzance ; comparez l'époque correspondante de l'occident catholique.

cette lumière du vrai, paralysé ce moteur unique de tout affranchissement légitime, et pris le désordre pour la liberté. Nous le trouvons exact durant tout le cours de notre histoire et dans tous les sens, ce grand mot de saint Paul : *Veritas liberabit vos.* C'est par la vérité que nous sommes libres. Et par la puissance de cette vérité, devenue en quelque sorte partie intégrante de notre vie sociale, la dictature même, lorsqu'elle est venue châtier la révolte, loin de consommer chez nous la servitude, a au contraire toujours relevé la liberté. Inestimable bienfait du Moyen Age! il nous a légué une notion du pouvoir si intimement chrétienne, que nous sommes incapables de concevoir, de subir et même d'exercer la tyrannie, et que ce suprême supplice des nations semble ne pouvoir nous atteindre que si nous commettons le plus grand des crimes, l'apostasie.

Tel est donc le vrai caractère du Moyen Age. A travers les vicissitudes ordinaires de la vie des peuples, c'est l'époque où la société tend à la vraie civilisation, à la liberté, au bien, avec plus de vigueur et de lumière. Et vraiment, quand nous comparons aux chefs que la société suivait alors les publicistes, les orateurs, les physiciens et les mécaniciens qui la dirigent aujourd'hui, ces « spécialités » éclatantes perdent beaucoup de leurs rayons. De Pierre de Fontaines à M. Dupin, est-ce progrès ? Pas même pour le style. Pierre de Fontaines, sans parler du reste, écrivait incomparablement mieux : *Et son vieux style encore a des grâces nouvelles.* M. Dupin n'a pas de grâce non plus de ce côté-là.

VII

Le bel esprit et l'orgueil modernes diront que l'Église se mêlait de trop de choses ; que, tout en développant la vie spirituelle et la vie civile, elle réglementait jusqu'à l'excès la vie animale, gênant aussi inhumainement la vie des passions qu'elle développait tendrement la liberté des vertus.

Si l'Église n'avait pas été sévère et inflexible à la liberté des passions, jamais il n'aurait été question dans le monde d'une autre liberté. L'esclavage, établi partout où les passions sont libres, souillerait encore la face de la terre.

Par cette sainte rigueur, l'Église a purifié en même temps le paganisme sauvage et le paganisme civilisé. Dans le sein de la plus effroyable corruption qui fut jamais, elle a fondé la famille chrétienne ; du plus prodigieux chaos où soit tombée l'humanité, elle a fait l'ordre social chrétien.

Ce qui ne témoigne pas que cet état social fût aussi rigoureux qu'on veut bien le dire, c'est qu'à travers tant de guerres, de difficultés, de catastrophes, la population de la France, en plein Moyen Age, était considérable ; et plusieurs savants estiment même que le chiffre n'en était pas beaucoup moins élevé qu'aujourd'hui. Ainsi calculent M. Dureau de La Malle (1) et M. Delisle, qui a mérité tant de crédit par la solidité de ses *Études sur la condition de la classe agricole au Moyen Age*. La discipline religieuse n'y nuisait pas plus que la discipline politique : « En parcourant les « censiers et les autres registres du XIV⁰ siècle, on est « frappé de la multitude de personnes qui y sont nom- « mées dans chaque paroisse. *On y remarque que* « *chaque famille renferme beaucoup d'enfants...* Au « XIII⁰ siècle, de tous côtés, nous voyons s'établir de « nouveaux villages; de vastes terrains sont dépouil- « lés de bois et mis en culture (2). »

Un écrivain de l'école de M. Dupin, qui consacre son talent à éclairer les masses populaires dans la Charente-Inférieure, au moyen d'un journal intitulé *l'Indépendant*, aligne en quelques mots tous les vices du Moyen Age, tous ses crimes, et toute la science de cette fameuse école, qui a beaucoup de semblables représentants :

« En ce moment, dit-il, l'*Univers* est en train de prouver que la France du Moyen Age, sans routes, sans canaux, sans com- merce et sans industrie; plongée dans la boue, la misère et l'ignorance; incessamment décimée par des pestes et des fa- mines périodiques; en proie à toutes les tyrannies; n'ayant ni gouvernement, ni lois, ni justice que celle du plus fort, valait mieux que la France du XIX⁰ siècle, que ce grand et glorieux

____

(1) Voy. *Mém. de l'Acad. des Inscriptions*, t. XIV, p. 36; et *Mém. de l'Acad. des sciences morales et politiques*, 2ᵉ série, t. I, p. 144 et suiv. ; GÉRARD, *Paris sous Philippe le Bel*, p. 478.

(2) DELISLE, *Études*, etc.

pays d'aujourd'hui qui marche à la tête de la civilisation du monde. On ne discute pas de telles absurdités : on hausse les épaules et l'on passe. »

M. V. VALLEIN (ainsi se nomme cet *indépendant*) me contraint de lui avouer que ses mouvements d'épaules ne me persuadent pas. Sans contester la supériorité de nos routes, de nos canaux, de nos manufactures, en admettant la supériorité de notre gouvernement et de notre justice (qui sont, grâce à Dieu, comme dans toutes les sociétés normales, le gouvernement et la justice du *plus fort*), je crois que le Moyen Age avait quelque chose de tout cela, et en avait même assez pour ne pas donner à M. V. Vallein le droit de le tant mépriser. Notre civilisation est brillante assurément, mais la superbe est un de ses petits défauts. Elle lui fait trop vite oublier qu'elle était, il n'y a pas bien longtemps, aux mains du citoyen Caussidière, et qu'elle serait encore exposée aux mêmes disgrâces, si le *plus fort*, qui s'est rencontré à propos, n'avait pas mis le pied sur la multitude de ses ennemis et de ses sauveurs. Elle perdait gouvernement, justice, industrie et le reste en un *tour de main ;* et avec toutes ses magnificences, elle espérait aux Cosaques pour la délivrer des *indépendants* (1). A l'heure qu'il est, ces indépendants n'écrivent que par la permission du plus fort ; en quoi ils doivent s'estimer fort heureux, car autrement la plupart d'entre eux ne

____

(1) Cela vient de nous arriver. Pendant les jours de la Commune que de vœux à peine secrets ont appelé les Prussiens !

3.

penseraient même pas. À la vérité, ils sont une espèce qui n'abuse point de la permission de penser; parler leur suffit.

Dans le cas où *l'Indépendant* de Saintes aurait l'habitude de penser, je me permettrais de lui demander si la France du Moyen Age, la France de saint Bernard et de saint Louis, n'était pas un grand et glorieux pays, qui marchait à la tête de la civilisation du monde. Je le prierais d'y ajouter un abrégé des considérations qui le portent à croire que l'invention des chemins de fer et de la télégraphie électrique, ou le perfectionnement de la machine à filer le coton, dénotent un progrès dans la moralité, ou même dans le bonheur matériel de la masse des individus qui composent un peuple. Je serais encore charmé de savoir sur quels arguments il se fonde pour établir que des révolutions périodiques, suivies de guerres où l'on procède par armées de cinq cent mille hommes, et entremêlées de petites famines qui reviennent tous les dix ou douze ans, ne remplacent pas avec avantage les pestes et les perturbations d'autrefois. Enfin, mettant à profit ses lumières et son humeur obligeante, je me hasarderais à lui demander s'il ne trouve pas que la conscription, à elle toute seule, vaut bien toutes les corvées et toutes les redevances qu'acquittaient les serfs qui avaient le malheur de vivre sous saint Louis ?

Ce qui trompe beaucoup d'*indépendants*, particulièrement ceux qui ont le talent de prélever une dîme sur les bonnes gens qui veulent s'éclairer et savoir les nouvelles, c'est qu'ils font partie de l'aristocratie moderne. Ils sont nobles, gentilshommes, bannerets, grands vassaux; ils n'ont qu'à prendre les tributs que l'on dépose à la porte de leur petite forteresse de papier. Quand on est seigneur suzerain de quelques milliers d'abonnés, on estime qu'il n'y a plus d'ignorance sur la terre. Si l'on a le privilége des annonces, quelques autres menus droits sur les livres, sur les théâtres, sur la vanité des auteurs, inventeurs, personnages publics, ambitieux, etc., on vit à l'aise, on croit que la faim est inconnue du reste des hommes, et que tout est pour le mieux dans la plus belle et la plus avancée des civilisations.

Mais sans parler de quelques autres pays très-civilisés où la famine est en permanence, où l'ivrognerie et les vices remplacent la peste, où l'esclavage règne plus horrible que ne le connut l'antiquité, la vérité est qu'en France même la majeure partie de la population vit de pain et d'eau, et qu'en beaucoup de contrées le paysan ne mange pas de la viande deux fois par an. Compensation très-ample et très-dure au bonheur des publicistes qui, à force de lumière et d'*indépendance*, sont enfin arrivés à manger de la viande le vendredi, le samedi mêmement, et le Carême entièrement.

Je regrette d'avoir arrêté M. V. Vallein, qui passait si tranquille en haussant les épaules. Puisque c'est fait, et pour qu'il n'ait pas entièrement perdu son temps à me donner des leçons, qu'il m'en permette une toute petite sur la voirie au Moyen Age. Il n'apprendra pas sans plaisir qu'il y avait alors des chemins (je ne sais s'il a entendu dire qu'il y avait aussi une architecture, et que les hommes habitaient des maisons). Ces chemins étaient sans doute moins beaux et moins nombreux que les nôtres ; il a fallu le temps de les faire. Néanmoins, ils suffisaient aux besoins bornés du commerce et à ceux de l'agriculture, et la nation n'était pas « plongée dans la boue. »

« Il ne faut pas croire, dit M. Delisle, que le Moyen Age se soit exclusivement contenté des voies romaines. Autour des abbayes et des châteaux s'étaient formées des agglomérations de maisons, souvent même de véritables villes. Il fallut de nouveaux chemins pour les relier les unes aux autres. Philippe de Beaumanoir en distingue cinq espèces (1). En Normandie, la police des chemins variait d'après leur largeur. Les plus larges appartenaient au roi, et étaient sous la surveillance de ses vicomtes ; d'autres, sous la surveillance du seigneur dont ils traversaient le fief. A certaines époques, le seigneur faisait parcourir les chemins soumis à sa juridiction pour en vérifier l'état. Cette opération s'appelait tantôt vicomtage, tantôt cheminage. Pour y procéder, on réunissait un certain nombre d'hommes, quelquefois vingt-quatre. Ce jury prononçait des amendes contre ceux qui avaient empiété sur la voie, ceux qui n'avaient pas émondé leurs arbres, curé leur fossé et suffisamment entretenu le

____

(1) Le sentier de quatre pieds, la carrière de huit pieds, le chemin de seize pieds, le chemin de trente-deux, et le chemin de Jules César, qui en avait soixante-quatre.

bout de chemin qui était à leur charge. Le duc ou les seigneurs devaient faire et réparer à leurs frais cer-tains ponts; d'autres étaient laissés à la charge des parties intéressées (1). »

Chose qui surprendra davantage M. Vallein. Il a certainement entendu dire, il a dit lui-même, que « les seigneurs » étaient des brigands, qui du fond de leurs châteaux, de leurs repaires, fondaient sur le pauvre voyageur pour le dévaliser. Sur tout le cours du Rhin, la plupart des châteaux sont notés par les *Guides* comme *anciens châteaux-brigands.* Ce serait trop hardi de combattre une opinion si solide, et je ne prétends point d'ailleurs que les passants n'ont jamais été dévalisés de cette manière. — J'en ai moi-même fait l'épreuve : voyageur sans défense, j'ai été extrêmement volé, sans merci et sans espoir de jus-tice, dans plusieurs châteaux du même pays, qu'on appelle aujourd'hui des *auberges.* — Mais ce que l'on ne sait pas, et ce qui ne se fait plus, c'est que le sei-gneur sur les terres duquel un passant avait été dé-troussé pouvait être actionné en justice et condamné à payer des dommages-intérêts : « Les propriétaires « des péages deus pour la voiture des marchandises « sont tenus non-seulement d'entretenir les chemins, « mais aussi de les tenir seurs et passables contre les « voleurs et brigands. *Car le droict de péage a esté* « *autrefois establi en faveur de cette sûreté,* afin *que le* « *marchand peut s'exempter des mains des voleurs et*

(1) Léopold Delisle, *Etudes,* etc., 107-102.

« *en estre garenti,* comme dit Isernias, sur les lois de
« Naples. »

Ainsi parle Choppin, et il en cite plusieurs arrêts
d'une grande ancienneté, rendus contre les seigneurs
les plus considérables (1) :

(1) « Pour ce subjet, le comte d'Angoulesme fut condamné
à restituer à un marchand l'argent qui luy avoit esté volé dans
les limites du comté, passant sur le grand chemin. Arrest
donné au parlement de l'octave de Toussaint, en l'an 1263. Le
mesme fut iujé en la cour contre le seigneur de Crévecœur, dans
la terre duquel les voleurs avoient détroussé un marchand de sa
marchandise et de son argent, par arrest de la Chandeleur de l'an
1254. Semblablement la cour ayant receu plainte par quelques
marchands du Berry contre le seigneur de Vierzon, qui avoit droict
de péage, le condamna à réparer le dommage.

« Et sur ce subjet de seureté des chemins publics, le comte de
Bretagne fut condamné à rendre à des marchands ce qui leur
avoit esté ôté par force par des voleurs, par arrest de Pentecôte
de l'an 1273. On en void encore un depuis cela, sur un fait pareil
contre le comte d'Artois, lequel fut condamné à garentir des voleurs les marchands passants par ses terres, par arrest de Toussaint de l'an 1287.

« Et cela n'est guère éloigné de ce que les interprètes des lois
disent communément : Que le seigneur du territoire est tenu de
réparer aux marchands le dommage à eux fait en l'enlèvement de
leurs marchandises fait en sa terre par les voleurs, ou bien représenter les malfaiteurs.

« Toutefois, si le passant se mettoit en chemin pendant la nuict
ou avant le lever du soleil, ou après qu'il seroit couché, et qu'en
ce temps il fust volé par les voleurs, il n'auroit recours contre
le seigneur au dedans de la seigneurie duquel le lui auroit esté
fait; mais il auroit à se plaindre seulement de soy-mesme et accuser
son imprudence de s'estre mis en chemin hors de saison et s'estre
porté dans la troupe des voleurs, ainsi que le parlement de France
l'a autrefois décidé par arrest de l'octave de Toussaint, l'an 1265. »
Tout cet article de Choppin, liv. I, art. 69, sur la police des che-

Un mot sur l'ignorance.

Les écoles étaient nombreuses. M. Vallein aurait tort s'il se laissait persuader que l'instruction primaire a été fondée sous Louis-Philippe : elle existait au Moyen Age. Il y avait jusqu'à une inspection, et qui valait probablement celle qu'on a imaginée depuis (1).

Dans ces écoles, où le socialisme ne germait pas, on apprenait la lecture, l'écriture, la grammaire. Aucune loi n'empêchait le maître de pousser plus loin l'écolier qui montrait des dispositions, et rien n'était moins rare que de rencontrer dans les villages de jeunes manants qui savaient le latin. Nous ne sommes nullement en progrès encore à cet égard. Les gentilshommes même n'ignoraient pas

> . . . . Cet art ingénieux
> De peindre la parole et de parler aux yeux.

Ils savaient écrire ! M. Vallein ne voudra pas le croire, mais j'ai de bons témoins. Combien de dignes bourgeois ont cité et citent encore cette célèbre formule finale des actes du Moyen Age, où le notaire, dit-on, rapporte que *messire* un tel, *en sa qualité de gentilhomme*, a déclaré ne savoir signer? Or, il faut savoir

---

mins, est très-curieux et dénote une législation équitable et soigneuse des intérêts publics.

(1) Jean de Gèrson, *Tractatus de Visitatione Prælatorum*, recommande aux prélats de s'enquérir dans les paroisses qu'ils visitent: *Item, si schola habetur pro juvenibus; item, qualiter instruuntur pueri in parochia... Providentur igitur quod sint scholæ ubi non sunt.*

que cette formule n'a encore été trouvée nulle part, et qu'aucun savant n'a encore montré aucun acte qui la porte.

« Il m'est passé par les mains des milliers de titres bretons de toutes les époques, » dit M. de la Borderie (1), « je ne l'y ai vue nulle part, et je sais que M. Léopold Delisle, qui a fouillé à fond les archives de la Normandie, n'a pas été plus heureux. En Bretagne, depuis le XIIIe siècle, ce ne sont plus que des nobles qui remplissent les charges de judicature, au moins dans les cours ducales, pour lesquelles il fallait non-seulement savoir écrire, mais aussi connaître très-bién la jurisprudence. La vérité est encore que les nobles mêmes qui n'exerçaient pas ces charges n'en savaient pas moins écrire, qu'il existe des signatures de Bertrand du Guesclin et de son frère Olivier, et que dans le seul *Trésor des chartes des ducs de Bretagne* (aujourd'hui déposé à la préfecture de Nantes), c'est par centaines que l'on compte les signatures manuelles de gentilshomme du XIVe et du commencement du XVe siècle, presque toutes très-bien formées. »

M. de Mas-Latrie, professeur à l'École des chartes et chef de section aux archives impériales, m'a dit lui-même que depuis vingt-cinq ans qu'il étudie les chartes, il n'a pas rencontré une seule fois dans aucune des archives de l'Europe, qu'il a presque toutes parcourues, la formule *si connue* dont M. de La Borderie et M. Delisle constatent l'invisibilité.

<hr>

(1) *Mélanges d'histoire et d'archéologie bretonnes*, Rennes, 1854.

A ces témoignages fort sérieux sur les études au Moyen Age, ajoutons celui de M. Dupin lui-même :

Il y avait alors (XIe, XIIe, XIIIe siècle) une étude et une science du *droit coutumier*. Les *grands seigneurs*, qui dans ces premiers temps tenaient leur *cour de justice* en personne cultivaient cette étude comme les anciens patriciens de Rome. Parmi eux on peut citer Baudouin, l'un des successeurs de Godefroy de Bouillon. « Il était, dit Guillaume de Tyr, si versé « dans la *jurisprudence coutumière* que les anciens magistrats « le consultaient comme un oracle sur les matières les plus « épineuses et les plus délicates. » Jean de Salisbury rend de Thiébaud, comte de Blois, le même témoignage. Tel était encore Amaury, cinquième roi de Jérusalem, en 1163 (1).

Ainsi donc, on lisait, on écrivait, on étudiait au Moyen Age ; et la nation qui n'était pas « plongée dans la boue, » n'était pas non plus « plongée dans l'ignorance. » On voulait comme aujourd'hui connaître tout ce qu'il était possible d'apprendre, et quelquefois on y réussissait mieux.

M. Alloury est grand clerc, le mépris haineux qu'il manifeste en toute occasion contre le Moyen Age, vient sans doute de la fausse opinion où il s'est laissé pousser, que s'il avait écrit dans ces jours malheureux, la bonne société n'aurait pas pu le lire ? Il a bien tort. La bonne société n'aurait peut-être pas *voulu*, mais elle aurait pu le lire. Elle se serait étonnée de voir un homme de son âge s'entendre si peu au

---

(1) Dupin et Laboulaye, *Introduction aux Institutes coutumières de Loysel.*

catéchisme et n'être pas en état de subir un examen d'où les moindres petits garçons de la campagne se tireraient avec honneur.

Car ce qu'enseignaient surtout ces écoles barbares, c'était la religion. La société ne promettait aux hommes ni la richesse ni le bonheur sur la terre, promesse malaisée à tenir et très-difficile à retirer; mais elle voulait que tous eussent le bonheur de connaître Dieu, la joie de l'espérer, la gloire et le contentement de le servir. Grâce à ce soin, les pauvres paysans, les pauvres serfs savaient, mieux que beaucoup de nos docteurs, deux choses que l'Eglise apprend d'abord à ses enfants : la dignité de leur origine, la sublimité de leur fin. Ils savaient que créés de Dieu, rachetés par Lui, allant à Lui, c'était à Lui qu'ils devaient obéir avant d'obéir aux hommes. Invincible obstacle aux entreprises de la tyrannie, soit qu'elle voulût contraindre, soit qu'elle voulût corrompre.

De nos jours, combien d'hommes haïssent mortellement leurs maîtres, leurs supérieurs, leurs seigneurs, et, tout en les haïssant, les servent jusqu'à la perte de leur âme, faute d'avoir cette espérance, faute de connaître cette vérité !

Imaginez le *droit du seigneur*, — celui qu'entend M. Dupin, — en présence des sixième et neuvième commandements : bien avant 1789, et à titre légitime, l'insurrection devenait le plus saint des devoirs.

VIII

Voilà comment, par l'action constante du Christianisme, qui enveloppait la société tout entière, le pouvoir absolu de l'homme sur l'homme dut infaillible-
ment tomber et en effet tomba de deux manières à la
fois : parce que le faible croissait en dignité, parce
que le fort croissait en charité. Sous l'influence de
l'esprit chrétien qui le reconnaît et qui le respecte,
sans lutte violente, autant par concession que par
conquête, le droit de la force s'adoucit et se trans-
forme : il devient la force du droit, c'est-à-dire cet
équilibre de devoirs réciproques qui est la liberté.

J'insiste sur ce point, parce que, à mon avis, tout le
Moyen Age est là, dès le commencement. Rien de
plus visible que ce mouvement progressif, dont l'Eglise
est l'âme, vers la liberté. La dignité du chrétien proteste contre la servitude, plus encore peut-être dans
le cœur du maître que dans celui du serf. La charité
tempère le droit que la raison politique ne permet pas
d'abandonner ; elle lui substitue une redevance, un
cens récognitif, quelquefois simplement une cérémonie qui prépare un entier affranchissement.

« Le cens, dit M. Bouthors, offre un double caractère :
ou il est représentatif de la possession, ou il est réco-

gnitif de la seigneurie. Le cens *représentatif* de la possession diffère peu de la rente foncière. Comme celle-ci, il constitue un véritable revenu. Le cens récognitif a cela de particulier qu'il consiste toujours en une prestation modique qui n'est pas en rapport avec la valeur de l'objet auquel il s'applique. Le premier est dû au propriétaire, abstraction faite de la seigneurie; le second est dû au seigneur, abstraction faite de la propriété. Le premier peut se détacher du domaine et s'inféoder comme le domaine lui-même; le second ne peut jamais être séparé de la seigneurie. »

Après les considérations qui précèdent, cette définition, que M. Bouthors lui-même n'a pas toujours assez présente, nous fait connaître l'origine et le caractère de la plupart de ces redevances bizarres dont s'étonnent et parfois se scandalisent tant d'habiles gens.

Elles ne sont que la commutation bienveillante d'un droit jadis plus onéreux.

Examinons-les d'un peu moins loin qu'on ne fait ordinairement.

On a vu que, non pas toujours ni partout, mais pendant un certain temps et dans certains pays, le propriétaire héritait de *tous* les biens du serf. Voici les mitigations de la coutume :

« — Quand le serf vient à mourir, le seigneur a droit *à la meilleure tête du troupeau*. — Le serviteur de l'abbé devra prendre un bâton blanc et s'avancer à reculons vers les chevaux ou les vaches, et toucher *une* bête avec le bâton : celle qu'il atteindra appartiendra au seigneur ; *rien de plus* (1). — A la mort du tenancier, l'héritier acquittait un droit qu'on appelait *relief*. Il était proportionnel à l'héritage. D'après une transaction de l'année 1347, Bernard de Broquigni se contentait, pour le relief, de six deniers par acre et de deux sous et demi pour la masure. — Quand un des vavasseurs du prieuré de Ronceville mourait, son héritier devait deux sous aux religieux pour le premier acre de sa terre et douze deniers pour les autres. — Un autre relief se prenait sur le meuble vif. L'héritier choisissait la meilleure bête ; le seigneur prenait *ensuite* celle qui lui plaisait le mieux, cheval ou vache, ou dix sous à défaut de bête (2). — *Demande* : Que doivent-ils donner pour le Kœhr? *Réponse* : Le laboureur doit donner le cheval qui vient après le meilleur ; le fermier, la vache qui vient après la meilleure ; la femme, la robe qui vient après la meilleure. — Bien que toute personne mariée doive cette redevance, il y a pourtant une exception pour les femmes qui laisseront une fille assez grande pour souffler une lampe allumée (3). »

Le fisc, dont nous sommes tous serfs, n'est pas si modéré ni si accommodant ; et le citoyen français, pauvre ou riche, paie aujourd'hui plus de droits de mutation que le serf du Moyen Age. (Voir à l'*Appendice*.)

Il y avait des droits et des redevances qui n'étaient que le faible prix d'un véritable service : par exemple, une brebis, une oie, un porc, pour la pâture du troupeau ; une rente en avoine pour l'usage dans telle partie de forêt que le seigneur ne pouvait aliéner. Les moines de Héauville devaient au seigneur, tous les

(1) Michelet, *Origines*, etc., 233.
(2) Delisle, *Etudes*, etc.
(3) Michelet, *Origines*, etc., p. 234.

ans, une guirlande de roses, et lui leur devait un quartier de sel. Les paysans, le jour de saint Jean-Baptiste, étaient tenus d'amener à la messe un verrat paré de fleurs, moyennant quoi ils pouvaient paître leurs porcs dans la forêt d'Ecouves.

« Dans une seigneurie de France, les paysans devaient par redevance conduire jusqu'au château une allouette placée sur une voiture à quatre chevaux. Ailleurs, c'était un œuf. — A Boulogne, l'emphytéose que concédaient les moines bénédictins de Saint-Procule payait à titre de redevance la fumée d'un chapon bouilli; c'est-à-dire qu'à chaque année, à un jour déterminé, l'emphytéote s'approchait de la table de l'abbé, apportait le chapon dans l'eau bouillante, entre deux plats, et le découvrait de telle sorte que la fumée s'en échappât; cela fait, il emportait le plat et était quitte (1). »

« — Que doit faire l'homme dont la femme est en travail d'enfant, pendant qu'il est retenu au dehors pour le service de son seigneur, par exemple pendant qu'il transporte des meules; que doit-il faire, quand on vient le lui annoncer? Il doit dételer sans retard, se rendre à la maison, et faire pour l'accouchée ce qu'il est bon de faire, de sorte qu'elle puisse allaiter et élever son jeune paysan. — L'homme de la Marche dont la femme vient d'accoucher, peut prendre du bois pour elle, et lui acheter avec ce bois du vin et du pain blanc. — Les poules de redevance ne peuvent être réclamées de celui dont la femme est en couches. Seulement le bailli coupera la tête de la poule et la portera à son seigneur (*Droit de la Hesse*) (2). »

Même dans cette Allemagne dont on étale à plaisir les formules atroces, et où il semble que le seigneur

(1) MICHELET, *Origines.*
(2) MICHELET, *Origines*, p. 50 et 51.

ne parle que d'éventrer et de rôtir ses serfs, on voit
que l'humanité n'avait nullement perdu ses droits.

Citons encore une coutume française et monastique antérieure à l'an 1450 :

« Les paroissiens manants et habitants de Vaulx, estant de
quatre ou cinq lieues ou environ, loing de l'abbaye (de Sainte-
Trinité de Caen), avoient accoustumé prendre et avoir ung disner chascun an le jour de la feste de Trinité en ladicte abbaye,
en la manière qui ensuit ; c'est assavoir que les dicts paroissiens et habitants de ladicte-paroisse de Vaulx lavent leurs
mains en une cuve pleine d'eaue, et après se asséent à terre, et
ont chascun ung pain de vingt-une à vingt-deux onces, une toile
estendue devant eulx, sur laquelle ils ont pièce de lart peleis
barbouilly de la grandeur de demy pié en quarré ; après ont
chascun une ribellette de lart routy sur le greil, chascun une
esculée de mortreux fait de pain et de leit, et boire tant
qu'ilz veulent cidre ou cervoise, et sont assis trois ou quatre
heures (1). »

M. Michelet, dans l'Introduction de son livre sur
les *Origines du Droit français*, où il *entrevoit* beaucoup
de choses, remarque ce caractère général des petites
coutumes de localité :

« Ce fier baron, ce tyran, semble pourtant, dans la pratique,
avoir été souvent facile et débonnaire. Tant que les besoins du
luxe ne le forcèrent pas de pressurer ses hommes, de leur arracher de l'argent, les redevances se payaient en nature, sans
peine et de bonne grâce. C'était du blé, des bestiaux, des
poules pour le banquet seigneurial. Il y avait tel fief dont
la redevance était un mai orné de rubans, et paré de trois
épis. »

(1) DELISLE, *Etudes*, etc.

« Beaucoup de droits féodaux, qui nous révoltent, étaient probablement ceux dont le serf se plaignait le moins, parce qu'ils lui coûtaient peu. Telle est la fameuse obligation de battre l'eau la nuit pour faire taire les grenouilles (1). »

Nous voici à ce grenouillage si détesté de M. Alloury. Voyons en le fond.

(1) Page XLII.

IX

Cette coutume, contre laquelle le vigilant rédacteur du *Journal des Débats* réclame d'une manière si zélée et si opportune, en premier lieu n'était pas générale, en second lieu n'était, comme beaucoup d'autres, qu'une commutation, probablement très-sollicitée et accueillie avec beaucoup de reconnaissance. M. Michelet en cite trois ou quatre exemples. Les voici tous :

« Il y avait à Roubaix, près Lille, une seigneurie du prince de Soubise, où les vassaux étaient obligés de venir, *à certain jour de l'année*, faire la moue le visage tourné vers les fenêtres du château et de battre les fossés pour empêcher le bruit des grenouilles. »

A certain jour de l'année ne signifie pas toutes les nuits, et il est visible que cette *moue* dispensait les paysans d'un autre tribut.

« Devant le château de Laxou, près Nanci, se trouvait un marais que les pauvres gens devaient battre *la nuit des noces du Seigneur*, pour empêcher les grenouilles de coasser. »

La nuit des noces du seigneur, cela ne veut pas dire tous les jours. De plus, on les dispensa de ce service au *commencement du seizième siècle*, c'est-à-dire un peu avant le « réveil » et les « réparations » de 1789.

« Le géographe de la Wetteravie dit, en parlant de Friein-seinn : « Ce village, prétendant à beaucoup de liberté, a donné bien à faire à la seigneurie. Les habitants assurent en effet que certain empereur avait passé la nuit dans leur village ; que le coassement des grenouilles ne lui permettant pas de s'endormir, les paysans s'étaient tous levés pour donner la chasse aux grenouilles, et que l'empereur, en récompense, leur avait accordé la liberté. »

Ceux-là ne battaient plus le marais. Ils l'avaient battu une fois pour toutes, volontairement, par pur sentiment monarchique. Eh! si M. Alloury, du temps de Louis-Philippe, avait pu faire taire les journaux qui empêchaient son seigneur de dormir!

« Lorsque l'abbé de Luxeuil séjournait dans sa seigneurie, les paysans battaient l'eau *en chantant* :

> Pâ, pâ, rainotte, pâ! (Paix, grenouille, paix!)
> Veci M. l'abbé, que Dieu gâ! (garde).

Malheureuses grenouilles! malheureux paysans! mais surtout malheureux Abbé!... car enfin si ces pauvres paysans chantaient ainsi la nuit entière, comment faisait M. l'Abbé pour dormir? Cette question se pose à l'esprit sagace et sérieux de M. Alloury.

L'abbé de Prüm, au diocèse de Trèves, jouissait d'un droit semblable dans la paroisse de Wichterich. Le texte de la coutume, traduit avec quelque légère inexactitude par M. Michelet, mérite attention :

« Un courrier prendra *les devants pour dresser la table* ; il y placera un pot d'eau et un rôti de six deniers ; ensuite l'homme de la maison préparera le lit, afin que Monseigneur puisse reposer. S'il arrivait que le coassement des grenouilles l'empêchât de dormir, *des gens qui ont reçu leurs biens et patrimoine à ce titre* se tiendront aux bords de l'étang de Kirspell pour faire taire les grenouilles (1).

Donc, dans la seigneurie de l'abbé de Prüm, et probablement aussi dans la seigneurie de l'abbé de Luxeuil, et sans doute ailleurs encore, ces infortunés paysans, ces tristes victimes, étaient condamnés à battre le marais pendant une nuit ou deux, tous les dix ou vingt ans, POUR PAIEMENT DE LEURS LOYERS ET HÉRITAGES ! Voilà ce que M. Dupin a négligé de dire à l'Académie des sciences morales, et ce que M. Alloury, par suite de sa fâcheuse habitude de ne lire que des feuilletons, ne pouvait deviner. S'il avait entrevu la *question des grenouilles* sous cet aspect, la délicatesse de sa conscience l'eût certainement obligé d'avouer que le marché n'offrait rien d'abominable. Il y a foison d'électeurs en France, et des plus fiers, qui volontiers, pour le même prix, se rendraient acquéreurs ou même simples locataires d'un petit bien de campagne ; et je m'assure que les vassaux, locataires et

(1) M. l'abbé Girer, vicaire d'Etelbruck (grand-duché du Luxembourg) a bien voulu m'envoyer le texte allemand. Le voici : — « Khoemen soll ein bode, de soll ein taefel deeken ù darup einen « pott puitz und einen braten van ser pennengen, dann soll der « man van me huise minr heren ein bedde spreiden... kann her « neil geroisten vur geschrein des vrossche, so sind luide in Kirs- « pell die ir erf ù guiter daraf haint, daf sie die vroessche stil- « len sollen. »

fermiers de M. Dupin, s'il leur demandait de s'acquitter par cette corvée, ne se plaindraient point, dût-il l'exiger à chaque terme.

Tel était le fameux droit de faire battre les marais pour empêcher le coassement des grenouilles, l'un des grands griefs de l'esprit moderne contre le Moyen Âge, et des plus allégués ! Ceux qui l'ont établi comme une redevance si commode à payer, et un moyen si débonnaire de constater leur seigneurie. (1), ne prévoyaient guère le bruit que ces grenouilles réduites au silence feraient dans la postérité. J'espère qu'elles se tairont désormais, ou que les savants qui les ont tant fait parler les iront rejoindre : *Omnibus mendacibus pars illorum erit in stagno*; ils habiteront les marais.

Beaucoup d'autres droits qui ne choquent guère

(1) L'exemple cité par M. Bouthors confirme cette interprétation, et on ne s'explique guère comment M. Dupin a pu s'y méprendre.

« C'est bien à des hommes libres, le rôle de Corbie en fait foi, qu'était confié l'office des chasseurs de grenouilles, genre de fonctions qui paraît avoir été d'un usage assez général en Europe, puisque, comme le rapporte Menochius, il y avait aussi en Lombardie des hommes *quorum munus erat, quod est risu dignum, in imponendo silentium ranis.*» Et il cite les articles suivants, tirés du rôle des feudataires de l'abbaye de Corbie, vers l'an 1200 :

« 188. *Fugator ranarum* de Naurdis, fidelitatem facit domino abbati; et quando novus abbas fit Corbeie, iterum fidelitatem facit domino abbati.

« 189. *Fugator ranarum* de Tanes, fidelitatem facit abbati.

« *Omnes isti liberi famuli nostri sunt.*

(BOUTHORS, *Coutumes du bailliage d'Amiens*, 3ᵉ série, notes.)

Si l'on conclut hardiment que l'usage d'employer des hommes

moins nos tribuns et nos penseurs, qui servirent de prétexte pour piller les châteaux et décimer la noblesse, qui servent d'argument aujourd'hui pour justifier et décorer ces crimes, avaient même origine et même objet : ils constataient le bienfait du maître autant que la dépendance du serf ; ils étaient par le fait un véritable affranchissement, plutôt qu'une servitude. On s'en acquittait, comme le constate M. Michelet, « sans peine et de bonne grâce. »

à chasser des grenouilles était « assez général en Europe » *puisqu'il* y avait de ces hommes en Lombardie, je puis bien conclure que ce n'était pas une fonction si humiliante ni si accablante, *puisque* ceux qui l'exerçaient étaient libres sur les terres de l'abbé de Corbie, propriétaires sur les terres de l'abbé de Prüm, et probablement dispensés ailleurs de plusieurs redevances, moyennant l'acquittement de celle-là.

Cependant, dire que l'usage était *assez* général me paraît une façon de parler *assez* aventurée. En additionnant tous les faits rapportés à titre de *singularité* par divers auteurs, on n'en trouve pas dix ; il n'y a donc pas lieu de faire une croix.

4.

X

L'utilité très-réelle des formalités plus ou moins bizarres dont s'enveloppait le droit ainsi mitigé ne peut échapper qu'à des regards frivoles. Elles devenaient les monuments d'un engagement réciproque, ou des deux côtés on avait contracté des devoirs et réglé des droits (1). Si tout l'honneur était pour une partie, souvent tout l'avantage était pour l'autre ; et ce sont probablement les redevables eux-mêmes qui ont presque partout donné aux redevances le caractère insolite que nous leur trouvons. Il importait, en effet, qu'elles fussent étranges. C'est la juste remarque de M. L. Delisle :

« L'observation de ces pratiques ridicules si l'on veut, sauvegardait les droits des paysans vis-à-vis du seigneur. Si on les leur contestait, d'innombrables souvenirs venaient à leur aide pour les maintenir dans leur saisine (2). Il est clair que plus

(1) « L'obligation du seigneur et du vassal est réciproque : *Æqualis est fidei inter dominum et vassallum relatio*, disent les livres des fiefs. Un commun lien les attache tous deux, quoique par des devoirs différents ; ce qui fait qu'on les appelle *conjuges et consortes.* » (LES ŒUVRES DE SIMON D'OLIVE, p. 179.)

(2) Les coutumes étaient souvent vérifiées par témoins. C'était ce qu'on appelait la preuve par *tourbe.* Chaque tourbe était composée de dix personnes, dont une seule portait la parole pour les.

les formalités étaient bizarres, plus elles se gravaient profondément dans la mémoire des populations. En outre, elles prévenaient souvent des procès entre les propriétaires de fiefs voisins, dont elles déterminaient nettement l'étendue. Cette signification attribuée à des redevances et à des services qui nous semblent si étranges ne sera contestée par aucun de ceux qui connaissent les circonstances dont au Moyen Age on entourait souvent la transmission de la propriété. »

C'est une erreur de croire que ces bizarreries existaient exclusivement dans les rapports des grands avec le peuple. De riches et puissants vassaux y étaient astreints à l'égard de leur suzerain, comme le vilain à l'égard de son seigneur, et celui-là ne se trouvait pas plus humilié de battre le fossé dans certaines occasions, ou de manger une ribellette de lard sur l'herbe, que celui-là de verser à boire au grand feudataire, et le grand feudataire, à son tour, de présenter la chemise au roi. Quand Louis, dauphin de France, fugitif, alla chercher refuge « devers son bel oncle le duc Philippe, » la duchesse de Bourgogne le reçut à la porte de son hôtel, et prit congé de lui après la première entrevue, en s'agenouillant jusqu'à terre (1). On

autres. «Pour prouver coustume duement, usage ou util alléguiez il convient nécessairement que ladite prove soit faite et rapportée en tourbe, par dix sages coutumiers, rendant certaine et affirmative cause de leurs dépositions, ou par plus ; et se par mens de dix personnes en tourbe la coustume étoit témoignée, cette prove ne suffiroit pas, mais seroit ainsi comme nulle de soi.» (JEAN DESMARES, décision 275.)

(1) «Tandis que les dames attendaient le Dauphin dans la cour, un chevalier d'honneur portait la queue de leur robe. Aussitôt qu'il fut entré, elles portèrent elles-mêmes la queue de leur robe. De même quand la duchesse de Bourgogne mangeait avec le Dau-

ne manquait pas de fierté pourtant, dans cette cour-là.
On n'en manque pas davantage en Angleterre, quoique
l'on fléchisse encore le genou devant le roi. Beaucoup
de nos usages actuels, qui ne choquent personne, exciteront dans cent ans le rire des sots ; quelques-uns,
si nos descendants valent mieux que nous, exciteront
leur indignation. Il en existait du temps de Louis XIV,
dans le monde le plus poli qui fut jamais, que la
Bruyère trouvait dignes de la Mingrélie ; nous en avons
qui sont dignes de la Cafrerie. Si quelque publiciste
lisait dans une charte du Moyen Age qu'à certains
jours le vassal était obligé de se présenter devant son
seigneur, affublé d'un costume quelconque, pourvu
que ce ne fût pas le sien, et cela sous peine de perdre
son emploi, ou tout du moins les bonnes grâces du
maître, notre publiciste ne manquerait pas de crier :
Voilà les mœurs de ces siècles, etc. Mais qu'un suzerain
du publiciste, un patron, une patronne, ait la fantaisie de donner un bal de pierrots : aussitôt le publiciste se met en quête de percale et de farine. Nos bals
masqués ne sont pas des divertissements très-sérieux ;
nos académies ne sont pas des tribunaux d'esprit
beaucoup moins ridicules que les anciennes cours d'a-
mour. Je n'ai jamais lu que Pierre de Fontaines ni
Beaumanoir eussent fait des démarches, pris de longues mesures, abusé peut-être de leur influence politi-

phin, on la servait à plats découverts et on n'essayait pas les vian-
des devant elle, et elle buvait à coupe découverte. » (LE ROUX DE
LINCY, *Introduction à la nouvelle édition des Cent Nouvelles Nouvelles*, 1841.)

que, pour siéger en habit brodé de soie plate dans un parlement de babiole, où ils entendraient réciter des fables. Le Moyen Age n'offre rien de plus extravagant que cet usage, auquel M. Dupin a sacrifié.

De même que nos usages ont un objet et partant une raison, ceux du Moyen Age avaient les leurs, et c'est puérilité de se récrier si fort. Tout cela se faisait de bon gré, s'est fait longtemps; tout cela paraissait aussi simple qu'aujourd'hui d'acquitter trente-neuf visites pour entrer à l'Académie française avant d'avoir écrit un livre en bon français, et même après avoir fait preuve d'une entière incapacité de l'écrire.

Ces usages avaient leurs côtés profitables; on y tenait. Des seigneurs ont plaidé vertement, pour se maintenir dans le droit de rendre leur hommage à des suzerains qui voulaient en abdiquer le coûteux honneur. M. Dupin prendra plaisir à une de ces histoires de bazoche.

Quand l'évêque et comte de Cahors devait faire sa première entrée, le baron de Cessac allait au-devant de lui hors de la ville, jusqu'à certain endroit marqué par les vieux documents, où il devait le rencontrer. Il saluait le prélat, puis, la tête découverte, sans manteau, la jambe droite nue et le pied chaussé d'une pantoufle, il prenait la mule de l'évêque par la bride et s'acheminait en cet équipage, à pied, vers la cathédrale, et de là au palais épiscopal, où il servait l'évêque à table pendant le dîner. Après quoi il se retirait, emmenant la mule et emportant le buffet. La cérémonie eut lieu en 1604, pour l'entrée de l'évêque

Étienne de Poppian; mais elle fut suivie d'un procès devant la chambre des Requêtes du parlement de Toulouse, « sur ce que le sieur de Cessac prétendoit « que le buffet dont le sieur de Poppian s'estoit servi « en cette cérémonie n'estoit pas sortable ny à la cé- « lébrité de l'acte, ny à la qualité des parties.— Le « Parlement (après information), condamna l'évêque « à bailler audit sieur de Cessac un buffet de vaisselle « d'argent doré ou sa légitime valeur, suivant l'esti- « mation qui en seroit faite par experts, eu égard à la « qualité des parties, à la célébrité de l'acte et à la « magnificence du festin. » L'expertise eut lieu, et le buffet fut estimé « sortable » à 3,123 livres, que l'évê- que paya.

Son successeur ne l'oublia point, et en 1627, Pierre de Habert, voulant économiser le buffet, fit son entrée sans appeler le barron de Cessac. Celui-ci l'assigna.

L'évêque prétendit que l'on n'avait rien à lui récla- mer, attendu qu'il dépendait purement du seigneur d'appeler son vassal à telles et pareilles cérémonies, faisant remarquer combien celle-ci, en particulier, paraissait blessante pour le susdit vassal.

On lui répondit dans le goût de Maître l'*Intimé* :

« Que c'estoit une prérogative au baron de Cessac, qu'à l'ex- clusion de tous les autres vassaux du comté de Cahors, il eût droit de se trouver à l'entrée solennelle du comte, pour bien- veigner son arrivée, le conduire à son palais épiscopal et le mettre, par manière de dire, en la possession de sa seigneurie; que si bien il rendoit cette action la teste découverte et l'un des pieds nud, cette cérémonie n'estoit pas si désavantageuse qu'on avoit voulu dire : que c'estoit jadis la coutume des Romains d'aller nud teste, sinon en certain temps et en certaines occasions que les curieux ont remarquées (LIPSIUS, *Lib. de Amphitheatro*, cap. XIX); que les anciens ne donnoient qu'un soulier à Mercure, ce qui fait qu'Artemidore l'appelle μονοκρηπίδα (ARTEMIDORUS, lib. IV, cap. LXIII. — PINDARUS, od. IV, *Pith.*); et qu'on pouvait dire, d'ailleurs, que si le baron de Cessac paroissoit en cette action nud teste, c'estoit pour se faire remarquer dans la foule du peuple, comme le premier hommager de la province, à l'exemple des grands capitaines qui découvroient la teste pour se faire reconnoistre de leurs soldats dans la meslée :

> *At pius Æneas dextram tendebat inermem,*
> *Nudato capite...*

« dit le poète (VIRGILIUS, XII, *Æneid.* — TACITUS, I *Annalium*). Tant y a, que cette action étant plus honorable qu'ignominieuse au vassal, et se treuvant d'ailleurs suivie de l'utile par le gain de la mule et du buffet qui lui demeuroient acquis, il s'ensuivoit que le Seigneur n'auroit pas de droit l'en exclure. »

Finalement, après beaucoup d'autre latin piqué de grec, fourni des deux parts, l'évêque perdit son procès en première instance et en appel. Un bon arrêt du 16 juillet 1630, maintint le baron de Cessac dans sa chère humiliation; non parce que les anciens ne donnaient qu'un soulier à Mercure, raison d'avocat comme le Palais en entend tous les jours, mais sur ce principe de droit que, l'hommage étant fait aux frais du vassal et le service aux dépens du seigneur, le seigneur pouvait bien refuser le service, mais non pas l'hommage. Les motifs sont très-savants et très-solides; on les trouvera, avec les plaidoiries, aux « OEuvres de Simon d'Olive, sieur du Mesnil, conseiller du Roy en

sa cour de parlement de Tolose. » Le chapitre est intitulé : « Du devoir que sont *obligez* de rendre certains
« vassaux à la première entrée du comte, et si n'ayant
« point esté appelez à cette cérémonie, ils peuvent
« néantmoins prétendre à ce qui leur est deu à raison
« de ce service. »

Il est certain que les usages singuliers, bizarres,
grotesques, et ceux mêmes qui nous paraissent humiliants, se maintinrent longtemps encore après qu'on
eut partout la plus grande facilité de les racheter, et
lorsque, à défaut du consentement des seigneurs, ou
même de la requête des vassaux, la justice royale les
commuait ou les abolissait d'office avec l'ambition
d'exercer une suzeraineté universelle et de remplacer
tout à la fois la noblesse et l'Eglise.

XI

Les usages féodaux disparurent, en effet, avant la féodalité elle-même, parce que les mœurs changeaient (je n'ose pas dire, parce qu'elles s'amélioraient : j'ai là-dessus trop de doutes). Tout allait à la puissance royale appuyée sur la Bourgeoisie et sur les Parlements. L'idée des Parlements était de tout corriger, de tout réformer, de tout se soumettre (1). Ils firent un immense abatis de tous les vieux *us*, qui n'étaient pas également à regretter, tant s'en faut, mais qui pourtant tombèrent en compagnie de quelques bonnes habitudes, et qui, flétris de cent épithètes amères, ne

(1) SIMON D'OLIVE : « Il est certain que de quitter l'espée est une marque de soumission et une image de seruitude. Pour cela ceux qui entrent au Parlement laissent l'espée entre les mains de l'huissier qui est à la porte, témoignans par cette déférence qu'ils sont subjets à la iustice du Roy, qu'ils sont serfs de ses loix, que la force ploye sous l'autorité du magistrat, et que l'espée de Mars fait hommage à celle de Thémis. Ainsi le seneschal d'Agenois, venant au Parlement, bien que ce fût de la part du Roy et pour y porter ses ordres, fut empesché d'entrer au Palais pour n'avoir laissé son espée. Ainsi le comte Sainct-Paul, prince du sang, se porta volontiers à cette soumission, ayant appris que le Roy auant son auénement à la couronne auoit rendu ce deuoir à la Iustice. Ainsi l'Admiral de Chastillon allant au Parlement en l'an 1652, le Roy mande à ses officiers de le recevoir portant son espée, nonobstant les anciens règlements, sous prétexte qu'il estoit dans

furent pas toujours remplacés par une législation plus morale et plus douce.

C'est à l'époque de la Renaissance et du Protestantisme, au XVe siècle, que l'on commence à les proscrire. Si l'on veut que cette époque soit l'aurore de la liberté, on avouera du moins qu'elle ne marque pas l'apogée de l'humanité ni des mœurs dans les hautes classes de la société. La littérature en est aux *Cent Nouvelles Nouvelles*; Luther, Villon, Marot, Rabelais vont paraître. L'esprit du Moyen Age est perdu ; l'on déclare à ses institutions, de tous côtés à la fois, une guerre acharnée. On les attaque au nom de la liberté, au nom de la dignité, au nom de l'intelligence humaine, au nom de la morale.

Ce fut une insurrection générale, sous l'effort de laquelle le Moyen Age périt, pour ainsi dire, corps et biens, vaincu et diffamé. Mais, dans cette tempête des esprits soufflaient bien des vents contraires. Il y avait

son gouuernement; qui est un commandement que les Gouverneurs des prouinces ont tiré depuis en conséquence pour user du même privilége. Et pour joindre les exemples estrangers auec les domestiques, c'est ainsi que les parens du Roy Tiradates... etc. »

Il me semble qu'on voit en tout ceci, sans contester l'excellence du principe, un esprit de seigneurie qui ne le cédait point à l'autre fierté. Si l'on veut savoir avec quelle rigueur tracassière le Parlement usait de son pouvoir, même dans les choses qui semblent aujourd'hui de moindre importance, il suffit de parcourir les collections d'arrêts. Je me contente d'en indiquer un qui se trouve dans la Roche-Flavin, sur les habillements. Cet esprit envahissant se conciliait avec une ardeur d'adoration à l'égard du Roi qui nous semblerait aujourd'hui dépasser toutes les limites de la platitude. (Voy. la préface des œuvres de ce SIMON D'OLIVE, qui vient de parler en sénateur romain du plein pouvoir de la justice.)

des idées honnêtes, il y en avait de fausses et d'igno-
rantes, il y en avait de perverses. Beaucoup de projets
malfaisants donnaient la main à beaucoup de réclamations légitimes; et comme toujours, les murmures
irréfléchis ou intempérants des hommes honnêtes
favorisaient les menées des perturbateurs. J'ai lu dans
un des docteurs de l'Etat, M. Philarète Chasles (je ne
puis me rappeler l'ouvrage), qu'au fond *la chair*, trop
matée et trop contenue durant le Moyen Age par la
discipline religieuse, revendiquait ses justes droits.
Je crois très-fort qu'*au fond* c'était bien cela, c'était
surtout cela. Il y a toujours eu beaucoup de cela dans
le monde, quand on y a vu paraître une hérésie.(1).
Pour condamner l'ordre social actuel, l'hérésie socia-
liste s'appuie aussi beaucoup sur les justes droits de
la *chair*. La chair a dit bien des choses depuis qu'elle
parle, mais elle n'a jamais dit : *Assez!*

Cependant, pour qu'une hérésie religieuse éclate,

(1) La bonne sœur Jeanne de Jussie peint avec naïveté cette
grande raison de la *Réforme*, en racontant une scène qui se re-
produisait partout où la nouvelle foi trouvait des apôtres : «Celle
derniere dimanche de juillet un religieux des Jacobins, après que
le sermon fut sonné pour congreger les gens, deuant celle multitude il posa l'habit de sa religion et à l'instant monta en chaire;
puis, comme désespéré, commença crier mercy à Dieu et au monde
et à se lamenter, disant que le temps passé il auoit mal vescu, et
grandement deçu le monde, en preschant les pardons, en loüant
la messe, et les saincts sacrements et cérémonies de l'Église, et
qu'il y renonçoit, comme choses viles et nulles; et puis commença à *vilipender la saincte Église, et l'estat de Religion, et Virginité*, et de paroles qui ne sont pas d'escrire, et puis feit le pres-
che hérétique : et APRÈS LE SERMON IL ESPOUSA UNE FEMME DE
MAUVAISE RENOMMÉE. »

fasse une révolution politique et prenne autant d'empire que le protestantisme en a eu, il faut deux conditions : des masses croyantes, des sommités sociales corrompues. Ces deux conditions se rencontrèrent à la fin du Moyen Age ; elles sont à la fois la gloire de sa maturité et la condamnation de ses derniers jours. Ses institutions devaient crouler, parce qu'elles n'étaient plus animées de l'esprit de saint Louis. La féodalité s'était formée naturellement, sans conseil pris, par la force des choses, de même que les substances diverses jetées dans le même creuset donnent tel produit et n'en peuvent pas donner d'autres. Travaillée par le Christianisme et soumise à son influence, cette forme politique, si dure et si rude à son origine, était destinée à devenir la plus conservatrice, la plus libérale et la plus douce. Elle constituait le pouvoir politique dans les bénignes conditions du patronage presque gratuit à l'égard du peuple, en même temps qu'elle opposait aux entreprises de l'autorité centrale une résistance pleine à la fois de respect, de fidélité et d'indépendance. Mais il y fallait beaucoup de choses, qui peut-être ne sont pas dans le génie de la nation, et entre autres, la chose que l'on obtient le plus difficilement des hommes : une grande modération dans l'usage des richesses et de la puissance, un respect scrupuleux de soi-même et de sa fonction. C'était trop demander à la fougue française ; c'est trop demander à toute aristocratie et à toute prépondérance sociale.

La noblesse française, dont on ne peut nier les qualités généreuses, se trouva n'avoir plus assez de vertus au moment où elle était obligée d'en avoir davantage. Trois sortes d'adversaires l'attaquèrent à la fois : la royauté, la bourgeoisie et, le plus considérable de tous, ce sentiment chrétien de la justice et du devoir que le Christianisme a répandu partout et qui exigeait sans bruit et sans rumeur, mais avec l'indomptable énergie de la conscience, ce qu'il exigera toujours : c'est-à-dire que les chefs de la société se montrassent dignes du rang qu'ils occupaient. Il était temps de renoncer à quelques priviléges et à beaucoup de scandales. La noblesse fit trop souvent tout le contraire. L'orgueil, le faste l'envahirent de plus en plus. Les nobles devinrent courtisans. L'hérésie ne tarda pas à germer dans ce terrain trop bien préparé; elle fit le reste : la Révolution éclata. La féodalité, qui avait elle-même provoqué cette révolution, qui lui avait fourni ses moteurs et ses chefs, comme la monarchie a fait plus tard, comme la bourgeoisie fait de nos jours, fut emportée, et la puissance royale resta seule debout, trop isolée pour n'avoir pas à compter bientôt avec cette bourgeoisie si humble encore qui venait de l'aider dans la lutte, avec cette magistrature qui achevait sa victoire, avec cette opinion, où le levain du protestantisme était entré.

En attendant, tout le passé qui venait de tomber fut systématiquement couvert d'ignominie. Les protestants y travaillèrent avec l'instinct sûr de la haine, les catholiques avec l'ardeur de l'ignorance. La frénésie des études païennes n'y servit pas médiocrement. Tout ce que le Moyen Age avait eu de beau, de bon, de glorieux, de chrétien, fut méconnu, bafoué, oublié. Ce brutal dédain s'en prit à la philosophie, à la théologie, à la législation aussi bien qu'à l'art et à la littérature. L'architecture, malgré tant de chefs-d'œuvre restés sur le sol, encourut la même condamnation. Des hommes comme Fénelon et Bossuet s'étonnèrent du mauvais goût de nos cathédrales, et Leibnitz passa pour un Allemand fantasque et singulier, parce qu'il prétendait avoir trouvé de l'or dans le *fumier de la scholastique :* c'est-à-dire dans les œuvres de ces nobles siècles qui se vouèrent par excellence au travail de la pensée et de la dialectique, et que l'on peut appeler l'âge d'or de la raison humaine !

En quel temps vit-on la raison humaine plus belle, plus ardente et se disciplinant mieux elle-même, aussi pleine de toute vigueur et aussi ornée de toute poésie? Alors vraiment la théologie, science de Dieu et de l'homme et des rapports entre l'homme et Dieu, la vraie science fut cultivée et régna. Elle apparut universellement aimée, dans cette lumière sept fois plus brillante du soleil annoncée à ceux qui verraient les jours du Christ. L'âme inondée de rayons divins voyagea de ce monde dans le ciel et dans l'éternité, sondant tous les mystères, éperdue de toutes les splendeurs, jouissant de Dieu. Un pèlerin pouvait parcourir quasi toute la terre d'Europe sans rencontrer un horizon désert de la croix, sans cesser d'entendre la voix de la prière qui retentissait des clochers. Partout des églises, des monastères, des écoles; partout l'hospitalité, la charité, la lumière **du Christ**, et nul autre

travail que celui des champs, de la lumière et de l'art.
Un parfum d'encens s'élevait de la terre, un feu et
une fleur de jeunesse animaient les entreprises et
égayaient les labeurs. Il y avait des mondes à découvrir, mais le ciel de Dieu était découvert, on en savait
le chemin, on y allait d'un pas généreux et joyeux
par une voie sûre. Le fatigant problème de l'origine
le formidable problème de la destinée, devenus inin-
telligibles à tant d'âmes n'existait pas. Dieu était là
en permanence, pour ainsi dire visible et tangible. La
redoutable sueur du travail haï n'empoisonnait pas
les chemins de l'homme; le travail avait ses chansons
comme la terre ses fleurs; l'ouvrier, déposant l'outil
cher et honoré, reportait dans sa main un blé pur,
dans son cœur la paix. Parce que les hommes connaissaient la paternité divine, il existait entre eux une
fraternité. Voilà ce que la Scolastique procura au genre
humain. Le fumier de la Scolastique! le fumier d'où
sortaient saint Thomas, saint Louis, le Dante, l'*Imitation;* le fumier d'où germaient les catédrales, et qui
donnait pour raison politique aux foules entraînées,
le grand cri des croisades, le plus glorieux et le plus
intelligent qui soit sorti de la poitrine du genre humain : *Dieu le veut!*

XII

Les gens de loi, devenus si puissants, ne furent pas les moins ardents à détruire l'édifice social élevé par l'esprit du Moyen Age. La justice a toujours été jalouse de la religion, d'où elle découle, et de la force politique, qui protége ses arrêts. Elle a constamment travaillé à les réduire l'une et l'autre, à les rendre, comme on disait à Toulouse, non-seulement *serves des lois*, mais encore serves de la passion qui interprète et applique les lois. Dans ses mauvais jours, elle a cru que la loi humaine pouvait remplacer avec avantage la loi divine; dans ses meilleurs jours, elle a revendiqué le pouvoir d'établir une jurisprudence et une discipline religieuses indépendantes de l'Église. C'est elle qui a inventé de bonne heure les *libertés gallicanes*, c'est-à-dire la soumission de l'épouse de Jésus-Christ au pouvoir temporel; et par là elle a efficacement préparé et assisté la Révolution. Ayant acquis une prépondérance inattaquable, elle se donna carrière avec un zèle persévérant. Son attachement aux maximes gallicanes et le chemin qu'elle leur fit faire sont assez connus. On a moins remarqué ses succès contre l'aristocratie. Pour tout dire en un mot sur ce caractère et sur cette action, M. Dupin en est la figure frappante. Il est type en son genre, comme saint Louis dans un genre tout différent. Il représente, je ne dirai pas le magistrat, c'est autre chose, mais l'homme de loi, tel qu'on l'a vu depuis maître Pierre de Cugnières, conseiller de Philippe le Bel, jusqu'à maître Pitou et jusqu'aux autres *maîtres* qui instituèrent enfin la *constitution civile du clergé*, dernier mot de leur doctrine, dernier fruit de leurs efforts. L'homme de loi n'aime ni le prêtre, ni le noble, ni le soldat; il se tient bien supérieur au reste des hommes. Il a une parole téméraire, une conduite enveloppée et prudente. Il craint l'opinion comme puissance; il la brave comme sentiment. Il ne connaît rien d'injuste, dès qu'il peut s'appuyer d'un texte de loi, fût-ce une loi qu'il a faite, ou d'un arrêt, quand même il l'aurait rendu. Il a horreur de l'épée, et il ne craint pas de faire avec sa langue des blessures qui tuent plus sûrement que le stylet. Sortant du barreau, où il s'est exercé à parler pour, contre et sur toutes choses, c'est-à-dire où il s'est exercé à fausser son jugement, il monte à tous les postes de la magistrature et de la politique; mais il dépouille sa robe de procureur sans quitter jamais l'esprit contentieux et jaloux qu'elle recouvrait et qu'elle nourrissait (1).

(1) Je parle de l'esprit général. Il y a en tout temps des exceptions à faire; mais les exceptions sont devenues moins nombreuses à mesure que l'on s'est plus éloigné du Moyen Age. A travers leurs préjugés nos vieux juristes laissaient percer souvent l'expression d'une foi forte et d'une piété ardente. Le grand René Choppin

Lorsque l'on parcourt ces immenses recueils, dans lesquels les gens de loi ont ramassé leurs décisions, arrêts notables, plaidoyers, etc., et qui ont abondé depuis le XVIe siècle, on y voit sans doute beaucoup d'excellentes choses, de fortes études, de grandes lumières; mais on est étonné de l'aversion, du mépris, souvent aussi de l'ignorance avec lesquels ces hommes, qui vivaient dans une époque si troublée et si malheureuse, traitent en général les documents, les usages, les puissances des temps qui venaient de finir. Il y a ordinairement un chapitre ou un livre intitulé : *Droits seigneuriaux extraordinaires ou contre les bonnes mœurs. — Droits ineptes, ridicules et malhonnêtes. — Usages honteux,* etc. Intimement convaincu que les droits dont parle M. Dupin n'ont ja-

après avoir signalé les abus auxquels donnait lieu la collation des bénéfices, s'excuse humblement sur ses bonnes intentions, termine par une prière le chapitre où il établit que les biens de l'Église dédiés aux pauvres ne doivent pas être employés en usages profanes :

« Pour conclusion de ce discours, ie finiray par un vœu que ie fais de tout mon cœur. Pour apaiser le courroux de Dieu, irrité de nos mesfaits et offenses, par une nouuelle ardeur et ferueur de piété, faisons en sorte que par fréquentes ausmosnes nous puissions expier nos fautes et péchez, et par la commisération que nous porterons envers les pauvres, nous dressions le chemin pour nous rendre en l'asyle, protection et sauuegarde de la miséricorde de Dieu. Il adviendra de cette belle et saincte résolution qu'à la fin nous aurons la grâce de notre viuant de venir au-dessus de ce déluge et de ceste si grande tempeste de misères qui se se sout levées en ce Royaume, et après ceste vie nostre vertu sera guerdonnée et récompensée de la céleste et immortelle félicité. » (*De la police ecclésiastique,* l. I.)

Que nous sommes loin de ce langage !

mais existé, mais n'en sachant pourtant guère plus long là-dessus que lui-même, ces titres m'ont souvent fait penser que le livre que j'interrogeais allait lui donner raison. J'ai lu, et j'ai trouvé, quoi? ou des assertions sans preuves, ou quelques-uns de ces usages grotesques dont j'ai parlé plus haut, rarement quelque chose qui fût vraiment contre la décence, rien contre les mœurs (1). On le verra plus loin, quand je parlerai des droits exigés à l'occasion du mariage. Simon d'Olive, après avoir raconté l'abolition de quelques droits abusifs prétendus par le vicomte de Lavedan sur les habitants de Beausans, en Bigorre, ajoute : « De ces droits *ineptes*, insolites *et pleins d'op-* « *probres*, pratiquez par les seigneurs temporels *ou* « *par les personnes ecclésiastiques*, voyez Charondas

(1) J'ai trouvé sous un de ces titres attrayants la mention suivante, dans un recueil dont je ne me rappelle pas l'auteur. C'est, je crois, l'ouvrage de Henrys.

« A ce sujet nous pouvons dire que dans cette ville de Montbrison on a retranché deux coutumes également abusives : c'est qu'au jour de l'Ascension douze artisans, vêtus à l'antique et à la façon des Juifs, représentaient les douze apôtres et marchaient les premiers à la procession, tête et pieds nus ; comme encore le jour et fête saint Clavi, un clerc de l'église Notre-Dame représentait un abbé, et comme tel, passant par la ville à cheval, donnait la bénédiction au peuple. Il y a déjà plus de vingt ans que l'une et l'autre ont été abolies, parce qu'en effet elles étaient *abusives, ridicules et scandaleuses.*

Choppin (Commentaire sur la coutume d'Anjou) rapporte que le parlement a changé un service seigneurial *deshonnête* en une redevance en argent « par arrest donné au profit de quelques vassaux du seigneur d'Argenton, baron de Montcontour, auquel par un ancien droit seigneurial, chascun vassal devoit présenter *une alouëtte chargée et liée curieusement sur un char à bœuf.* »

« en ses *Réponses.* » Charondas questionné me répond :

« Les anciens, par la simplicité de l'âge ou quelque gaillardise, qui lors facilement se laschoit et permettoit, ont accordé plusieurs choses, n'estimans par avanture qu'on les deut tirer à conséquence ; mais *depuis qu'on cognoît le mauvais fondement de tel usage* qui se tourne en abus, il est besoin de l'abolir et supprimer. »

Il me semble que ceux qui ont « connu le fondement de l'usage » sont ceux qui l'ont fondé. Leur sagesse n'est pas responsable de l'abus qui en a été fait plus tard, ou des mutations survenues dans les mœurs.

Ce qui n'étonne pas moins que l'amertume avec laquelle on parle de ces abus, c'est le petit nombre des faits signalés. Tous les auteurs se copient là-dessus les uns les autres, et finissent par constituer ainsi une masse de témoignages, qui se réduit, lorsque l'on prend la peine de suivre cette piste, à un seul témoin mal informé ou mal entendu, et souvent à un ouï-dire. C'est, comme nous le verrons, le cas du *Boërius* de M. Dupin. Jacques Brillon, un des derniers venus et qui a résumé tous ses devanciers, finit par avouer qu'il n'y a pas grand'chose : « *Quelques* coutumes « ou anciens aveux sont farcis de ces ridiculitésou inep- « ties que la simplicité des premiers siècles croyoit « innocentes, ou que l'autorité des seigneurs débau- « chés, ou païens, ou extravagants, avoit établis. »

C'est là-dessus cependant que l'on a longtemps jugé le Moyen Age et que beaucoup de gens sérieux le jugent encore.

XIII

Nous avons vu sombrer un ordre social composé
d'éléments plus purs et plus homogènes que ceux
dont la société du Moyen Age s'était faite. Il a été bâti
sur un terrain plus solide, suivant un plan plus régu-
lier, avec une science en apparence bien supérieure.
Il a moins duré cependant, et sa chute nous a montré
comment une révolution sociale se prépare, s'accomplit, quelles en sont les suites et les désastres. Nous
savons que la révolution n'emporte pas seulement les
abus qui en sont le premier prétexte, que tous les
adversaires des abus ne les veulent pas réformer de la
même manière, ni au même degré, ni par les mêmes
motifs ; que peu de ces réformateurs savent bien ce
qu'ils font ; que ceux qui le savent parfaitement et
qui, par la nature de leur action, méritent le nom de
révolutionnaires, méritent aussi les malédictions du
genre humain. De cette cruelle expérience, nous avons
appris que, lorsqu'un ordre social est tombé, il y a
parmi les témoins qui s'élèvent contre lui trois sortes
de gens dont il importe de contrôler les dépositions :
premièrement, ceux qui l'ont attaqué systématiquement, car ils étaient aveugles ; secondement, ceux

qui ont consommé sa ruine par la force, car ils étaient fanatiques ou pervers ; troisièmement, ceux qui ont commencé un ordre nouveau sur ses débris, car ils sont les élèves et les héritiers de ces aveugles, de ces fanatiques et de ces pervers, incapables de penser autrement qu'eux ou trop intéressés à partager officiellement les passions dont ils ont rempli la foule. Il faut du temps, de longs travaux, un apaisement de cette fureur du combat qui dure longtemps après la victoire, pour que l'on sache enfin quel était cet ordre social détruit et remplacé, sur lequel les vainqueurs ont posé la lourde pierre qu'ils appellent l'histoire, et qui n'est que leur apologie. *Quia posuimus mendacium spem nostram, et mendacio protecti sumus* (Is. XXVIII, 15).

Pour le Moyen Age et pour ses institutions, l'injustice a duré plus de trois siècles, et ce n'est pas encore fini. Jusqu'à nos temps, les érudits eux-mêmes ne l'ont que fort peu connu. Raepsaët en fait la remarque : « Les historiens qui ont voulu nous
« apprendre l'origine et les progrès de nos droits po-
« litiques remontent à la naissance de nos coutumes
« et chartes de villes au XIIIe siècle, et passent de suite
« à la période romaine et gauloise pour trouver des
« analogies dans César et Tacite, laissant ainsi dans
« l'intervalle une période de onze siècles, durant
« laquelle le savant Wagenaar avoue qu'il ignore
« comment la Belgique a été administrée et gou-
« vernée. Faut-il donc s'étonner qu'à la renaissance
« des lettres au XVe siècle, nos écrivains n'aient pas

« compris la signification des mots que leur offraient
« les chartes du Moyen Age ? »

Mais depuis trente ans, d'admirables travaux, igno-
rés de la plupart des hommes qui faisaient alors leurs
classes, comme M. Alloury, à plus forte raison de
ceux qui les avaient déjà terminées, comme M. Dupin, sont venus illuminer ces ténèbres. L'histoire du
Moyen Age n'est pas encore écrite, mais les matériaux
sont prêts. On peut voir dès à présent qu'ils justi-
fieront nos pères et glorifieront l'Église. La vérité
sera pour le Moyen Age une éclatante réhabilitation.
Ceux-là mêmes qui n'en voudront voir que les misères, pour se dispenser d'en admirer les vertus, feront
au moins cet aveu, qu'arrachaient à M. Dupin des
études trop superficielles encore et trop vite oubliées :

« Dès le XIe siècle... les croisés ayant fondé le royaume de
Jérusalem, Godefroy de Bouillon fit rédiger en langue romane
et publier l'an 1099 le code si connu sous le nom d'*Assises de
Jérusalem*, ou, pour en donner plus exactement le titre, *Assises
et bons usages du royaume de Jérusalem.* Ce code, antérieur
de cent soixante-dix ans aux *Établissements de saint Louis*, et
qui contient, à côté du droit féodal, les règles de l'ancien droit
coutumier de France sur d'autres matières, est un des monuments les plus curieux du Moyen Age. Il atteste que dans ces
temps si maltraités par l'histoire, si les lumières avaient cessé
d'éclairer les masses (1), il était toujours resté dans la société
quelque esprit de science et de gouvernement, puisqu'au sein
d'une expédition guerrière il se trouvait des hommes capables
de rédiger une pareille législation, et sur le trône naissant de

(1) Je demande à quelle époque « les lumières ont éclairé les
masses, » et ce que signifie ce patois ?

Jérusalem un prince assez éclairé pour avoir ordonné cette rédaction et assez puissant pour la faire accepter. »

Ainsi parle avec beaucoup de raison M. Dupin lui-même; et il ajoute en note ces *desiderata* d'une ignorance candide :

« Je voudrais voir dresser une sorte *d'inventaire* de tout ce qui se rapporte au Moyen Age : — en *hommes* marquants, — en *ouvrages* édits ou inédits ; — avec l'*analyse* des *idées* qui ont eu cours à la même époque, — et la nomenclature des *monuments* élevés pendant cette période. — On se trouverait plus riche qu'on ne croit (1). »

L'inventaire que désire M. Dupin serait tout simplement l'histoire du Moyen Age. J'ose lui promettre qu'elle justifiera pleinement son pronostic. On se trouvera plus riche, beaucoup plus riche qu'on ne croit, en « hommes marquants, » en ouvrages « édits ou inédits, » en « idées, » en mouuments, — et particulièrement, comme M. Dupin va s'en convaincre, en institutions protectrices de la pudeur.

(1) *Institutes coutumières d'Antoine Loysel*, etc., nouvelle édition revue, corrigée et augmentée par M. DUPIN et M. ED. LABOULAYE, *introduction*, page 11. Je ne sais si cette introduction est de M. Dupin ou de M. Laboulaye : pour M. Dupin, c'est bien savant; pour son collaborateur, c'est bien léger. Le style me laisse dans le doute. Mais enfin, si M. Dupin n'a pas écrit cette introduction, il l'a lue. Quant à la note si naïve où l'on demande un *inventaire* de tout ce qui *se rapporte* au Moyen Age, elle est bien certainement de la main du fameux conseiller municipal de Gacogne, membre de l'Académie française.

DEUXIÈME PARTIE

LE DROIT DE DIEU

I

Voyons ce qu'était l'union conjugale dans cette France du Moyen Age, « plongée dans la boue, la misère et l'ignorance, » comme dit *l'Indépendant* de Saintes. Et véritablement *l'Indépendant* de Saintes a bien raison de s'indigner, si ce que prétend M. Dupin est vrai, « que le seigneur avait le droit d'exiger de toute nouvelle épouse le tribut de la première nuit de mariage, » et, — « ce qui est plus scandaleux, » — que « les seigneurs, même ecclésiastiques, prétendaient à l'exercice de ce droit. »

Sachons d'abord quelle est la doctrine de l'Église sur le mariage, et quelle idée elle en a donnée aux Francs, qui ont reçu d'elle leur civilisation, c'est-à-dire la foi et la loi. M. Dupin, quoique chrétien, et français, et légiste, et membre de deux grandes académies, semble n'avoir pas là-dessus des idées nettes; M. Alloury, pas davantage. Quand des gens si éclairés jouissent à peine d'un demi-jour, on peut supposer que beaucoup d'autres sont dans une obscurité complète.

Obligé de mener M. Dupin au catéchisme, je lui donne un maître dont sa fierté peut accepter les leçons. C'est Bossuet qui va enseigner.

« *Qu'est-ce que le mariage?*

« C'est un sacrement qui donne la grâce à ceux qui se marient de vivre chrétiennement dans cet état, et d'élever leurs enfants selon Dieu.

« *Que signifie ce sacrement?*

« Il signifie l'union de Jésus-Christ avec l'Église.

« *Combien y a-t-il de sortes d'union de Jésus-Christ avec l'Église?*

« Il y en a de deux sortes, l'une naturelle, l'autre spirituelle.

« *Qu'appelez-vous union naturelle?*

« La ressemblance de la nature.

« *Qu'appelez-vous union spirituelle?*

« L'union des cœurs par la charité.

« *Y a-t-il union naturelle entre Jésus-Christ et l'Eglise?*

« Oui, parce que Jésus-Christ est homme, qu'il a un corps et une âme comme les fidèles qui composent l'Église.

« *Y a-t-il union spirituelle entre Jésus-Christ et l'Église?*

« Oui, parce que le Fils de Dieu a tant aimé l'Eglise qu'il a versé son sang pour elle, et que l'Eglise est soumise aux volontés de Jésus-Christ.

« *Quelle est celle de ces deux unions que le mariage représente?*

« Il signifie les deux.

« *Cette union du mari et de la femme est-elle indissoluble et inséparable?*

« Oui, elle est indissoluble et inséparable comme celle de Jésus-Christ avec son Eglise.

« *Dans quel dessein doit-on user du mariage?*

« Dans le dessein de multiplier les enfants de Dieu.

« *Quel autre dessein peut-on avoir?*

« Celui de remédier aux désordres de la concupiscence.

« *Quelles sont les obligations du mariage?*

« C'est de s'unir ensemble et s'entre-secourir par la charité; se supporter mutuellement, et toutes les peines du mariage, par la patience, et se sauver par la sainte éducation qu'on donnera aux enfants.

« *Quelle est la principale chose qui doit déterminer une personne à en prendre une autre en mariage?*

« C'est la vertu et la ressemblance des mœurs.

« *Marquez-moi quelques manières défectueuses d'entrer dans le mariage?*

« 1° D'y entrer sans examiner la volonté de Dieu et sans connaître les obligations du mariage; 2° d'y entrer seulement pour satisfaire la sensualité; 3° de se marier contre la juste volonté de ses parents.

« *Comment se doit-on disposer à recevoir ce sacrement?*

« On s'y doit disposer par une sainte confession, et il est bon de faire une revue de plusieurs confessions depuis un temps notable; par une sainte communion, par des prières et des aumônes, par une grande retenue et chasteté.

« *Doit-on demeurer ensemble avant le mariage?*

« Il se faut bien garder de demeurer en même maison durant le temps des recherches et des fiançailles avec péril d'offenser Dieu.

« *En quel temps doit-on se confesser et communier à cette intention?*

« On doit le faire quelques jours avant la célébration du mariage.

« *Quelle est la perfection du mariage?*

« C'est que le mari représente Jésus-Christ, l'époux de l'Eglise, et que la femme représente l'Eglise.

« *En quoi est-ce que le mari doit particulièrement repré-senter Jésus-Christ ?*

« En aimant sa femme cordialement comme le Fils de Dieu a aimé l'Eglise, et non pas ses propres intérêts.

« *En quoi la femme doit-elle particulièrement représenter l'Église ?*

« Dans le respect et dans la soumission qu'elle doit avoir pour son mari, comme l'Eglise en a pour Jésus-Christ.

« *Dites-moi le mal qu'il faut éviter dans l'usage du mariage ?*

« C'est de refuser injustement le devoir conjugal ; c'est d'user du mariage pour satisfaire la sensualité ; c'est d'éviter d'avoir des enfants (1), ce qui est un crime abominable (2). »

(1) Le Moyen Age n'a pas connu le désordre véritablement in-fâme qne Bossuet signale ici. Le mariage était chaste et fécond ; on le souille en vue de le rendre stérile. Ce crime fréquent et en-vahissant et qui gagne jusqu'au peuple des campagnes, n'excite ni le courroux des moralistes dont les coutumes du Moyen Age alarment la pudeur, ni le zèle des économistes qui ont attaqué le célibat religieux comme nuisible à l'accroissement de la popula-tion. En le combattant, les premiers craindraient sans doute d'of-fenser la décence ; les seconds ouvrent leurs académies aux apo-logistes de la science homicide qui ose conseiller une pratique si funeste à l'ordre social et en si grande abomination devant Dieu. On reproche aux populations du Moyen Age d'avoir été visitées par la peste, comme s'il y avait aujourd'hui des douanes contre le choléra ; mais pourrrait-on calculer les effets meurtriers de cette peste des mœurs dont la religion gémit et dont la politique ne tardera pas à s'épouvanter ? Il y a là le principe de plus de destructions que n'en pourraient opérer à la fois la famine et la peste noire. « Soient maudites de Dieu et des hommes, s'écrie Bossuet, les unions dont on ne veut pas de fruits et dont les vœux sont d'être stériles (*) ! » *Ce crime fut une des causes de la ruine de l'empire romain*, et si la religion, qui peut seule le conjurer, *n'y met ordre, il* RUINERA D'AUTRES EMPIRES.

(2) BOSSUET, *Catéchisme du diocèse de Meaux,* vᵉ partie : *Instruc-*

(*) BOSSUET, *Politique tirée de l'Écriture sainte,* l. X.

Cette humble page de catéchisme est une grande page d'histoire. On a là toute la doctrine qui, élevant la femme à des honneurs dont elle n'avait jamais joui, lui a donné des vertus dont il ne semblait pas qu'elle pût être ornée. Sur cette base s'est fondée la famille chrétienne. M. Dupin avoue que « le Christianisme a « ennobli le mariage comme une *association* dans la-« quelle la femme n'est plus l'esclave, mais la *compa*-« *gne* de l'homme, et stipule avec une égale liberté « les clauses de cette association (1). » Au fond, il ne sait pas à quel point le Christianisme a voulu ce changement dans les relations conjugales, combien il était difficile, et avec quelle énergie l'Église y a travaillé.

Faire du mariage une association entre égaux, c'était déjà quelque chose qui dépassait la libéralité et la puissance de la sagesse antique. L'Église, enseignée de Dieu, en a fait tout de suite un sacrement ; et parmi les paroles que Paul, apôtre du Christ, a fait retentir dans la gentilité, il n'y en a guère eu de plus grandes que celle-ci : SACRAMENTUM HOC MAGNUM EST, EGO AUTEM DICO IN CHRISTO ET IN ECCLESIA (2).

En même temps qu'il pose ainsi la doctrine chrétienne sur l'union de l'homme et de la femme, l'Apôtre prévient les fidèles contre les erreurs qui s'effor-

---

tions particulières sur le sacrement du Mariage, en faveur de ceux qui se disposent à le recevoir.

(1) Comptes rendus de l'Académie des sciences, 3ᵉ série, t. VIII, p. 140.

(2) Éph., v. 32.

ceront bientôt de porter atteinte à la sainteté du mariage : « Or, l'Esprit dit ouvertement que, dans les derniers temps, plusieurs abandonneront la foi, suivant des esprits d'erreur et des doctrines diaboliques enseignées par des imposteurs pleins d'hypocrisie, dont la conscience est noircie de crimes, qui interdiront le mariage (1). »

Ces imposteurs ne tardèrent pas à paraître. On vit se succéder presque sans interruption les Simoniens, les Nicolaïtes, les Saturniens, les Marcionites, les Encratites, les Apostoliques, les Hiéracites, les Manichéens, dont la lignée s'est perpétuée jusqu'à nos jours. Les uns prohibent le mariage, les autres nient son indissolubilité, et d'autres encore, sans lui refuser le caractère de sacrement, s'efforcent néanmoins de l'amoindrir, soit en lui attribuant des effets civils contraires à la loi religieuse, soit en faisant annuler ses effets religieux par la loi civile : toutes choses qui aboutissent à priver le mariage des grâces nécessaires pour en porter le joug, et qui le rendent méprisable aux yeux des peuples, parmi lesquels les unions illégitimes se multiplient dans la proportion où ces erreurs parviennent à s'accréditer.

M. Dupin, dans son rapport sur le livre de M. Bouthors, a trouvé moyen de faire sa profession de foi en faveur du mariage civil, l'une des conquêtes de 89 que les révolutionnaires de tous degrés ont le plus à cœur. Il regrette que tout en « ennoblissant le mariage, »

____

(1) Tim., iv, 2, 3.

l'Église, devenue plus puissante, ait opéré « un déplacement » dans l'exercice de l'autorité :

« Le législateur civil, qui, jusque sous Justinien, avait réglé les conditions du mariage, l'âge des futurs, les solennités extérieures de leur union, les empêchements, les dispenses, se vit disputer cette partie de son autorité par l'Église, qui, au lieu de se borner à bénir le mariage et à le sanctifier comme sacrement, prétendit qu'il lui appartenait exclusivement de tout régler sur cette matière... Les prêtres catholiques sont ainsi restés les officiers de l'état civil des citoyens, et cela a duré jusqu'à l'époque où, suivant l'expression de M. Portalis l'ancien (dans son *Exposé des motifs du Code civil*), il a été possible de *séculariser* la législation et de rendre à l'autorité laïque le droit, qui lui appartient essentiellement, de régler les conditions civiles d'un contrat qui donne des citoyens à l'État, et qui fait le fondement de la société politique ; — sans préjudice du droit et du devoir des époux d'appeler les bénédictions de la religion sur leur union, chacun dans le culte qui leur est propre. »

M. Dupin fait ici, — dans l'esprit et dans le style qui lui sont propres, — des fautes de plusieurs genres : il raconte mal l'histoire et il raisonne mal. En premier lieu, l'Église n'a jamais prétendu exclusivement régler que ce qui regardait la validité et la forme du sacrement. Elle a d'ailleurs toujours exigé l'accomplissement des lois, lorsqu'elles n'avaient rien de contraire au dogme et à la discipline. C'était son devoir, et ainsi le voulait l'intérêt de la société autant que l'intérêt de la religion, dont jamais l'Église ni aucune vraie sagesse politique n'a fait deux intérêts différents. Le pouvoir séculier n'aurait pas eu assez de force dans l'action, assez de suite dans la volonté pour empêcher la clandestinité du mariage (1), pour en établir l'indissolubilité, pour y mettre les empêchements que le bon ordre et la morale réclament ; l'autorité lui aurait toujours manqué, comme elle lui manque encore, pour donner des dispenses qui satisfassent au for intérieur et qui délient devant Dieu. Ce qui a sauvé le mariage, c'est qu'il est placé sous la garde d'hommes qui ne se marient pas ; l'histoire en a donné d'assez nombreux exemples.

Que de persévérance et de vigilance n'a-t-il pas fallu pour abolir le divorce ! L'Église y a réussi avec le concours des princes et des souverains ; mais ce concours, c'est en quelque sorte par la force qu'elle l'a obtenu. Constantin lui-même a autorisé le divorce pour tout l'empire, permettant aux Romains de rompre leurs mariages toutes les fois qu'ils le jugeraient à propos, et Justinien s'est contenté de mettre quelques exceptions à cette licence. Théodoric, roi des Ostrogoths en Italie, autorisa le divorce sur la fin du Ve siècle ; les rois visigoths firent de même en Espagne et le divorce y a régné du Ve siècle au XIIIe, jusqu'à la proclamation des *Partidas*. Il exista en France jusque sous les carlovingiens. Charlemagne, avant de le proscrire dans ses Capitulaires, répudia la fille de

____

(1) Les princes sont si convaincus du pouvoir que l'Eglise a reçu de Jésus-Christ pour établir ou ôter les empêchements dirimants qu'en ces derniers temps ce sont eux, et entre autres Charles IX, qui ont sollicité le concile de Trente d'établir la clandestinité et le rapt pour empêchements dirimants. (CHARDON, *Histoire des sacrements.*)

Didier, roi des Lombards, qu'il avait épousée. Les lois de l'Allemagne le permettent au VIIe siècle ; il est encore dans les lois de l'Angleterre vers le Xe. Le pape saint Grégoire VII, dit Baronius, écrivit à Lanfranc de Cantorbery de travailler à faire abolir les divorces, qui étaient très-communs. Lanfranc s'y employa, et saint Anselme, son successeur, prit le même soin. On a la lettre qu'il écrivit à deux rois de l'Irlande pour leur faire voir que le divorce était condamné dans le Christianisme, et que là où les princes l'autorisaient, on devait le regarder comme un reste du pagnanisme et un effet de l'ignorance des peuples. Le protestantisme l'a rétabli avec empressement et l'on sait quel abus il en fait. On sait aussi quel parti le réclame encore parmi nous. On sait enfin que la malheureuse Pologne, quoique catholique, n'a pu se défaire de cette coutume invétérée, et que plutôt que d'y renoncer, son peuple, pourtant si généreux, descendait aux ruses et aux mensonges les plus condamnables pour tromper sur ce point la sollicitude de l'Église ou la réduire à l'impuissance.

Jamais le divorce n'eût été aboli sans l'Église. La polygamie eût suivi de près, ainsi que les mariages entre proches parents. Ces deux progrès sont en bonne voie aux États-Unis d'Amérique.

Quant à la solennité extérieure, l'État n'aurait su inventer que des cérémonies indécentes ou ridicules, s'il eût voulu sortir de la pompe modeste qu'on observe actuellement à la mairie, et qui est tout juste ce qu'il faut pour qu'on ne se sente pas lié à jamais.

En même temps qu'on admire la fermeté de l'Eglise, il faut louer la sagesse des législateurs qui, reconnaissant que l'acte religieux est plus important que la convention civile, lui avaient subordonné celle-ci, par une sage et juste crainte de mettre le droit ou la passion de l'homme en opposition avec le devoir du chrétien. On a fait le contraire, depuis « qu'il a été possible de *séculariser* la législation,» et il est difficile de voir ce qu'y gagnent la conscience et la société. Je ne puis concevoir, pour ma part, comment c'est une fonction plus illustre de procréer des « citoyens pour l'Etat, » suivant la thèse de M. Dupin, que de mettre au jour des enfants pour l'Eglise, suivant la doctrine de Bossuet; et il me semble qu'ici le progrès consiste à se rapprocher notablement de la machine et de la bête. Quoi! l'acte par lequel l'homme engage le plus sa vie et celle de la compagne qu'il associe à son sort, l'acte qui le fait époux et qui le fera père appartient essentiellement à l'Etat, plus à l'Etat qu'à Dieu, et cet acte peut être légitime sans le concours de Dieu! Vous engagez la société sur cette pente, et vous dites que le mariage ainsi dégradé est le fondement de la société politique!.....

M. Dupin ajoute : « Sans préjudice du droit et du devoir des époux d'appeler les bénédictions de la religion sur leur union, chacun dans le culte qui leur est propre..» *Sans préjudice* est charmant! On voit un homme qui n'a plus que l'embarras du choix entre la bénédiction du rabbin, celle du pasteur, celle de l'iman ou celle du prêtre catholique, et qui est assuré de trouver M. le ministre Athanase Coquerel pour les suppléer tous (1). Mais que devient le *droit* des époux, s'ils se marient dans des conditions où l'Eglise refuse de les bénir, quoique l'Etat les approuve? Se feront-ils bénir par autorité de justice? Et quelle idée leur donnez-vous du *devoir* d'appeler cette bénédiction, lorsque vous leur enseignez à compter pour rien l'autorité qui seule la donne? *Attendentes spiritibus erroris..., in hypocrisi loquentium mendacium* (2)!

(1) Ce pasteur obligeant venait de bénir un mariage entre juive et catholique que n'avaient voulu bénir ni le rabbin ni le prêtre.
(2) Tim., iv, 1.

II

Contre ces formidables et renaissants périls qui ont sans cesse menacé le caractère sacré du mariage, l'Eglise a constamment lutté avec une énergie et une prévoyance toutes divines. Elle a entouré le mariage de pompe, de révérence et d'honneur, comme un acte très-saint, que notre Sauveur lui-même avait rétabli dans sa forme première, suivant l'institution du paradis, et qu'il avait consacré par sa présence et celle de sa très-sainte mère aux noces de Cana, la seule fête des hommes où il ait paru. Prodiguant à ce sujet les enseignements d'une vertu sublime, l'Eglise en même temps inventait les cérémonies les plus touchantes, les symboles les plus doux et les plus purs pour en perpétuer la mémoire. Nulle part on ne voit mieux éclater les délicatesses de ce cœur de mère que Dieu lui a donné. Comme la mère instruit prudemment sa fille, la pare pour le jour des noces, arrange avec soin sur sa tête le voile virginal qui va tomber, s'efforce de développer et d'affermir en son cœur les germes d'une autre virginité qui sera son bonheur et sa couronne, ainsi l'Eglise dispose ses enfants pour une joie toute pure, et pour un devoir tout saint. Elle met au-dessus de tout les intérêts éternels, mais elle songe aussi aux intérêts de ce monde. Par les règles sévères qu'elle impose, elle prolonge même ce bonheur humain qui ne tient quelque chose de ses promesses et ne garde de durée qu'autant qu'il se soumet au devoir.

Dans l'essor qui les portait à l'héroïsme de toutes les vertus, les premiers chrétiens secondèrent admirablement la sagesse de l'Eglise. L'on voit par de nombreux documents que le mariage n'était pour eux, si l'on peut parler ainsi, qu'une sorte d'intermittence de l'état de virginité. Athénagoras, philosophe grec, devenu chrétien, écrivait au IIe siècle :

« Mettant notre entière espérance dans la vie éternelle, nous méprisons les choses de ce monde, et jusqu'aux satisfactions de l'esprit. Nous n'épousons des femmes suivant vos lois que dans la vue d'avoir des enfants. Le laboureur, ayant confié la semence à la terre, s'éloigne et attend la moisson ; et nous, du devoir de continuer le genre humain, nous faisons la mesure de nos plaisirs. Vous trouverez même parmi nous grand nombre d'hommes et de femmes qui vieillissent dans le célibat pour rester plus intimement unis à Dieu (1). »

Tertullien, un peu plus tard, décrit ainsi le mariage chrétien :

« L'Eglise en forme les nœuds, l'oblation les confirme, la bénédiction y met le sceau, les anges en sont les témoins, le Père céleste les ratifie.

« Quelle alliance que celle de deux époux chrétiens, réunis

(1) ATHENAG., *Apol.*, XXXIII. La date de cette apologie, qui fut présentée à Marc-Aurèle et à Commode, peut être placée vers 176-179.

6.

dans une même espérance, dans un même vœu, dans une même règle de conduite et dans une même dépendance ! Ils ne sont qu'une chair et un esprit; ils prient ensemble, ils se prosternent ensemble, ils jeûnent ensemble, ils s'exhortent et s'instruisent l'un et l'autre; ils sont ensemble à l'église et à la table de Dieu, dans les persécutions et dans le soulagement. Ils ne se cachent rien, et ne s'incommodent point l'un l'autre. On visite librement les malades; on fait l'aumône sans contrainte; on assiste au sacrifice sans inquiétude. Rien ne les oblige à dissimuler ni le signe de la croix, ni l'action de grâces, ni la bénédiction. L'un et l'autre ils font retentir les psaumes et les hymnes. C'est à qui des deux chantera le mieux les louanges du Seigneur (1). »

Du temps de saint Augustin, après les fiançailles, on rédigeait les *Tables matrimoniales*, contenant les clauses et conditions du mariage. L'évêque y signait, comme père commun des fidèles : *Istis tabulis subscripsit episcopus* (2).

Elles ne contenaient pas seulement des conventions d'intérêt, mais encore ce qui se rapportait aux devoirs religieux des époux. Saint Augustin, dans plusieurs endroits de ses exhortations, invoque ces clauses, tantôt pour prouver aux maris que, s'ils ont un certain pouvoir sur leurs femmes, elles sont néanmoins leurs égales, et qu'elles ont droit à leur inviolable fidélité; tantôt pour les armer contre les entraînements de la passion et les renfermer dans le but social et religieux du mariage : « Celui, dit-il, qui aime plus le corps

1) Tertull., *Ad Uxor.*, 42, n° 9.
(2) Aug., *Serm.* 332.

« de sa femme que ne le prescrit l'ordre de la nature,
« suivant lequel on ne doit user du mariage que dans
« la vue d'avoir des enfants, celui-là agit contre les
« tables matrimoniales. On y lit qu'on est entré dans
« l'état de mariage pour avoir des enfants : si on le
« faisait pour une autre fin, si on se mariait par d'au-
« tres vues, qui est l'homme qui aurait assez peu de
« pudeur pour livrer sa fille à un étranger (1)? »

Indépendamment d'autres abstinences dont nous parlerons plus loin, celle qui est indiquée ici devint une loi générale du mariage en Europe.

« Si les fidèles, dit Chardon, déféraient aux lois de l'Eglise touchant la continence conjugale, ils n'étaient pas moins exacts à observer celles de la nature, qui interdit l'usage du mariage quand les femmes sont parvenues à un certain terme de grossesse, et quand elles allaitent leurs enfants : *Fideles*, dit Hérard de Tours (*capitul.* 125) *se contineant (de congressu) prægnantium uxorum.* Et saint Grégoire, pape, répondant aux questions de saint Augustin d'Angleterre : *Ad ejus vero concubitum vir suus accedere non debet, quod usque qui gignitur ablactetur.* Ce même pape attribue à l'incontinence des femmes le peu de soin qu'elles ont d'allaiter elles-mêmes leurs enfants (2). »

Nous trouverons toutes ces grandes idées admirablement exprimées par les cérémonies et prières du mariage. Chardon nous les fait connaître, telles qu'on les pratiquait en France dès le IXe siècle, et sans doute à une époque plus éloignée. Il s'appuie de deux anciens rituels, tirés du missel de Gelase, dont l'un, suivant le

____

(1) *Serm.* 51.
(2) CHARDON, *Histoire des sacrements.*

P. Martène, est du ixe siècle, et l'autre du xe. N'étant pas tenu ici à une exactitude rigoureuse, je prends de l'un et de l'autre ce qui est nécessaire pour donner, sinon la forme même, du moins le sens précis de la cérémonie.

Le prêtre ayant un mariage à célébrer se rend en aube et en étole à la porte de l'église, où l'attendent les époux. Après les avoir aspergés d'eau bénite, il s'informe s'il n'y a point de liens de parenté entre eux au degré défendu, et les instruit de la manière de vivre qu'ils devront garder dans l'état où ils vont entrer. Ensuite, il dit aux parents, suivant la coutume, de donner la fille à l'époux, et à celui-ci de lui donner sa dot, dont l'écrit est lu en présence des assistants (1).

(1) On a conservé plusieurs formules de cet acte de dot, *libellus dotis*, où Chardon retrouve les *Tables matrimoniales* des églises d'Afrique. On y rappelle en effet l'institution du mariage et on y mentionne la fin que se proposent les époux. Celle-ci sera lue avec intérêt :

« Arnould de Monceaux contracte mariage avec Agnès. « (An. Chr. 1176.)

« Au nom de la sainte et indivisible Trinité, Amen ! Le sacrement du mariage a pris son origine au commencement du monde, du commandement de Dieu : les patriarches en s'y engageant, et les anges, en prêtant leur ministère à sa célébration, l'ont confirmé, laissant ainsi à la postérité un exemple de la société qui peut se former entre les hommes. Sur la fin des temps notre Sauveur, venant aux noces, les a consacrées par sa présence et a relevé leur dignité par le miracle qu'il a opéré en y changeant l'eau en vin. On rend dans l'union conjugale une humble obéissance aux paroles du Sauveur, par lesquelles il ordonne que l'homme s'attache à sa femme et quitte à cette fin son père et sa mère ; de plus, en embrassant cet état, on témoigne l'horreur

Après quoi les époux mettent quelques deniers pour être distribués aux pauvres, et les parents ou les amis donnent la fille à l'époux, qui la reçoit en foi de Dieu, pour la conserver toute sa vie, soit en maladie, soit en santé ; et il la prend par la main, tandis que le prêtre fait une courte prière.

Cette prière est suivie de la cérémonie de l'anneau, qui est béni au nom de la sainte Trinité, et que l'époux, l'ayant reçu des mains du prêtre, met à la main droite de l'épouse, lui disant : *De cet annel t'espouse au nom du Père, du Fils et du Saint-Esprit* (1). L'anneau

que l'on a de la perfidie des hérétiques, qui médisent insolemment du mariage. Enfin, le mariage produit l'union entre les étrangers et ceux qui auparavant ne se connaissaient pas; et cette union, que la commune origine des hommes n'a pu conserver entre eux, est rappelée par la foi du mariage.

« Étant donc instruit par les exemples des SS. Pères et invité par les avantages attachés au mariage, moi, Arnould de Monceaux, je déclare, très-chère Agnès, que je m'engage à vous par un mariage légitime et très-ferme, et que je vous donne, par droit de dot, la meilleure partie de mes biens, savoir (suit la désignation des biens). Je vous donne de plus la moitié de tous les biens que j'acquerrai.

« Et afin que vous jouissiez paisiblement de toutes ces choses, j'ai fait confirmer cet acte par le sceau de Roger, évêque de Laon, notre seigneur, et je l'ai autorisé par le témoignage de ceux dont voici les souscriptions, etc.

« Fait l'an 1176 de l'Incarnation. »

(1) Pontifical manuscrit du XIIIe siècle.

— Dans un missel-manuscrit de Reims, cité par M. l'abbé Pascal, ce cérémonial est ainsi indiqué : « L'époux dit sur le pouce : « Par « cet annel, l'Église enjoint ; » sur l'index: « Que nos deux cœurs « en un soient joints ; » sur le doigt du milieu : « Par vray amour « et loyale foy ; » sur le doigt annulaire : « Pourtant je te mets « en ce doy. » *In nomine Patris,* etc.

que l'époux donne le premier à l'épouse, dit Durand, évêque de Mende, signifie l'amour de choix (*dilectionis*), afin que, par ce signe, leurs cœurs soient encore plus unis, et c'est pourquoi l'on passe cet anneau au quatrième doigt, parce qu'il y a en ce doigt une certaine veine qui va jusqu'au cœur, source du sang (1).

Introduits ensuite dans l'église, les époux se prosternent au milieu de la nef, tandis que le prêtre prononce un psaume et plusieurs oraisons. Puis on les conduit au chœur, et la messe commence.

Écoutons la « sainte mère Église. »

« Seigneur, soyez attentif à nos prières ; soyez présent à ce qui se fait ici selon les lois que vous avez établies vous-même pour la propagation du genre humain, afin que ceux qui s'engagent réciproquement par vos ordres soient conservés par votre secours.

« Seigneur, soyez présent à nos prières et recevez avec bonté les dons que vos serviteurs (on les nomme) vous offrent pour votre servante N., que vous avez daigné conserver jusqu'à l'âge de maturité et jusqu'à ce jour des noces, afin que ce qui se fait par disposition de votre providence soit aussi, par votre grâce, perfectionné.

Après le *Sanctus*, les époux se prosternent de nouveau pour prier, et on étend sur eux le poêle, *pallium*, signe de la pudeur qu'ils doivent garder dans leur nouvel état. Saint Ambroise l'appelle *flammeum nuptiale*, sans doute parce qu'il était de couleur pourpre, afin de mieux marquer cette vertu.

____

(1) *Rational*, ou Manuel des divins offices.

Dans l'Église orientale, les époux, après la cérémonie du voile, reçoivent une couronne, composée ordinairement d'un rameau d'olivier lié de bandelettes blanches et pourpres. Saint Chrysostome dit que ce couronnement a été introduit pour faire connaître la pureté et l'innocence de vie que les épouses apportent dans le mariage, et la victoire qu'elles ont remportée sur leurs passions. La même cérémonie a existé quelque temps dans l'Occident. Saint Grégoire de Tours raconte l'histoire d'une jeune fille mariée à un sénateur, malgré la volonté qu'elle avait de se consacrer à Jésus-Christ. Souhaitant de conserver sa virginité dans le mariage, elle regardait en pleurant sa couronne nuptiale : « J'ai perdu l'immortel époux qui me promettait le ciel pour dot, et au lieu des fleurs éternelles que j'espérais, voilà que je suis ornée ou plutôt déshonorée de ces roses qui se flétrissent en un moment ! *Et pro rosis immarcessibilibus arentium me rosarum non ornat, sed deformat spolium* (1). »

C'est proprement à la cérémonie du voile que se fait la bénédiction nuptiale :

---

(1) Selon le bienheureux Isidore, les femmes sont voilées pendant qu'on les marie afin qu'elles sachent qu'elles doivent être soumises à leur époux... Les époux, après la bénédiction nuptiale, sont unis l'un à l'autre d'un seul lien, avec une bandelette, pour qu'ils ne rompent pas la foi de l'union conjugale. Cette bandelette est blanche et mélangée de couleur de pourpre, parce que la blancheur est la pureté de la vie, et la pourpre *ad sanguinis posteritatem adhibetur*, afin que par ce signe, *et continentia et lex continendi ab utriusque ad tempus admoneatur, post hoc ad reddendum debitum non negetur* (DURAND, év. de Mende, *loc. cit.*)

« Sous l'aimable joug de la concorde et de la paix, vous avez, Seigneur, établi l'alliance nuptiale, pour multiplier les enfants d'adoption par la fécondité d'un chaste amour. D'une manière ineffable, votre providence et votre grâce dispensent l'un et l'autre ; et ce que la génération produit pour orner le monde, par la régénération votre Église s'en accroît.

« O Dieu ! qui bénissez le berceau du monde naissant en multipliant les générations, exaucez nos prières, et répandez sur votre servante l'abondance de votre bénédiction, afin que dans le lien conjugal une égale affection, un même esprit, une sainteté mutuelle, unissent ces deux époux.

« O Père, ouvrier du monde, créateur de toute vie, qui avez institué la reproduction des êtres, qui, de vos propres mains avez donné à Adam une compagne tirée de ses os pour perpétuer dans ses fruits l'identité de la forme avec l'admirable variété des individus, c'est votre volonté que, pour l'accroissement du genre humain, les liens légitimes du mariage enlacent les siècles et relient entre elles les générations. Tel, en effet, Seigneur, a été votre bon plaisir, et tel est l'ordre nécessaire : l'être que vous avez créé à l'image de l'homme étant beaucoup plus faible que celui que vous avez créé à votre propre image, des deux vous n'avez fait qu'un seul, et en vertu des mêmes lois une postérité complexe a dû régulièrement en découler, les générations se devant suivre, sans se proposer dans leur vie si caduque et si bornée d'autre fin que l'éternité. C'est dans ce but qu'avaient été donnés les principes de la loi future. C'est pourquoi, ô Père ! sanctifiez les débuts de votre servante dans la vie conjugale, afin que, dans une union bonne et heureuse, elle observe les lois de la justice éternelle, et se souvienne, Seigneur, qu'elle est entrée non dans la liberté conjugale, mais dans l'observance des préceptes de la foi des saints, etc. (1). »

---

(1) Voici le texte de cette belle prière, dont M. Michelet n'a donné, dans ses *Origines*, qu'un très-court fragment, et qu'il trouve avec raison intraduisible. M. Moreau, l'éloquent traducteur de saint Augustin, a bien voulu me prêter ici son concours,

Après cette bénédiction, on dit *Pax Dòmini*, etc., et *Agnus Dei*. Les deux époux se lèvent, et le mari reçoit la paix (le saint baiser) du prêtre et la donne à l'épouse et non à d'autres ; un clerc, la recevant du prêtre, la porte aux assistants.

et il a eu la bonté de rétablir autant que possible le texte lui-même, qui est visiblement corrompu.

Ex Gelasiano Missali et Man. Codd. Remensi et Gellonensi (anno. 900.)

« Pater mundi conditor, nascentium genitor, multiplicandæ originis institutor, qui Adæ comitem tuis manibus addidisti, cujus ex ossibus ossa crescentia parem formam admirabili diversitate signarent ; hinc ad totius multitudinis incrementum conjugalis thori justa consortia, quo totum inter se seculum contignarent humani generis fœdera nexuerunt. Sic enim tibi, Domine, placitum, sic necessarium fuit, ut quia longe est et infirmius quod homine similem quam quod tibi feceras additus fortiore sexus infirmior ut unum efficeris ex duobus (*), et pari pignore soboles mixta maneret, tunc per ordinem flueret egesta posteritas, et priores ventura sequerentur, nec ullum sibi finem in tam brevi termino, quamvis essent caduca proponerent. Ad hoc igitur datæ (sunt **) legis instituta venturæ. Quapropter hujus famulæ tuæ Pater, rudimenta sanctifica, ut bono et prospero sociata consortio, legis æternæ jussa custodiat memineritque Domini, non tantum ad licentiam conjugalem sed ad observantiam fidei sanctorum pignorum (deligatam) diligatam ; fidelis et casta nubat in Christo, imitatrixque sanctarum pemaneat fœminarum... Serviens Deo vero devota muniat infirmitatem suam robore disciplinæ, uni thoro juncta contactus vitæ illicitos fugiat ; sit verecundia gravis, pudore venerabilis, doctrinis cœlestibus erudita ; sit fecunda in sobole, sit probata et innocens, et ad beatorum requiem (atque) usque ad cœlestia regna perveniat... Per... » (D. MARTÈNE, *De Antiq. Eccles. ritib.*, t, II, l. I, c. IX, art. v.)

(*) Ut quia longe est infirmius, quod homini simile, quam quod tibi feceras, « additus fortiori sexus infirmior, ut unum effeceris ex duobus, et (pari pi-« gnore, etc. »

(**) « Data sunt. »

La rubrique ajoute : « Après la messe, que l'on bénisse du pain et du vin dans un vase, et que les époux en goûtent au nom du Seigneur. » Une courte bénédiction suit encore cet acte et termine la cérémonie. Le prêtre alors AVERTIT LES NOUVEAUX MARIÉS DE SE CONSERVER PURS PENDANT TROIS JOURS ; puis, prenant l'épouse par la main, il la remet au mari, en prononçant ses paroles : « Recevez-la au nom du Père, du Fils « et du Saint-Esprit. Que le Dieu d'Abraham, d'Isaac « et de Jacob soit avec vous, et qu'il accomplisse en « vous sa bénédiction. Amen ! »

Ce n'est pas tout cependant ; l'Église pousse encore plus loin son rôle de mère, et j'hésite presque à dire ce qui suit, tant je sens que les mœurs sont changées, et que ce dernier acte de la bénédiction nuptiale pourra paraître surprenant. Mais si nous devons rougir, c'est pour nous, non pas pour nos pères, dont nous ne pouvons plus comprendre la piété et la simplicité. On bénissait la maison des époux, la chambre nuptiale, le lit, et enfin les époux eux-mêmes, lorsqu'ils étaient couchés ; ce qui prouve mieux que tous les textes combien la coutume qui faisait l'objet de l'avertissement adressé aux époux après la messe, et de laquelle il sera bientôt question, était généralement observée. Chardon nous a conservé la forme et le texte de ces bénédictions dernières, d'après un pontifical manuscrit du XIVe siècle qui a été à l'usage des Eglises de Lyon et de Tarentaise. Les voici :

Bénédiction de la maison, la nuit.

« *Seigneur*, mettez le signe du salut dans ces maisons et ne permettez pas que l'ange exterminateur y ait entrée. Mettez-y votre signe céleste et protégez-nous : alors nous ne serons point frappés de plaies funestes. » Psalm. *Miserere.*

« Seigneur, soyez présent à nos prières et éclairez cette maison par votre présence ; faites descendre sur ceux qui l'habitent une abondante bénédiction de votre grâce, et que ceux qui demeurent dans ces maisons bâties de main d'homme deviennent dignes eux-mêmes d'être votre demeure.

« Dieu d'Abraham, d'Isaac et de Jacob, bénissez ces jeunes gens, et répandez une semence de vie dans leur esprit et dans leur corps, afin qu'ils désirent d'accomplir tout ce qu'ils auront appris (sur ce) qui concerne votre service.

Bénédiction de la chambre nuptiale.

« Dieu, dont la bénédiction remplit toutes les choses sur lesquelles on invoque votre nom, bénissez cette chambre destinée uniquement à l'honnêteté du mariage ; qu'aucun esprit malfaisant n'y fasse sentir sa puissance ; mais qu'un amour chaste et honnête, tel qu'il doit être entre les époux, y règne, et que votre miséricorde y soit toujours présente. »

Bénédiction sur les époux.

« Que la bénédiction que Dieu a répandue sur Isaac vienne sur vous.

« Que la bénédiction qu'Isaac a donnée à Jacob se répande sur vous abondamment.

« Que la bénédiction de Jacob à ses fils vous soit communiquée par la grâce de Dieu.

« Que la bénédiction de Moïse sur les enfants d'Israël se fasse sentir dans vos cœurs par la grâce de Jésus-Christ.

« Que la bénédiction que le Rédempteur de tous, notre Seigneur Jésus-Christ, a donnée abondamment à tous ses disciples, parvienne jusqu'à vos cœurs et à vos âmes. Amen (1) ! »

(1) CHARDON, *Histoire des Sacrements.* Il cite encore un pontifi-

Sancta sanctis ! Aux saints les choses saintes ! Quel trésor de bonté et de pureté ! quel amour tout divin d'une mère toute divine ! quelle sagesse inspirée du ciel, dans ces cérémonies, dans ces prières, dans ces bénédictions intarissables ! Voilà le mariage suivant l'esprit de l'Eglise, et voilà la haute idée qu'elle en a donnée aux peuples chrétiens. C'est ainsi qu'elle l'a fondé sur les plus nobles instincts de l'humanité régénérée par le Christ, qu'elle l'a défendu contre les ruses et les violences de l'hérésie, qu'elle l'a maintenu en honneur, même au milieu de cette civilisation dont la folle ingratitude voudrait oublier ses bienfaits, et laisse bassement calomnier ses tendresses !

cal du xiie siècle, conservé dans la célèbre abbaye de Lire, et un ancien rituel de Salisbury, qui mettent au nombre des cérémonies du mariage la bénédiction de la chambre nuptiale et du lit. Cela se faisait avec l'encens et l'eau bénite, selon une ancienne coutume : *Secundum morem antiquum thurificantur thorus et thalamus.*

Ces bénédictions de la maison, de la chambre, du lit et des époux, avaient sans doute en partie leur source dans la croyance si répandue au Moyen Age des sortiléges et maléfices en usage contre les nouveaux mariés. Il y aurait beaucoup à dire sur cette opinion, qui a été trop générale et qui a trop longtemps duré pour n'avoir pas quelque fondement. Elle mériterait d'être examinée de près, et l'on trouverait sans doute matière à des considérations assez sérieuses, là où M. Mary Lafon n'a vu que l'occasion de quelques quolibets fort plats, comme tout ce qui sort de sa savante plume. En attendant que quelque véritable savant nous donne ce travail, il convient d'observer que l'Eglise avait une double raison de multiplier ses bénédictions : premièrement, parce qu'elles attiraient sur les nouveaux époux les grâces qui leur étaient nécessaires, et que s'il y avait des maléfices, c'était

On a entendu M. Dupin regretter que le législateur
civil, « par suite des empiétements successifs de
l'Eglise, » eût perdu, depuis Justinien, le pouvoir de
régler les solennités extérieures du mariage. Un
simple rapprochement fera comprendre la singularité
de ce regret. Tout le monde a pu comparer les cérémonies de l'église et le formulaire de la mairie. A
l'église, l'autel, le prêtre en habits sacerdotaux, les
cierges allumés, l'assistance recueillie ou tout au
moins décente, et, enfin, Dieu présent. A la mairie,
M. le Maire, derrière son bureau, l'écharpe par dessus
son habit civil, ordinairement fort négligé quand il
s'agit d'un petit mariage ; les amis ennuyés lorsqu'ils
ne sont pas en humeur de trop rire ; le greffier

le meilleur moyen de les rompre ; secondement, parce que l'im-
bécillité populaire se laissait, comme toujours, très-facilement
entraîner à employer d'autres sortiléges et d'autres maléfices,
également indécents et dangereux, pour combattre ceux qu'elle
redoutait. Ces bénédictions furent longtemps en usage. Par la
suite, des abus s'y étant introduits, la réforme vint d'où toute
bonne réforme dans les choses religieuses vient toujours,
c'est-à-dire de l'Eglise elle-même. Par ses statuts synodaux de
l'an 1503, Etienne Poncher, évêque de Paris, ordonna que la bénédiction du lit aurait lieu désormais en plein jour : «Que les
« prêtres se gardent de choisir l'heure de la nuit pour la béné-
« diction du lit nuptial ; qu'ils le bénissent en plein jour, vers
« l'heure de vêpres, en bonne et honnête compagnie, revêtus du
« surplis et de l'étole, le livre de prières ouvert avec dévotion
« et respect, en présence des mariés. Cette bénédiction ayant
« été donnée avec gravité et décence, prêtres et clercs retour-
« neront aussitôt à leur demeure, non toutefois sans avoir exhorté
« l'époux et l'épouse à vivre en esprit de charité comme firent
« Tobie et Sara. » (*Synodicon Ecclesiæ Parisiensis, Statuta synodalia Steph. Poncher.*)

derrière un autre bureau ; et pour relever la scène, un plâtre à l'effigie du pouvoir régnant.

Ecoutons les paroles qui se disent dans l'un et l'autre lieu :

Le Prêtre.

« O Dieu, qui par votre puissance infinie, de rien avez tout créé ; qui, après avoir disposé les principes du monde, avez donné à l'homme fait à l'image divine un aide inséparable, la femme, dont le corps a été formé de la chair de l'homme pour nous apprendre que ce qui est uni dans son institution ne saurait jamais être légitimement séparé ; ô Dieu, qui avez consacré le nœud conjugal par un mystère si excellent, que l'union spirituelle du Christ et de l'Église était figurée dans l'alliance nupale ; ô Dieu, par qui la femme est unie à l'homme ; qui, ordonnant leur société dès le principe, l'avez dotée de la seule bénédiction qui n'ait été emportée ni par la peine du péché originel, ni par la sentence du déluge ; ô Dieu, qui seul avez dans la main le gouvernement du cœur de l'homme, et dont la providence conçoit et gouverne tout, en sorte que ce que vous liez, nul ne le peut délier, et que nul ne peut nuire à ce que vous bénissez ; unissez, s'il vous plaît, les esprits de ces époux qui sont à vous ; répandez dans leurs cœurs une sincère affection, afin que comme vous êtes un, le seul vrai et le seul tout-puissant, eux aussi soient un en vous ; jetez un regard favorable sur votre servante, qui, au moment de s'unir à l'époux, demande le secours de votre protection ; que ce soit pour elle un jour d'amour et de paix ; que, fidèle et chaste, elle se marie en Jésus-Christ ; qu'elle demeure imitatrice des saintes femmes ; aimable à son mari comme Rachel, sage comme Rebecca, qu'elle égale les années et la fidélité de Sara : qu'en elle et dans ses actes le funeste auteur de la prévarication ne trouve rien à s'attribuer ; qu'elle demeure enchaînée à votre foi et à vos commandements ; qu'uniquement attachée au lit nuptial, elle fuie tout commerce illégitime; qu'elle appuie sa faiblesse sur la force de la discipline; qu'elle soit modeste et grave, que sa pudeur lui attire le respect; qu'elle s'instruise dans la science du ciel : qu'une heureuse fécondité lui soit donnée ; qu'elle se montre irréprochable et pure, et qu'elle arrive au repos des bienheureux et au céleste royaume.

Le Maire.

« Monsieur, Mademoiselle,

« Je dois vous donner connaissance des articles suivants du Code civil :

« 212. Les époux se doivent mutuellement fidélité, secours, assistance.

« 213. Le mari doit protection à la femme, la femme obéissance à son mari.

« 214. La femme est obligée d'habiter avec le mari et de le suivre partout où il juge à propos de résider ; le mari est obligé de la recevoir et de lui fournir tout ce qui est nécessaire pour les besoins de la vie, selon ses facultés et son état. »

Il interroge ensuite les époux, et après avoir reçu leur consentement :

« Au nom de la loi, vous êtes unis. »

Il est évident que le jour où cette cérémonie constituera seule tout le mariage, il n'y aura plus de mariage ; et ce sera le cas d'appliquer la théorie de M. de Girardin sur *la liberté dans le mariage par l'égalité des enfants devant la mère.*

M. de Girardin, au nom du progrès et la statistique moderne en main, demande que les enfants portent désormais le nom de la mère, parce que la paternité est devenue chose trop incertaine !

Il se donne en exemple.

III

Nous n'avons pas encore abordé le fait allégué par
M. Dupin, et déjà la conviction du lecteur lui adresse un
démenti. Dans cette législation religieuse sur le mariage, où trouver place pour le scandale dont il a jugé
bon d'égayer l'Académie des sciences morales et politiques? Notez qu'il ne se contente pas de dire en
gros, à l'exemple de beaucoup d'autres, que « les seigneurs ecclésiastiques » ou « *certains* seigneurs ecclésiastiques, *comme seigneurs féodaux* » prétendaient au
droit dont auraient usé les seigneurs séculiers. Non !
c'est un curé, le propre curé de la fille mariée, qui
plaide, — et devant son évêque ! — pour obtenir ou
l'exercice ou la compensation de ce droit infâme.
M. Dupin a un texte, il le cite, le traduit, le souligne
sans broncher.

Voici ce texte, avec toutes les accentuations typo-
graphiques ajoutées par M. Dupin :

« Ce qu'il y a de plus scandaleux, c'est que les seigneurs
même ecclésiastiques prétendaient à l'exercice de ce droit.
« J'AI VU, dit Boërius (décision 297), juger dans la Cour de
« Bourges, devant le métropolitain, un procès d'appel où *le*
« *Curé* de la paroisse prétendait que, de vieille date, il avait *la*

« *première connaissance charnelle* avec la fiancée; laquelle
« coutume avait été annulée et *changée en amende.* »

« C'est ainsi que, pour la représentation du même droit, les
officiers de l'évêque d'Amiens se contentaient « d'exiger de
« toutes les personnes nouvellement mariées une *indemnité*
« pour leur *permettre* de coucher avec leurs femmes, la pre-
« mière, la deuxième et la troisième nuit de leurs noces. »
(Bouthors, t. I, p. 469.) — Mais un arrêt du Parlement, du 19
mars 1409, lui *interdit* l'exercice de ce droit. (LAURIÈRE, *Glossaire*, I, p. 308.) Ce même auteur cite plusieurs autres exemples
pour d'autres pays que la France. »

En sorte qu'il y avait des curés qui étaient seigneurs de paroisse, et que quand cela se rencontrait,
le curé, ce même homme qui venait d'accomplir les
saintes et sublimes fonctions de son ministère, qui venait de prononcer ces bénédictions augustes et élo-
quentes, qui avait récité à l'autel l'épître de saint
Paul et l'Evangile, et exhorté les époux à se garder
une foi inviolable, et demandé à Dieu que cette union
formée de ses mains restât pure de toute souillure
autant qu'elle durerait et jusqu'à la mort : *Honora-
bile connubium in omnibus et torus immaculatus* (1) ;
ce même homme, ce prêtre lié par le chasteté irrévo-
cable, ce curé, ce propre pasteur des époux, la cérémonie faite, se changeant alors en seigneur temporel,
exigeait comme un droit certain et bon à faire valoir
en justice, quoi ? la *première connaissunce charnelle
avec la fiancée*, c'est-à-dire l'adultère et le sacrilége!

M. Dupin croit celá ! Lui légiste, lui académicien

______

(1) *Hebr.*, XIII.

7.

lui magistrat, il croit cette épouvantable sottise ?

Oui, sans doute, il le croit : autrement il ne le dirait pas. Mais comment fait-il pour le croire? Tout cela constitue un amas d'impossibilités plus monstrueuses les unes que les autres, et qui toutes sautent aux yeux. Comment M. Dupin s'y est-il pris pour n'en voir aucune, lui qui doit avoir l'œil judiciaire ?

Etre jurisconsulte, et ignorer les lois ; être académicien des sciences morales et politiques, et ignorer l'histoire; être auteur d'un manuel de droit ecclésiastique, et ignorer la religion : *hélas !* Mais s'affranchir encore du devoir de la réflexion, des secrètes gênes de l'équité, des intimes protestations du bon sens, et parce que l'on voit jour à remuer contre l'Eglise quelques-uns de ces vieux scandales qui sont toujours bien venus dans les estaminets, n'examiner rien, passer outre, se lâcher sa fantaisie : *holà !* Ceci crie justice. C'est pousser trop loin le droit seigneurial de l'Institut, et plus on est académicien, plus on a de grades, de renommée et de complaisants, plus aussi doit-on répondre d'un pareil abus. Point de grâce ! J'ai M. Dupin sous la main, il me rendra compte de tout. Je ne le veux lâcher qu'après lui avoir bien prouvé qu'il n'avait aucun prétexte pour se tromper si grossièrement : *De mendacio* INERUDITIONIS *tuœ confundere* (1).

On a vu qu'il connaît fort peu l'histoire du Moyen Age, fort peu aussi la doctrine de l'Eglise sur le ma-

______

(1) *Eccli.*, IV, 30.

riage, fort peu encore l'histoire des sacrements. On va voir qu'il ne connaît guère mieux :

La discipline ecclésiastique,

Le droit coutumier,

Les auteurs qu'il analyse,

Les auteurs qu'il cite,

Les auteurs qui devraient lui être familiers.

Et malheureusement pour M. Dupin, ce qu'il connaît bien moins encore, c'est ce qui lui tiendrait lieu de toute science : le grand art de se taire sur les choses qu'il ne connaît pas.

Parmi les fautes de son *inérudition*, plusieurs seront de nouvelles preuves des hautes vertus que l'Eglise avait su inspirer aux peuples du Moyen Age. La discipline religieuse qui va être ci-après exposée, en mettant à nu l'erreur de M. Dupin, rehaussera encore tout ce que l'on sait déjà du caractère de pureté et de majesté imprimé au mariage.

Après le Très-Saint Nom de Dieu, il y a un nom d'homme qui plane sur le mariage chrétien comme l'exemple charmant et parfait des vertus qu'il faut s'y proposer : c'est le nom de Tobie, ce fils pieux d'un père juste. L'Eglise le prononce avec amour; elle répète à plusieurs reprises, durant la cérémonie nuptiale, les paroles que Tobie a entendues ou qu'il a dites lui-même dans ses noces bénies. Jetons les yeux sur les principaux traits de cette hisioire si connue et si méditée de nos pères. Elle nous fera connaître leurs intimes pensées, bien mieux que nous ne les verrions dans beaucoup d'actes et de documents émanés d'eux-mêmes. On dit que la litérature est l'expression de la société : la litérature du Moyen Age, c'était l'Ecriture-Sainte, dans sa partie historique. La Bible était peinte, sculptée, commentée partout. On en connaissait les héros et les personnages : le peuple, dont l'intelligence a depuis reçu d'autres aliments, était en quelque sorte nourri de ces augustes souvenirs (1). Celui de Tobie présidait au mariage.

Or, lorsque Tobie et l'ange furent arrivés proche d'Ecbatane, l'ange lui dit de demander Sara en mariage. Et comme Tobie craignait qu'il ne lui arrivât la même chose qu'aux autres maris de cette fille, que le démon avait tués, l'ange Raphaël lui repartit :

« Écoutez-moi, et je vous apprendrai qui sont ceux sur qui le démon a du pouvoir.

« Lorsque des personnes s'engagent dans le mariage, de manière qu'elles bannissent Dieu de leur cœur et de leur esprit, et qu'elles ne pensent qu'à satisfaire leur brutalité comme les chevaux et les mulets qui sont sans raison, le démon a du pouvoir sur elles.

______

(1) Parmi les monuments les plus anciens de la langue dans le Midi et dans le Nord, on trouve des traductions partielles de la Bible. Avant 1199, l'évêque de Metz, dans'le diocèse duquel plusieurs de ces traductions étaient répandues, crut devoir consulter le Pape à cause des commentaires qui les accompagnaient. On a la réponse d'Innocent III.

A partir du xiiie siècle, les traductions complètes ou partielles de la Sainte-Ecriture deviennent très-nombreuses, et l'on peut s'en former une idée d'après la collection des manuscrits de ce genre conservés à la Bibliothèque impériale : ils sont au nombre de soixante environ, tous antérieurs au xve siècle. (LE ROUX DE LINCY, *Préface des quatre livres des rois*.)

« Mais pour vous, après que vous aurez épousé cette fille, étant entré dans la chambre, vivez avec elle en continence pendant trois jours, et ne pensez à autre chose qu'à prier Dieu avec elle...

« La seconde nuit, vous serez associé aux saints patriarches.

« La troisième nuit, vous recevrez les bénédictions de Dieu, afin qu'il naisse de vous des enfants dans une parfaite santé.

« La troisième nuit étant passée, vous prendrez cette fille dans la crainte du Seigneur, et dans le dessein d'avoir des enfants plutôt que par un mouvement de passion, afin que vous ayez part à la bénédiction de Dieu, ayant des enfants de la race d'Abraham...

« Et prenant la main droite de sa fille, Raguel la met dans la main droite de Tobie, et lui dit : Que le Dieu d'Abraham, le Dieu d'Isaac et le Dieu de Jacob soit avec vous; que lui-même vous unisse, et qu'il vous fasse jouir pleinement de l'effet de la bénédiction...

« Après cela, ils firent le festin, en bénissant Dieu...

« Tobie ensuite exhorta la fille et lui dit : Sara, levez-vous et prions Dieu aujourd'hui, et demain, et après-demain, parce que, durant ces trois nuits, nous devons nous unir à Dieu; et, après la troisième nuit, nous vivrons dans notre mariage.

« Car nous sommes les enfants des saints, et nous ne devons point nous marier comme les païens qui ne connaissent point Dieu..

« S'étant donc levés tous deux, ils priaient Dieu avec grande instance, afin qu'il lui plût de les conserver en santé.

« Et Tobie dit ces paroles : Seigneur, Dieu de nos pères, que le ciel et la terre, la mer, les fontaines, les fleuves, avec toutes vos créatures qu'ils renferment, vous bénissent!

« Vous avez fait Adam d'un peu de terre et de boue, et vous lui avez donné Ève pour son secours.

« Et maintenant, Seigneur, vous savez que ce n'est point

pour satisfaire ma passion que je prends ma sœur pour être ma femme, mais dans le seul désir de laisser des enfants par lesquels votre nom soit béni dans tous les siècles.

« Sara dit aussi à Dieu : Faites-nous miséricorde, Seigneur, faites-nous miséricorde ; et que nous puissions vivre ensemble jusqu'à la vieillesse dans une parfaite santé ! »

Après avoir décrit la joie des parents, l'écrivain sacré raconte celle des amis.

« Gabelus, étant entré dans la maison de Raguel, trouva Tobie à table, qui se leva ; ils s'entre-saluèrent en se baissant, et Gabelus pleura et bénit Dieu, disant :

« Que le Dieu d'Israël vous bénisse, parce que vous êtes le fils d'un homme très-vertueux, d'un homme juste qui craint Dieu et qui fait beaucoup d'aumônes !

« Que la bénédiction se répande enfin sur votre femme, et sur les père et mère de l'un et de l'autre !

« Puissiez-vous voir vos fils et les fils de vos fils jusqu'à la troisième et à la quatrième génération ; et que votre race soit bénie du Dieu d'Israël qui règne dans les siècles des siècles !

« Et tous ayant répondu : *Amen!* ils se mirent à table ; mais dans le festin même des noces, ils se conduisirent dans la crainte de Dieu (1). »

Voilà quel était l'exemple vivant proposé aux époux, à travers la poésie des cérémonies et la douce majesté des prières de l'Eglise. Je répète que cet exemple était alors plus familier qu'aujourd'hui, où pourtant on le propose encore. Et j'ose dire que beaucoup de gens très-savants, très-experts en chartes et en documents de toutes sortes, parfaitement versés en un mot dans

____

(1) Tobie, ch. VI, VII, VIII et IX.

tout ce qui se rapporte au Moyen Age, connaissent néanmoins fort peu et fort mal le Moyen Age, parce qu'ils ont négligé de l'étudier en ce point essentiel, ignorant tout à fait la religion du Moyen Age ou ne voulant tenir aucun compte de cette grande chose, qui était la règle souveraine des esprits et des cœurs.

Assurément, lorsqu'il a écrit son rapport, M. Dupin (et j'en pourrais nommer beaucoup d'autres, dont l'autorité sur ces matières est avec raison plus prisée que la sienne) ne savait pas que l'exemple de Tobie a été fort longtemps de conseil et même de précepte pour les enfants de l'Eglise catholique.

Le premier exemple que l'on en trouve date du IVe siècle. En 398, le quatrième concile de Carthage, où siégeait saint Augustin, avait ordonné aux époux, par respect pour la bénédiction nuptiale, et sans doute aussi par révérence pour la communion qu'ils recevaient alors le jour de leur mariage, de garder la continence la nuit suivante (1).

Cette prohibition fut ensuite étendue aux trois jours qui suivaient immédiatement le mariage, à l'imitation de Tobie, suivant la parole que l'ange lui avait dite : *Per tres dies continens esto ab ea.* Cette pieuse pratique n'était pas inconnue en France, et

---

(1) « Sponsus et sponsa, cum benedictionem a sacerdote accepe-
« rint, eadem nocte pro reverentia ipsius benedictionis in virgi-
« nitate permaneant. » (*Coll. S. Isid.*, *Patrol.* Migne, t. 84, col. 201.)
On a cru longtemps que la même loi avait été portée dès l'an 305 au concile d'Elvire, et l'on en cite un canon dans le *Corps du droit.* Mais ce canon ne s'est pas retrouvé lorsque l'on a découvert, vers la fin de XVIe siècle, les vrais canons d'Elvire.

M. Michelet le fait remarquer : « Basine, femme de
« Childéric, lui dit la première nuit : Abstenons-
« nous (1)... » Un canon pour l'Espagne, de l'an 633,
rapporté dans le *Décret* de Gratien, *causa* 30, *quœst.* 5,
c. 7, dit que la robe nuptiale est garnie de rubans
blancs et pourpres, en signe de la continence que les
jeunes époux doivent garder jusqu'à *certain temps* (2).

M. Michelet cite Grégoire de Tours. En 853, un
autre archevêque de Tours, Hérard, dans ses statuts,
ordonne que l'épouse et l'époux, après avoir reçu la
bénédiction nuptiale, garderont deux ou trois jours
la continence (3). La même prescription se retrouve
dans les Capitulaires de Charlemagne, promulgués
avec l'intervention des évêques de l'empire (4).

Environ un siècle après, Reginon, abbé de Prüm,
dans son Questionnaire à l'usage des évêques ou des
visiteurs épiscopaux, veut qu'on s'informe si les curés
ont soin d'instruire les époux des temps où ils doivent
s'abstenir du mariage (5). Les Livres pénitentiaux
dont il rapporte des extraits imposaient une pénitence
de vingt jours à ceux qui ne se préparaient pas à la

(1) Michelet, *Origines du droit français*, etc., p. 37.
(2) « *Ut hoc signo* continentiæ lex, *tenenda ab utroque* ad tempus
admoneatur. »
(3) *Hist. de l'Eg. gallic.*, VII. p. 273.
(4) « Biduo vel triduo (sponsi post matrimonium) orationibus
« vacent et castitatem custodiant ut bonæ soboles generen-
« tur et Domino suis in actibus placeant. Taliter enim sibi et
« Deo placebunt. » (L. VII, cap. 463. *Patrol.* Migne, t. 97, col. 859.)
(5) Regino, *De eccl. discipl.*, l. I, c. I, n° 59. *Patrol.*, t. 132
col. 139. — *Ibid,*, l. I, c. 300, col. 251.

communion par une continence de cinq à sept jours (1). Il mentionne aussi comme étant en pleine vigueur de son temps la défense du quatrième concile de Carthage, relativement au jour des noces.

L'Eglise grecque avait une discipline analogue pour la continence à observer, tant avant la réception de l'Eucharistie qu'après la célébration du mariage. Balsamon, vers la fin du XIIe siècle, rapporte un statut du patriarche Luc, ordonnant aux fidèles de garder la continence trois jours avant la communion, et décernant des peines contre ceux qui consommaient leur mariage le jour même de sa célébration (2). Il émet le

(1) Je n'ai à m'occuper que de la règle imposée par le VIe concile de Carthage ; mais il y avait d'autres abstinences plus ou moins longues. On en trouvera le résumé dans BENOIT XIV, *De Synodo diœcesana*, l. V, c. I. Ce savant pape ajoute : « Ces choses et beaucoup d'autres ont été sans doute ignorées d'une foule de théologiens qui, jugeant de l'ancienne discipline par la nouvelle, et accordant celle-ci avec la première (c'est le sentiment du cardinal Bona), n'ont pas craint d'affirmer que l'usage du mariage des certains jours n'a jamais été défendu par l'Eglise. *Ils auraient dû dire que l'Eglise donne aujourd'hui, sous la forme d'un simple conseil, ce qu'elle réclamait autrefois avec toute la sévérité de la loi.* »

« Celui-là, disait saint Césaire, archevêque d'Arles, est un bon chrétien qui, toutes les fois que les solennités viennent, garde plusieurs jours auparavant la chasteté avec son épouse, pour communier plus sûrement et se présenter à l'autel du Seigneur avec un corps chaste et un cœur pur. » (*Serm.* 254.)

Cette pratique fut de bonne heure populaire, même en France. Grégoire de Tours rapporte l'histoire d'un homme extrêmement contrefait, dont la mère répondait avec larmes à ceux qui l'interrogeaient que c'était la faute de ses parents, parce qu'elle l'avait conçu la nuit du dimanche : *Confitebatur cum lacrymis nocte illum dominica generatum.* (GREG. TURON., *de Mirac. S. Martin.*, cap. 24.)

(2) « Patriarcha Lucas synodaliter pronuntiavit tribus ante die-

vœu qu'on exige à l'avenir l'exécution de ces saints règlements, auxquels la fréquence des transgressions a porté quelque atteinte (1).

On a vu plus haut qu'un avertissement à ce sujet faisait partie des instructions que le prêtre devait donner aux nouveaux mariés.

Geoffroy de Beaulieu, confesseur de la reine Marguerite, femme de saint Louis, nous montre ce saint roi soumis en ce point comme en tous les autres aux prescriptions de l'Eglise (2).

Plusieurs rituels du XVe siècle, notamment ceux de Liége, de Limoges, de Bordeaux, contiennent la même prescription en ce qui regarde les trois premiers jours (3).

La simplicité et la ferveur qui avaient permis d'établir cette discipline ayant, par la suite des siècles,

---

« bus corporali congressu sejungi conjuges, qui sunt divinorum
« sacramentorum futuri participes. Sed et sponsos, qui ipso die
« matrimonii ad rem veneream coeunt, pœnis subjecit: » (BALS.,
ad conc. IV Carth. apud THOMASSIN, Discipl. eccl., t. I, p. 1053.)

(1) Jus orient., l. V.

(2) Li benoiez saint Loys tint continence de mariage, si com il apert par les choses qui ensivent : car quant il fut joene et gracieus et amable à toute gent, par la provéance de sa mère et des sages du roiaume de France, il prist à femme (l'an 1234 : saint Louis avait alors vingt ans) l'ainsnée fille au comte de Prouvence, c'est à savoir madame Marguerite. Et quant li benoiez rois fut secréément avecques li, cil qui fu enseignié du conseil du benoiez Filz Dieu, et qui fu enfourmé de l'essample de Thobie, avant que il atochast à li, il se mist à ouroison trois nuiz et li enseigna à fère ausi, si comme ladicte dame recorda après. (GEOFGROY DE BEAULIEU, Vie de saint Louis, ch. XVIe.)

(3) L'abbé PASCAL, Liturgie catholique, Migne.

beaucoup diminué, elle tomba peu à peu en désuétude. Déjà, au XVIᵉ siècle, elle n'était plus qu'un simple
conseil. Cependant saint Charles Borromée recom-
mandait encore à ses prêtres de l'inculquer fortement
aux fidèles (1). Le Pastoral de Malines, au XVIIᵉ siècle,
touche aussi ce point (2), qui se retrouve en substance
au Pontifical romain, dans l'allocution de l'évêque à
ses prêtres pour la clôture d'un synode. Enfin, dans
un ouvrage du dernier siècle, nous lisons :

« Quand un curé reconnaît que les futurs époux sont des
personnes de piété qui n'entrent dans le mariage qu'avec des
vues chrétiennes et qui sont capables des plus parfaites maximes du Christianisme, il peut leur conseiller : 1º de pratiquer ce
que Tobie et Sara et les justes de l'Ancien-Testament pratiquaient tous, au rapport de saint Augustin ; ce que saint Louis
et quantité d'autres saints dans le Nouveau-Testament ont exactement observé : c'est-à-dire de vivre en continence les premiers jours de leur mariage pour les employer en oraisons et
en bonnes œuvres (3). »

Beaucoup de chrétiens sont malheureusement aujourd'hui incapables de rien comprendre à ces solli-
citudes de l'Eglise et à cette législation, qui ne faisaient
pourtant que répondre à un vœu naturel de l'âme
chrétienne, éloquemment exprimé par saint Augustin (4). Les mœurs ont fait tant de progrès et les noces

(1) *Concil. Mediol.* v, part. 3, *De Matrim.*
(2) Apud VAN ESPEN, *Jus canon.*, t. IX, c. VI, nº 18.
(3) MANGIN, *Introduction au saint ministère*, p. 403. 1750.
(4) «Quis autem amicus sapientiæ sanctorumque gaudiorum, con-
« jugalem agens vitam, sed, sicut Apostolus monuit, *sciens vas*
« *suum possidere in sanctificatione et honore, non in morbo desiderii,*

sont devenues si pudiques! Mais puisque M. Dupin avoue que le Christianisme a « ennobli le mariage, » c'est-à-dire l'a tiré de sa dégradation, ce sont là les moyens qui ont procuré et maintenu cet ennoblissement. Considérant uniquement le mariage dans sa fin sublime, *ut multiplicandis adoptionum filiis, sanctorum connubio fœcunditas pudica servaretur* (1); et trouvant en ces âges de foi des esprits et des cœurs capables de porter la perfection de la doctrine de Jésus-Christ, l'Eglise avait su rapprocher en quelque sorte les gens mariés du rang glorieux des vierges. Dans l'état relativement inférieur où ils ne s'étaient engagés que pour transmettre la vie, elle leur faisait un bonheur tout dégagé de l'humiliation des sens et une condition digne des anges, au témoignage même du Fils de Dieu (2).

Quelques adversaires diront que le temps a marché, qu'ils sont des hommes charnels, qu'ils n'entrent plus dans ces considérations par trop ascétiques et mystiques. Hélas! on le sait bien. L'homme charnel

---

« *sicut et Gentes quæ ignorant Deum*, non mallet, si posset, sine
« hac libidine filios procreare ; ut etiam in hoc ferendæ prolis offi-
« cio, sic ejus menti ea quæ ad hoc opus creata sunt, quemad-
« modum cetera suis quæque operibus distributa membra servi-
« rent, nutu voluntatis acta, non æstu libidinis incitata. » (S. Aug,
De civitate Dei, 1. XIV, n. 16. Voyez tout ce beau livre XIV, dans l'incomparable traduction de M. L. Moreau.)

(1) *Benedictio nupt.*

(2) Filii hujus seculi nubent et traduntur ad nuptias; illi vero qui habebuntur seculo illo, et resurrectione ex mortuis, neque nubent, neque ducent uxores;... æquales enim angelis sunt, et filii sunt Dei, cum sint filii resurrectionis.

se marie pour servir ses intérêts ou pour assouvir ses passions; il n'entend rien à ces hautes maximes de l'Evangile. Mais alors, l'homme charnel devrait ne pas faire un si grand étalage de pudeur contre les âges où ces maximes étaient généralement comprises et pratiquées. Dans tous les cas, l'homme charnel, lorsqu'il veut parler, est au moins tenu de savoir de quoi il parle. Ces considérations où l'on n'entre plus, M. Dupin peut avoir le malheur de les trouver ridicules, abusives, dignes de la censure et de la risée des masses « éclairées » qui travaillent à « séculariser » le mariage. Ce n'est point la question. Bonne ou mauvaise, la discipline de l'Eglise sur le mariage a été pendant de longs siècles la loi du monde. Voilà ce que M. Dupin ne peut pas contester, et ce qu'il n'avait pas le droit d'ignorer.

Et c'est en présence de ce fait éclatant que l'on vient jeter à l'Eglise l'odieuse imputation d'avoir sanctionné, par sa propre pratique, la plus infâme violation de toutes ses lois ! L'Eglise, qui mettait des restrictions à l'usage légitime du mariage et qui le punissait en certaines occasions par des peines canoniques, aurait toléré, à un titre quelconque, le droit d'adultère et l'aurait revendiqué même pour ses ministres ! Ces premiers moments, retirés à l'époux, pour les réserver à Dieu, auraient été voués au crime, à la brutalité d'un maître, prêtre ou laïque, dans la France de sainte Clotilde, de sainte Radegonde, de Charlemagne, de Robert, de saint Bernard, de saint Louis !

Qu'il faut être incrédule pour croire cela !

IV

Quand on étudie de près, comme j'y suis condamné, une de ces énormes et violentes erreurs qui naissent principalement de la haine du bien, ce qui étonne, ce n'est pas leur popularité, c'est l'excès d'impudence qu'il a fallu pour les mettre en circulation, et la bonne volonté d'ignorance dont certaines gens ont besoin pour les croire. Leur orgueil demande à la vérité de les convertir par des miracles. Qu'ils fassent donc une bonne fois l'inventaire des absurdes mensonges qu'ils acceptent contre toute espèce de bon sens !

On a partout sous les yeux les preuves du zèle de l'Eglise pour la pureté du mariage ; les preuves de son zèle et de sa rigueur pour la pureté des prêtres ne sont ni moins éclatantes ni moins multipliées : on ne veut rien voir et l'on ne voit rien. Mais, j'en reviens toujours là, comment réussit-on à ne rien voir ? comment fait-on, dans cet aveuglement volontaire pour garder encore cette faible et légère illusion de justice dont il ne semble pas que l'on se puisse passer entièrement et résolûment ?

Montrer aux peuples que, malgré la dignité et l'excellence de leur état, qui les élève si fort au-dessus de la foule et même de l'élite humaine, les prêtres cependant sont des hommes, et qu'enfin la tribu sainte est composée, comme toute autre, de pauvres pécheurs, c'est un plaisir malheureux, qui n'annonce pas une âme bien faite, mais que l'on peut se donner aisément. Là aussi, chaque siècle a fourni ses scandales, même ses crimes, et Satan a trouvé sa part. Il n'y a pas grande érudition à dépenser pour cela ; et, quoique ce soit un jeu où l'on a bientôt fait de franchir les bornes de la délicatesse de conscience, il n'est pas impossible de s'en donner le passe-temps avec une certaine probité.

Mais accuser l'Eglise elle-même d'avoir autorisé ces scandales, ou seulement d'y avoir consenti, c'est afficher une ignorance sauvage ou un sauvage parti pris de mentir ; car les preuves les plus historiques du désordre que l'on dénonce, à toutes les époques où il s'est manifesté, sont les lois ecclésiastiques qui l'ont puni.

Il s'agit ici d'un péché public, tout ce qu'il y a de plus public, — ÉCRIT DANS LA LOI, dit audacieusement M. Dupin, — que l'Eglise aurait permis aux prêtres.

En leur imposant le célibat, elle leur aurait concédé l'adultère, tout au moins avec les nouvelles mariées !

A quelle époque ? On l'ignore, on s'en embarrasse peu. On a le texte de Boërius : que faut-il davantage ? — Le droit a été converti en amende, donc il a existé en nature. — Ainsi raisonnent ceux qui sentent le besoin de raisonner. Ne pouvant engloutir le fait tout cru et tout absurde, comme on le leur présente, ils l'expliquent de cette façon.

Pourvu que la chose ait eu lieu, ils consentent qu'elle se perde dans la nuit des temps. La chose existait sous saint Louis, sous Charlemagne si l'on veut, peut-être sous Clovis : qu'importe ! On leur dirait que le droit de première connaissance charnelle a été attribué aux curés par un décret de Dioclétien qu'ils n'y verraient pas de difficulté.

Mais « la nuit des temps » n'est pas, heureusement, aussi épaisse que se le figure leur science, prompte à se contenter d'*à peu près*. Il y a une histoire écrite et certaine de la pénitence pour les ecclésiastiques ; à quelque moment des siècles passés qu'on l'interroge, elle répond. Sans la rapporter ici, c'est assez d'en indiquer la suite. Peu de mots suffiront pour contenter quiconque n'est pas du nombre de ceux dont l'Ecriture nous dit qu'ayant embrassé le mensonge, ils n'en veulent plus démordre : *Apprehenderunt mendacium, et noluerunt reverti* (1).

Dans les trois premiers siècles, la pénitence des évêques, prêtres et diacres, ne différait point de celle des laïques. Elle était rude et publique pour eux comme pour tous les pécheurs. Les péchés contre les mœurs étaient punis par la dégradation, par l'exclusion des rangs sacrés, par la pénitence souvent perpétuelle.

L'expérience montra que cette publicité offrait de graves inconvénients. Elle fut supprimée dans le cas où le péché lui-même n'avait pas été public ; mais la

____

(1) Jérém., viii, 5.

pénitence ne reçut aucun adoucissement. Le vénérable Bède, mort après l'an 725, dit au VIIe chapitre de son Pénitentiel, ou *Des remèdes des péchés*, en parlant des clercs : « Que si quelqu'un d'eux s'est marié au su du peuple, il soit déposé. Que s'il a commis un adultère, il soit chassé, et fasse pénitence parmi les laïques le reste de sa vie. »

Saint Pierre Damien, cardinal (né en 1006, mort en 1072), trouva du relâchement dans les Pénitentiels en usage à son époque. Il adressa au saint pape Léon IX un traité dans lequel il lui dénonça ces livres comme propres à rassurer faussement les âmes qui se perdaient. On y avait marqué certains cas où une pénitence de deux ans pouvait suffire. « Qui est assez « insensé, s'écrie le saint, pour croire qu'une péni- « tence de deux ans suffise à un prêtre coupable de ce « crime ? Si quelqu'un connaît un peu la discipline de « la pénitence établie par l'autorité des canons, il n'i- « gnore pas qu'un prêtre qui est tombé dans le péché « de la chair doit être au moins (*saltem*) dix ans en « pénitence (1). »

Une constitution de Léon IX fit droit à ces remontrances. Elle dégradait les prêtres coupables de plus grands péchés, et, par indulgence, permettait que les autres reprissent leurs fonctions après une pénitence proportionnée aux fautes qu'ils avaient commises : *Et digna pœniteat, ne probrosa commissa fuerint.*

Les conciles d'Aix-la-Chapelle, de Metz, de Mayence‘

____

(1) PETR. DAM.; *Gommorianus.*

du Frioul, les Capitulaires de Charlemagne, avaient défendu aux prêtres de loger aucune femme chez eux. Les règlements diocésains ne leur permirent pas d'y garder leur sœur, pas même leur mère, parce que cette cohabitation donnait lieu aux autres femmes de fréquenter la maison ; ce qui avait été préjudiciable à plusieurs d'entre eux. La prudence des évêques retranchait encore sur ce point ce que les conciles avaient accordé par condescendance. Ils avaient vu qu'en pareille matière l'indulgence finissait par nuire à la réputation du clergé, qui est la richesse de la religion et le bien des peuples.

Cependant, à cause de leur austérité même, ces règlements étaient difficiles à maintenir. On y pourvut en les renouvelant, en perfectionnant sans cesse ce qui pouvait y manquer. Nous venons de voir quelle était la discipline au temps de Pierre Damien et de Léon IX. Alexandre II, successeur de ce saint pape (1060), ne fut pas moins sévère. Innocent III, au siècle suivant, régla dans les moindres détails la vie des ecclésiastiques séculiers. Il regardait comme inconvenant pour un prêtre d'assister aux fêtes et aux jeux du monde, bals, spectacles, tournois. Il leur défendit la chasse au chien et à l'oiseau, la conversation avec les femmes, la fréquentation des lieux publics. Qu'ils gardent la sobriété. Qu'ils ne paraissent pas aux foires, ou qu'ils ne s'y arrêtent que le temps nécessaire pour faire leurs emplettes. S'ils voyagent, qu'ils choisissent avec une prudence particulière les auberges où ils s'arrêteront, afin de ne point attirer sur le clergé les mépris du peuple. Quand un prêtre sera invité à dîner chez des gens de bien, il évitera de rester longtemps après le repas. Si la conversation est impie ou peu réservée, si l'on chante des chansons trop libres, il fera en sorte qu'on ne puisse pas le soupçonner de les approuver. Rien ne manque à ce code des simples convenances. Celui des devoirs est plein de sévérité et de rigueur. Défense à tout ecclésiastique d'avoir chez lui aucune femme autrement qu'avec l'approbation de l'évêque S'il tombe en faute, quinze ans de pénitence et la réclusion dans un couvent pour toute la vie (*concile d'Avignon*).

La pénitence dans les monastères, à l'égard de ceux qui passaient pour incorrigibles, devint si dure que l'opinion s'en émut. L'opinion, toujours un peu plus qu'exigeante à l'égard des prêtres, toujours vigilante à les surveiller, toujours prompte à les dénoncer, réclama contre les rigueurs de la discipline monastique; la puissance civile dut intervenir pour y mettre des bornes. Le *vade in pace*, ce véritable *carcere duro*, dont tout le monde a entendu parler, fut en usage dans les monastères aux XIIIe et XIVe siècles. Quelque peintre de ce temps-ci, M. Jacquand, je crois, en a fait un tableau pour exciter l'indignation populaire contre les moines. Il a représenté un homme couché dans un cachot trop étroit, sur des brins de paille. Une cruche, un peu de pain noir, point de jour, point d'air, point de consolation. *Lasciate ogni speranza, voi ch'intrate!* Le captif a l'œil crispé, les pieds crispés; il froisse un manuscrit dans ses mains crispées. Par ce manuscrit, le peintre a voulu indiquer que ce moine jeté dans l'*in pace* est un penseur, un hérésiarque. Trait de génie du peintre ! Mais un pauvre peintre n'est pas forcé d'en savoir plus long qu'un savant académicien, ci-devant procureur général. La vérité est que la prison était dure, trop dure. Cependant on n'y mettait pas les hérésiarques : on y mettait les débauchés. J'avoue qu'on se ressemble de plus loin, et que ç'a été le plus souvent la même chose. Luther, Rabelais ! Peu d'hérésiarques se sont rendus célèbres par la régularité de leurs mœurs ; peu de débauchés sont recommandables par la pureté de leur doctrine. Toutefois, les principaux hérésiarques, ayant toujours eu le don de se rendre utiles aux princes, et le talent de ne se démasquer qu'à propos, ne restaient point dans les couvents. Ces moines que l'art contemporain nous montre si gros, si gras, faisant chère lie, prenant le menton des jeunes filles, voilà les hôtes de l'*in pace*. Je sais ce que dit la satire ; je sais ce que l'on trouve dans un Rutebeuf, dans un Pierre Cardinal. J'en fais le cas qu'il faut faire aujourd'hui des œuvres analogues dont les auteurs sont vivants. Nous connaissons le secret de leur haine et l'art de leurs témoignages. *Vidi similitudinem adulterantium et iter mendacii* (1).

Il existe de prétendues études sur le Moyen Age, accommodées en petits romans historiques. L'auteur, pétrissant dans ses mains maladroites ce qu'il a pu ramasser sur le *droit du Seigneur*, auquel il croit,

(1) JÉRÉM., VIII, 10.

comme de juste, en a composé un conte intitulé la *Redevance*. A part l'ordure, c'est le tableau d'une fête villageoise où il n'est guère question de tyrannie. Les vassaux d'un jeune seigneur du XVe siècle lui font hommage au jour de sa majorité et s'acquittent avec allégresse de redevances qui ne leur coûtent rien. Au milieu de ces farces, on voit un prêtre, le curé du lieu. C'est une caricature : il est vieux, pauvre, sale, renfrogné ; mais il mène une vie pure et pénitente. L'auteur, voulant peindre le curé du Moyen Age tel que ses lectures le lui ont montré, n'a pas même songé à médire de ses mœurs.

Je m'arrête. J'ai assez prouvé que les prêtres, surveillés par l'Église, par les peuples, par eux-mêmes, s'ils ont pu isolément tomber dans les fautes que commettent si volontiers les autres hommes, n'ont jamais eu le privilége dont les gratifie M. Dupin. Je répète souvent le nom de M. Dupin : j'en ai besoin pour ne pas jeter la plume, découragé de combattre par l'absurdité même que je combats. Ce nom me rappelle que je ne fais rien d'inutile, et qu'il n'y a pas de niaiserie sordide et incroyable qui ne compte d'illustres croyants.

La continence des trois jours fut longtemps paisiblement observée. Au XVe siècle, et peut-être avant cette époque, dans certains diocèses, elle devint l'objet de persévérantes réclamations. Cependant, c'était le DROIT DU SEIGNEUR DIEU. Ceux qui le respectaient encore, quoique disposés à l'enfreindre, commencèrent par en demander dispense, de même que l'on de mande encore aujourd'hui dispense des observances du Carême, auxquelles celle-ci était assimilée. L'autorité fit ce qu'elle fait toujours : afin d'éviter la transgression formelle, elle accorda la dispense ; afin de maintenir la discipline menacée, elle exigea une aumône de ceux qui l'obligeaient ainsi à les exempter du droit commun. Sa conduite était sage, et le pouvoir civil, aujourd'hui même, l'imite en plus d'un cas. Lui aussi a mis des empêchements au mariage et en accorde dispense moyennant un droit qu'il sait bien faire payer de quelque manière, en timbre ou autrement, même lorsque son office est gratuit. Dépend-il d'un ou de plusieurs particuliers d'abolir une loi bonne et morale, parce que cette loi les gêne ? L'Eglise, dont les lois tendent toutes et uniquement à la sanctification du plus grand nombre, voyant des hommes indociles supporter avec peine une prescription si propre à attirer les grâces de Dieu, mais n'ayant d'ailleurs aucun moyen matériel de l'imposer, avait encore à sauvegarder deux choses : premièrement, l'intérêt des fidèles, en empêchant que le mauvais exemple ne les entraînât trop vite ; secondement, l'intérêt de ceux mêmes qui la contraignaient de les affranchir, en exigeant qu'ils rachetassent un peu leur intempérance par une dernière forme d'obéissance et par une légère charité.

C'est cette aumône que l'on a l'indécence de transformer en indemnité réclamée par le curé ou par l'évêque, pour représentation du droit personnel *de première connaissance charnelle avec la fiancée !*

Qu'une telle aumône ou qu'une telle amende paraisse aujourd'hui singulière, qu'on l'ait même exigée avec trop de rigueur, que la perception ait donné lieu à quelques abus, c'est possible ; et ceux qui veulent déclamer là-dessus le peuvent, à condition pourtant de donner une pauvre idée de leur intelligence ou de leur bonne foi. Mais de cette étrangeté (qui n'avait rien d'étrange) et des abus fort légers auxquels elle a pu donner lieu, faire un crime immonde, et prétendre que ce crime était une *loi* de l'Eglise et de la société, devant ce méfait de la malveillance et de l'ignorance conjointes, je me réduis aux formules de M. Alloury : Je laisse à M. Dupin le soin de le caractériser.

Si M. Dupin, qui se dit bon gallican, observait les lois de l'Eglise gallicane, tous les ans, à l'entrée du Carême, il acquitterait, ès mains de son curé, une aumône ou une amende, comme il voudra, pour avoir le droit de manger des œufs. S'il voulait pourtant manger les œufs et économiser l'aumône, et toutefois se mettre en règle, il plaiderait ; et il pourrait ensuite, sous le nom de *Dupinus,* écrire en mauvais latin qu'il *a vu* juger un procès où le curé prétendait que de longue date, *ex consuetudine,* il avait le droit de première connaissance charnelle sur toute omelette qui se faisait en Carême dans sa paroisse : *Primam habere carnalem ovorum intritæ (gallicè* omelette) *cognitionem ;* laquelle coutume avait été annulée et changée en amende, *quæ consuetudo fuit annullata et in emendam commutata.* Et, dans trois siècles, l'Académie des sciences morales et politiques, pour peu qu'elle eût autant de catéchisme qu'aujourd'hui, le croirait comme autre chose.

En attendant, prouvons à M. Dupin qu'il n'avait aucun moyen de s'abuser sur la nature du droit revendiqué par le curé de Bourges et par les évêques d'Amiens; que c'était bien un droit religieux et non pas un droit féodal (1).

Il cite M. Bouthors; M. Bouthors cite Laurière; Laurière cite Ragueau, qu'il a amplifié. Ni M. Bouthors, ni Laurière, ni Ragueau ne lui donnent raison; et quant à l'arrêt du Parlement, s'il l'avait cherché, il lui serait arrivé la même chose qu'à moi: il l'aurait trouvé; et de plus il y aurait trouvé sa confusion.

Après avoir emprunté à M. Bouthors l'anecdote de Boërius, il ajoute aussitôt: « Pour la représentation du *même droit* (de première connaissance charnelle), les officiers de l'évêque d'Amiens se *contentaient*, etc. » Puis il cite la note de Laurière et l'arrêt du Parlement.

M. Bouthors, éprouvant moins le besoin de saler son travail pour le rendre appétissant aux journaux, procède avec moins d'impétuosité. Il permet de de-

______

(1) En ce qui regarde le curé de Bourges, M. Dupin devrait connaître assez les lois et la procédure du Moyen Age (c'est chose de son métier) pour savoir: premièrement que les curés n'étaient pas seigneurs féodaux, que jamais une cure n'a été érigée en fief ni en baronie, que c'était comme aujourd'hui un simple bénéfice, une charge assignée par l'autorité ecclésiastique supérieure, et toujours placée sous sa surveillance; secondement, que si, par un cas rare et probablement unique, le curé en question avait été seigneur féodal de sa paroisse, il n'aurait pas plaidé devant le métropolitain, c'est-à-dire en *cour spirituelle*, mais devant la cour féodale, à la diligence du bailli, ou en appel devant le Parlement.

viner que le droit réclamé par les officiers de l'évêque n'était pas le *même* que celui auquel auraient prétendu *quelques* seigneurs séculiers :

« L'évêque d'Amiens, dit-il, exigeait de toutes les personnes nouvellement mariées une indemnité pour la première, la deuxième et la troisième nuit des noces. Un arrêt du Parlement du 19 mars 1409 lui interdit l'exercice de ce droit.

M. Dupin copie jusque-là et s'arrête ; mais M. Bouthors continue :

« Le rôle de l'évêché d'Amiens de 1302, qui contient la déclaration de tous les droits que le prélat avait dans la ville, *ne fait aucune mention de celui-ci ;* seulement sous la rubrique *Chi parolle du respit de sainct Fremin*, est exprimée l'obligation où étaient tous les nouveaux époux de payer quatre setiers de vin pour droit de mariage (1). »

Je dois supposer que M. Dupin n'a pas lu M. Bouthors.

Passons à Laurière. « Cet auteur, écrit M. Dupin avec une assurance admirable, cite *plusieurs autres exemples* pour d'autres pays que la France. » Ne dirait-on pas qu'il a sous les yeux le *Glossaire du Droit français*, qu'il y voit : 1° *plusieurs exemples* de l'incontinence légale des curés et évêques féodaux ; 2° l'arrêt de 1409, et la suppression positive du droit de première connaissance charnelle par ce fameux arrêt ?

(1) Ou plutôt, probablement, pour bénédiction du lit, comme l'indique cette disposition d'un arrêt du Parlement dont il sera question plus loin : « Pour la bénédiction du lict, *en lieu de vin*, « payeront lés nouveaux mariés douze deniers parisis. »

Eh bien, 1° M. Dupin n'a pas ouvert Laurière, et Laurière ne donne pas l'arrêt. Il analyse seulement, en ces termes :

« Par arrest de la cour du 19 mars 1409, défenses furent faites à l'évesque d'Amiens d'exiger argent des nouveaux mariés *pour leur donner congé de coucher avec leurs femmes la première, seconde et troisième nuit de leurs noces*, et dit que chacun desdits habitants pourra coucher avec sa femme la première nuit de leurs noces *sans congé de l'évesque.* »

Si l'arrêt de 1409 prouve que l'on a plaidé contre la continence, il prouve aussi que l'esprit de relâchement et d'indocilité qui avait occasionné le procès était loin encore d'avoir gagné les masses. En effet cela est assez clair, et il n'y a déjà plus possibilité de se méprendre sur la nature du droit des premières nuits. Le droit de première connaissance charnelle reste sans contestation au possesseur légitime, et celui-ci a seulement une pénitence à acquitter pour l'exercer avant le délai prescrit.

C'est ce que fait entendre Servin, dans un plaidoyer que M. Dupin n'aurait pas dû se dispenser de dire, puisqu'il est allégué partout comme preuve de l'existence légale et positive du « droit du Seigneur » suivant M. Dupin et les poètes de l'Opéra-Comique :

« Et faut considérer en telles causes ce qui meut autrefois la cour à donner un arrest célèbre qui se trouve aux registres de l'an 1401 : arrest par lequel fut adiugée la récréance aux mariés de coucher auecques leurs femmes *sans demander dispense aux curés,* qui exigeoient argent pour la bailler, ores qu'iceux curés alléguassent le *C. Sponsus,* au Decret de Gratian, tiré du ive concile de Carthage ; car cela étoit ordonné par conseil et non par précepte, *et ex honestate, non ex necessitate.* »

Et J. Brillon, *Dict. des arrêts,* au mot *Bénéficiers,* ch. CIII, *Des curés,* n° 14, t. I, p. 637 :

« Arrêt de Règlement des *droits dus pour les épousailles :* Il a été rendu le 1ᵉʳ mars 1401, au Parlement de Paris, l'évêque d'Amiens et les curés d'Abbeville parties. Il est dit que les mariés pourront coucher ensemble la première nuit *sans scrupule* ni permission. (Papon, lib. XV, t. I, n° 1.) — *La continence de Tobie a peu d'imitateurs !* »

Comment M. Dupin n'a-t-il consulté ni Servin, ni Brillon?

Il a manqué une bien belle occasion de faire valoir ses plus chères doctrines. Au lieu de s'enferrer dans le mauvais pas où le voici, que ne s'est-il attaché à faire ressortir le zèle avec lequel les parlements, s'élevant contre la continence des trois premières nuits, conquéraient aux Français le droit de braver *sans scrupule* les prohibitions de l'Eglise? C'eût été un notable article de plus à coucher sur le catalogue des franchises et libertés gallicanes.

J'aurais pu m'en tenir sur le sens de l'arrêt aux témoignages de Brillon, de Servin, de Laurière luimême. Mais j'ai voulu le lire dans son texte, et je puis dire que je l'ai cherché avec une passion de chasseur, ce texte si souvent allégué. Or, les anciens juristes l'indiquent aux dates qui suivent: 1ᵉʳ mars 1401, 11 mars 1401, 1ᵉʳ mars 1407, 19 mars 1409, 19 mai 1409 26 mai 1409; ce qui donne une belle idée de leur exactitude ! De plus, les uns disent qu'il a été rendu à la requête des habitants d'Abbeville, les autres à la requête des habitants d'Amiens. En outre, Laurière, dans sa volumineuse collection dès *Ordonnances des rois de France*, annonce deux autres arrêts encore, en 1136 et en 1388. Et ce n'est pas tout! la *Gallia christiana* marque quelque chose aussi en 1383 et à une autre date; enfin, dans les statuts synodaux d'Etienne Poncher, évêque de Paris, j'avais lu le texte très-positif et très-authentique d'un arrêt rendu en 1501, mais dont il n'est question nulle part.

Il fallait nécessairement savoir ce que signifiait cette masse de lettres royaux, d'ordonnances, d'arrêts; et plus le document paraissait introuvable, plus il importait de le trouver. Car s'il y a quelque chose au monde dont les érudits d'une certaine espèce tirent des conséquences assurées et péremptoires, c'est d'une pièce que personne n'a lue. Écoutez M. Mary Lafon, de la *Société des Antiquaires de France*. Après avoir dit en quelques mots toutes les absurdités connues sur le *droit du seigneur*, cet écrivain, qui vise aux agréments du style, ajoute :

« En France, *chose remarquable !* c'étaient les ecclésiastiques, abbés *uo* évêques, qui réclamaient ce privilége avec le *plus d'ardeur*. Sans parler, *en effet*, du chantre de l'église de Mâcon (nous retrouverons ce chantre), il fallut qu'en 1336 Philippe de Valois RAPPELAT A LA PUDEUR l'évêque d'Amiens ; et pendant TOUT LE XIVe SIÈCLE, le Parlement ne cessa de gourmander de sa rude voix ces prétentions étranges de l'Eglise (1). »

(1) Ce brillant morceau se trouve dans une publication de luxe

Tel est le mérite des documents inconnus! Ils se multiplient indéfiniment, et bientôt la pièce ignorée devient, à elle toute seule, une armée de témoins les plus respectables. René Choppin parle de ces « prati- « ciens de légère lecture, semblables aux chiens des « environs du Nil, qui ne lappent qu'en courant. » Un de ces praticiens-là s'aventure à travers ce laby- rinthe de dates : il n'en voit pas davantage ; il fait sa cueillette, et il écrit que le Parlement, « pendant tout le XIVe siècle, ne cessa de gourmander de sa rude voix les prétentions étranges de l'Eglise. » On l'étonnerait deux fois en lui disant que son érudition est fausse et que sa phrase est ridicule.

Débrouillons cette confusion, et voyons à quoi se réduit la lutte séculaire du Parlement contre les pré- tentions impudiques de l'Eglise.

Il paraît certain que quelques habitants riches d'Abbeville eurent les premiers l'honneur de récla- mer contre la loi religieuse qui imposait trois jours de continence aux nouveaux mariés, et contre une autre discipline concernant ceux qui mouraient in- testats, discipline toute favorable aux pauvres et que l'Église tenait davantage à maintenir (1). Laurière

intitulée *le Moyen Age et la Renaissance*, placée sous le direction littéraire de l'auteur des *Soirées de Walter Scott*.

(1) M. l'abbé Gosselin, vicaire de Péronne, prêtre fort distin- gué, à qui je dois de précieux renseignements, m'écrit en ce qui concerne cette partie essentielle de l'arrêt : « Je travaille mainte- nant sur la sépulture refusée aux intestats dont il est question dans l'arrêt rendu contre l'évêque d'Amiens. Loin de nuire à l'E- glise, ce point de discipline, que l'évêque s'efforçait de sauve-

(collection des *Ordonnances des rois de France*) cite deux mandements ou lettres royaux, enregistrés en Parlement, et adressés au bailly d'Amiens, l'un par Philippe VI, à la date du 10 juillet 1336, l'autre par Charles VI en 1388, dans lesquels ordre est intimé à cet officier de saisir le temporel de l'évêque, par les motifs indiqués aux mandements, que Laurière résume ainsi :

« Les habitants d'Amiens présentèrent leur requête au Parlement, le Roy y étant, par laquelle ils se plaignirent que leur evesque ou ses officiers levoient des amendes, non-seulement sur les adultères qui avoient esté en commerce avec les femmes des autres, mais sur ceux mesmes qui avoient habité avec leurs propres femmes. Sur cètte plainte, la Cour fit ordonner verbalement à l'evesque de se désister de ces vexations, sous peine de la saisie de son temporel ; mais l'evesque persistant, et ayant soutenu que son temporel ne pouvoit estre saisi qu'en vertu d'un mandement exprès du Roy, Philippe de Valois fit expédier ses lettres, en vertu desquels le temporel de l'evesque fut saisi.

« L'evesque qui estoit alors obeit peut-estre aux ordres du Roy ; mais ses successeurs ou leurs archidiacres ayant, le siége vacant, suivi ce mauvais exemple, sous le règne de Charles VI en 1388, ce prince envoya un nouveau mandement au bailli d'Amiens.

« En l'année 1409, ces mêmes vexations et ces exactions continuoient encore. Et le 19 mars il fut dict, par arrest de la Cour, que les deffenses faites à la requeste du procureur général et les maires et les eschevins d'Abbeville en Ponthieu, par vertu de certains lettres royaux à l'evesque d'Amiens et aux

garder contre la puissance séculière, est tout à sa gloire. Il s'agissait des bénéficiers, dont on voulait réprimer la cupidité au profit des pauvres et autres œuvres pies. »

curés de ladite ville ; c'est à sçavoir audit evesque qu'il ne print ne exigeât argent des nouveaux mariez pour leur donner congé de coucher avec leurs femmes, la première, deuxième et troisième nuit de leurs noces, et autres contenues audit arrest, avoient esté bonnes et valables, etc. »

Tout cela ne constitue pas une intervention incessante du Parlement durant tout le cours du XIVe siècle, et tout cela n'est pas sans inexactitude. Les lettres royaux de 1336 manquent d'authenticité. Les habitants d'Amiens, qu'on y voit figurer comme plaignants, ne paraissent nulle part ailleurs. Dans l'arrêt de 1409 et dans celui de 1501, il est uniquement question des habitants d'Abbeville. Laurière dit lui-même de cette pièce que, quand on travailla à la table chronologique des ordonnances en 1706, on la rejeta parce que ce n'était point une ordonnance. Il est certain qu'elle ne fut pas exécutée.

De 1325 à 1410, quatre évêques tinrent le siége d'Amiens : 1° Jean de Cherchemont, qui siégea quarante-sept ans, et sous l'épiscopat duquel Edouard, roi d'Angleterre, rendit hommage à Philippe de Valois pour le comté de Ponthieu, qu'il possédait dans le diocèse d'Amiens (1) ; 2° Jean de Lagrange, président de la Cour des Aides en 1370, ministre de Charles V et évêque d'Amiens en 1373, cardinal en 1375, disgracié par Charles VI ; 3° Jean Roland, en 1379 : il

(1) On lit sur son tombeau conservé dans la cathédrale :

« Moribus excellens jacet hic, immunda repellens,
« Vir bene famosus, mitis, castus, generosus,
« Sobrius et lenis, largifluus atque quietus.

donna la bénédiction nuptiale à Charles VI, dans son église, en 1385, et mourut en 1388 ; 4° Enfin Jean de Boissy, neveu du cardinal de Lagrange et frère d'Imbert de Boissy, président au parlement de Paris, transféré de l'évêché de Mâcon à celui d'Amiens en 1389, mort en 1410. L'histoire d'aucun de ces prélats ne fait mention de ces procès si violents qui auraient été jusqu'à la saisie du temporel, et il n'est nullement question des lettres royaux de 1336.

On voit seulement dans la *Gallia christiana*, sous l'année 1366, c'est-à-dire *trente ans* après l'époque assignée par Laurière, que l'évêque (c'était le vénérable Jean de Cherchemont) eut un démêlé avec le maire et les échevins *au sujet du jugement des adultères ;* que le roi donna la connaissance de cette cause à ses officiers de justice ; que la querelle s'étant ensuite renouvelée par le fait des archidiacres de Ponthieu et d'Amiens pendant la vacance du siége, le roi Charles leur manda de se désister par lettres royaux du 5 mars 1388 (1). »

Plus loin, entre ces deux dates, en 1369, on voit que l'évêque avait fait un accommodement avec les habitants d'Amiens, mais seulement au sujet des sépultures :

Convenit, anno 1369, ut cives Ambianenses absque confessione atque testamento decedentes, modo non forent excommunicati nec heretici, cum fidelibus sepelirentur.

Enfin, sous l'an 1383, on lit qu'un arrêt du Parle-

____

(1) *Gallia Christiana, Ambian.*

ment du 17 janvier de la même année a aboli la coutume d'acheter la dispense relative aux trois premières nuits de mariage; mais je crois qu'il y a ici une erreur et que cet arrêt de 1383 n'est autre que l'arrêt de 1388, qui prononça sur une querelle que la sagesse des évêques avait assoupie et qui fut réveillée pendant la vacance du siége. Le siége était vacant en 1388, il ne l'était pas en 1383.

Ces obscurités prouvent que la question, en ce qui concerne la discipline matrimoniale, n'avait pas l'importance qu'on lui a donnée depuis. Quelques individus avaient plaidé, le Parlement leur avait donné gain de cause, et l'amende contestée continuait d'être exigée et perçue : voilà ce qui paraît le plus clair.

On arriva ainsi jusqu'au 19 mars 1409. Ce jour-là, les vieilles contestations d'Abbeville se présentèrent au Parlement. Il s'agissait d'une réclamation générale contre le tarif de l'administration des sacrements. Le maire et les échevins d'Abbeville, demandeurs, disaient qu'on les soumettait à des extorsions de plus d'un genre, exigeant d'eux qu'ils payassent fort cher des sacrements qui doivent être administrés pour rien. Ils faisaient valoir les dépenses et les sacrifices que leur avaient coûtés les guerres qu'ils venaient de soutenir par fidélité pour le roi, et l'extrême pauvreté où leurs services les avaient réduits. L'évêque et les curés répondaient que ce tarif, établi par une ancienne et pieuse coutume, n'était pas le prix des sacrements, mais la juste rétribution des ministres qui les donnaient, et qui, pauvres eux-mêmes, n'auraient aucun moyen de subsister. Dans cette affaire, la question de la dispense matrimoniale, dont on fait le principal du procès, ne figure qu'au dernier rang, et comme objet accessoire. A peine en est-il parlé; la façon dont on en parle exclut absolument la possibilité d'une méprise dans le genre de celle où est tombé M. Dupin.

Le Parlement, ayant entendu les parties, modifia le tarif et, sur le point particulier et accessoire de la dispense relative aux trois premières nuits, prononça que cette dispense ne serait plus nécessaire.

Voilà tout. C'est, je le répète, l'objet le moins important de la contestation. On peut s'en convaincre par la lecture de l'arrêt, dont l'original est conservé aux Archives (1).

(1) J'en ai reproduit le texte dans la première édition de cet ouvrage. Il m'a paru inutile de l'imprimer une seconde fois, étant assuré que désormais on ne l'alléguera plus.

V

C'est le moment, à la lumière que dégage l'arrêt de 1409, de nous occuper du passage de Boërius.

Boërius, en français Nicolas de Bohier, était un homme de robe du XVIe siècle (1469-1539), farci de mauvais latin, qui avait, disent ses biographes, «plus d'érudition que de bons sens.» Il était pieux d'ailleurs; et j'ai eu tort, dans ma première édition, surpris par ce texte à première vue si étrange, d'élever des doutes sur sa foi. Président à mortier au parlement de Bordeaux, il mourut à l'hôpital, laissant son bien aux pauvres.

Le texte en question est tiré de ses *Decisiones in senatu Burdigalensium discussæ ac promulgatæ*, une compilation ridicule, mais qu'il ne serait pas juste de laisser peser trop lourdement sur sa mémoire. Il ne l'a point publiée lui-même; la première édition (in-fol. Lyon, 1567) est une édition posthume. Et il suffit de parcourir le recueil pour comprendre de reste que le président de Bohier n'ait pas eu la pensée de le mettre au jour en pareil état. C'est un ramassis de notes se succédant presque sans ordre, et souvent sans aucune division, des matières les plus incohérentes.

Dans un pareil fatras, laissé manuscrit, et visiblement inachevé, une mention de nature suspecte ne peut rien prouver, car rien ne démontre qu'elle n'ait pas été une simple annotation pour mémoire, jetée à la hâte sur le papier, et qui attendait une explication ou un correctif.

Mais, ce qui vaut mieux que des conjectures, pour nous édifier sur le crédit que méritent les *Decisiones*, nous avons un témoignage positif, témoignage doublement précieux, car il émane d'un contemporain, et du plus compétent assurément des contemporains de Boërius. — Dumoulin a parlé en passant de cette compilation, et nous lui devons de connaître un détail intéressant, à savoir que le président de Bohier *avait de jeunes secrétaires* (probablement des étudiants) qui, pour grossir la collection du bonhomme, ne se faisaient pas scrupule de la bourrer d'historiettes controuvées (1).

Cette révélation, enfouie dans un traité des plus abstraits, courait grand risque d'y rester inaperçue. Par bonheur, un légiste de nos jours l'en a déterrée et l'a consignée à l'article *Boërius*, dans une réédition de la bibliothèque de droit de Camus. Il s'est même montré passablement méprisant à l'endroit des *Decisiones* ; il n'en dit qu'un mot ! il cite l'appréciation de Dumoulin.

______

(1) Multa in Decisionibus Boerii, ad augendum librum, inserta sunt, quæ non sunt ex sententia Nicolai Boerii, jam senio confecti, *sed allegationes juvenum.* » (DUMOULIN, *In extric. labyr. dividui et individui*, part. III, n. 255.)

Or, veut-on savoir quel est le légiste bibliophile, l
rééditeur de Camus qui a traité de ce ton plus qu
dégagé la compilation de Boërius ? — Hélas! c'es
M. Dupin, le nôtre, le même qui, à l'Académie de
sciences morales, a donné le fameux passage des *Dec
siones* comme un document irréfragable qui ferme l
bouche à toute contradiction (1)! Je lui laisse l
soin de recoudre comme il l'entendra les inconsé
quences de ses écrits et de ses paroles, et je revien
aux *Decisiones*.

Les jeunes secrétaires expliquent bien des chose:
L'affreuse plaisanterie du procès de Bourges et l
chapitre tout entier où elle se trouve proviennen
sans aucun doute de leur collaboration. C'est le cha
pitre ou *Decisio* 297. Le passage en question y figur
sous le n° 17 distingué dans le sommaire (*Summ*
par cet intitulé significatif : *Nuptiarum variæ consu
tudines nefandæ.*

Aussi bien il n'y a pas que l'affaire du curé; c'e
un fouillis de sornettes graveleuses, anciennes
modernes, saupoudrées au goût du temps, de cit
tions de Diodorus et de Valère-Maxime. Il y a jusqu
des versets de la Bible au livre des Rois.

Il faut bien jeter un coup d'œil sur ces imper
nences.— On y conte d'abord, d'après Diodore, q
chez les anciens peuples de Sicile, c'était la coutu
dans les mariages que... — il faut s'envelopper

____

(1) *Bibliothèque de droit*, par Camus, 4ᵉ édition, augmentée p
M. Dupin. T. II, p. 277.

9.

latin de basoche de Boërius, — *Ultimus qui sponsam cognocebat erat ipse sponsus.*

Vient ensuite notre affaire, le curé de Bourges : *Et ego vidi in curia Biturensi,* etc.

Après, ce sont des seigneurs de Gascogne, puis ni plus ni moins...

Autre travail : ce n'est que le procès de l'évêque d'Amiens et des habitants d'Abbeville. « *Et ego reperi Ambiensem episcopum,* etc. » L'arrêt de 1409 en pareil lieu, et sous la rubrique indécente *Nuptiarum consuetudines ncfandæ!* cela donne la mesure de l'intelligence et de l'*esprit* des rédacteurs innommés de ce hapitre.

Nous tombons ensuite en pleine antiquité étrusque; c'est un récit de Valère-Maxime, très-vraisemblable, comme on va voir. Boërius, ou son facétieux secrétaire, nous apprend que Valère-Maxime, lib. IX, it. *de Luxuria,* caput *de Vulsiniensibus* rapporte, ce qui suit, (je traduis) : « Vulsinies était d'abord une cité opulente, la reine de l'Etrurie. Les mœurs et les lois y fleurissaient. Mais s'étant adonnée au luxe, elle tomba au plus bas de l'avilissement et de la turpitude, jusque-là qu'elle en vint à subir la très-insolente domination des esclaves, lesquels, d'abord en petit nombre, s'étant ingérés d'entrer au sénat, étendirent rapidement leur intrusion à toutes les charges de la République. »

Une fois maîtres, les esclaves mirent les hommes bres, qui ne l'étaient plus, à un singulier régime.

Ils forçaient les citoyens de Vulsinies à tester selon

« leur bon plaisir et en leur faveur » (à quoi bon ?
s'ils étaient assez puissants pour forcer les gens à tester, ils pouvaient bien prendre le patrimoine sans la
formalité du testament.) « Ils interdisaient aux ingé-
« nus de se réunir et de banqueter... ; épousaient sans
« cérémonie les filles de leurs anciens maîtres, etc. »

Finalement nos dits esclaves firent des lois exprès
pour s'arroger sur les nouvelles mariées certain droit,
le *droit de prélibation*, le mot y est (1). M. Dupin qui
veut à toute force des lois sur ce chapitre aurait bien
mieux fait de chercher dans Valère-Maxime ; il y aurait trouvé son affaire de première main.

Voilà le bourbier où M. Dupin et d'autres avant
lui, mais avec moins de fracas et de scandale, n'ont
pas craint d'aller pêcher des preuves, des *textes* à
l'appui de leur impuissante calomnie contre l'Eglise
au Moyen Age. Voilà les *Decisiones* ! Un pêle-mêle de
notes informes, publiées sous le nom de Boërius,
mais vingt ans après sa mort, sans trace de son aveu
antérieur, et notoirement bourrées de fariboles et de
gravelures par des polissons anonymes.

On pourrait se dispenser à présent de discuter en
lui-même le fait du curé de Bourges et de vérifier de
plus près le passage. Un pareil témoin est de ceux qui
sont rejetés par le seul fait de leur indignité et sans
ample information.

(1) Postremo leges sanxerunt ut stupra sua in viduis pariter
atque nuptiis impunita essent, ac ne qua virgo ingenua virgo nu-
beret cujus castitatem non ante ex numero ipsorum aliquis deli-
basset.

Toutefois je ne l'abandonnerai pas encore. Je veux démontrer que l'examen le plus superficiel de ce « texte » suffisait pour y saisir la main du faussaire novice et maladroit.

Reprenons le passage. Il y est dit par Boërius, ou le barbouilleur quelconque qui a tenu la plume, qu'*il a vu* (1), devant la Cour du métropolitain de Bourges, un procès d'appel dans lequel un recteur ou curé de paroisse prétendait, d'après la coutume, avoir droit à......... la première nuit de la mariée, laquelle coutume fut abrogée et commuée en amende.

On peut relever là autant d'aberrations qu'il y a de mots. Mais où le faux se montre plus à découvert, c'est dans le choix de la Cour métropolitaine de Bourges, un tribunal ecclésiastique, pour y porter ce singulier procès.

M. Dupin devrait connaître assez les lois et la procédure du Moyen Age (c'est chose de son métier) pour savoir : premièrement, que les curés n'étaient pas seigneurs féodaux, que jamais une cure n'a été érigée en baronie, que c'était comme aujourd'hui un simple bénéfice assigné par l'autorité ecclésiastique supérieure, et toujours placé sous sa surveillance ; secondement, que si, par un cas rare et probablement unique, le curé en question avait été seigneur féodal de sa paroisse, il n'aurait pas plaidé devant le métropo-

____

(1) Et ego vidi in curia Biturensi processum appellationis in quo rector seu curatus parochialis prætendebat ex consuetudine primam habere carnalem sponsæ cognitionem, quæ consuetuedo fuit anullata et in emendam commutata. »

litain, c'est-à-dire en *Cour spirituelle*, mais devant la Cour féodale, ou en appel devant le Parlement.

Rappelons, puisqu'on nous y oblige, dans quel cercle étroit était resserrée la justice ecclésiastique au XVIe et dès le XIVe siècle.

Aussi bien, ce n'est plus le temps où l'on pouvait se passer de rémémorer les choses fondamentales, les supposant familières à tout le monde.

On a fait de l'ignorance de notre histoire et de nos anciennes institutions une vertu démocratique, et nous sommes menacés de devenir très-vertueux sous ce rapport

Les juges d'Église n'*ont pas de territoire*, disaient les anciens légistes. Cette locution bizarre ne signifie pas que les cours d'officialité n'eussent pas, comme les autres tribunaux, une circonscription ou ressort territorial ; c'est simplement une manière à peu près inintelligible de dire que les juges d'Église, à la différence des juges laïcs, *ne disposaient pas directement de la force publique pour l'exécution de leurs sentences.* — Le juge ecclésiastique n'a pas le *territorium ;* — il faut entendre qu'il n'a pas le *jus terrendi*, le droit de terrifier la partie condamnée par l'emploi des voies ordinaires de contrainte (1). Rien n'est tel que *la science* et les barbarismes pour rendre inabordables les plus simples notions.

Cette règle, que la justice cléricale ne disposait pas

____

(1) Voir CARRÉ, *Organisation judiciaire*, partie historique, t. I, p. 81 et suiv.

elle-même d'aucun moyen coercitif, jointe au progrès dévorant des juridictions royales, dut lui retirer presque toute action, au moins toute action directe sur les intérêts temporels.

Elle connaissait des bénéfices et des dîmes ecclésiastiques, *mais quant au fond du droit seulement*. Les contestations relatives à la possession (le *possessoire*), même en matière bénéficiale, étaient dévolues au juge séculier. Le juge d'Église ne pouvait même pas, à cet égard, prendre, durant le procès, des mesures d'urgence. Il n'aurait pas pu nommer par prévision un séquestre pour administrer et percevoir les revenus jusqu'à l'issue de l'instance. Possession, perception des fruits, toutes ces choses d'intérêt matériel étaient du ressort du juge royal, exclues de la compétence de la juridiction ecclésiastique, juridiction immatérielle, presque abstraite, résolvant *in abstracto* une question de droit pur et à laquelle il était absolument interdit de s'occuper des profits mondains du droit, de ses émoluments utiles et temporels.

Entre laïques, l'official connaissait de la validité des mariages, et par conséquent des demandes en nullité pour empêchement dirimant. Mais ici encore, la question de droit, la question de l'existence ou de la non-existence du lien religieux et civil, était seule de sa compétence. Ce qui regardait la dot et les conventions matrimoniales, les intérêts mondains, en un mot, était renvoyé au juge royal.

Pour les clercs, la juridiction spirituelle était naturellement plus étendue; elle embrassait toute la ma-

ière des obligations purement personnelles. Mais
prenons garde, entre clercs comme entre toutes autres
personnes, la compétence ecclésiastique cessait du moment que l'affaire se compliquait d'un élément quelconque de propriété foncière. — Interdiction au juge
l'Église de connaître, entre clercs aussi bien qu'entre
aïques, de toutes contestations touchant des redevances emphytéotiques ou des rentes foncières. Interdiction par dessus tout de statuer en matière de redevances ou *autres obligations de nature féodale*, toutes
essentiellement mélangées d'un élément de propriété
immobilière, puisqu'elles se rattachaient toutes à une
concession de domaine utile.

Et ceci date de loin ; c'est fort antérieur aux ordonnances de François Ier et même de Louis XII qui précipitèrent le déclin des justices ecclésiastiques, comme
du reste de toute justice indépendante et autonome.

Dans la période dite *envahissante* des cours spiri-
uelles, (heureux envahissement, celui de la lumière
et de la vie !) ces cours tendirent à attirer à elles la
matière des redevances et des devoirs féodaux, par le
motif que ces devoirs étaient stipulés sur la foi du
erment et que leur transgression était un parjure.
Les seigneurs résistaient. Le roi de France (ce roi était
Philippe-Auguste) donna raison à la résistance du
baronage ; il disposa par ordonnance que les juges
l'Église connaîtraient de l'élément religieux du débat,
et, le cas échéant, appliqueraient au parjure les peines
canoniques, mais sans aucune entreprise sur le fond
du litige, sur la question du droit seigneurial en lui-

même et des obligations du vasselage, laquelle, demeu
rant réservée à la juridiction du seigneur direct, n
put être débattue et jugée qu'en son plaid féodal (1)

La règle était absolue, et aucun privilége personnel
notamment le caractère de clerc dans les parties, n
pouvait les exempter de plaider devant la cour féodal
du moment qu'il s'agissait des droits seigneuriaux e
des charges de la vassalité. Nous en avons la preuv
dans une ordonnance de 1214 concernant les privilé
ges dont jouissaient les croisés.

On sait que les croisés (*cruce signati*) participaien
aux immunités attachées à l'état de cléricature, spé
cialement en ce qu'ils ne pouvaient être distraits d
la juridiction des cours d'Église et cités devant ur
tribunal séculier.

Mais l'immunité cessait si le croisé était assigné er
tant que vassal ou censitaire, et pour quelque obli
gation inhérente au vasselage. Il subissait alors la

(1) « Primum capitulum est quod clerici trahunt causas fœdorur
in curiam christianitatis propter hoć quod dicunt quod fiducia
vel juramentum fiunt inter eos quos causa vertitur, et per han
occasionem perdunt dominici justitiam fœdorum suorum.

C'est la réclamation, le grief des barons; voici la disposition d
l'ordonnance :

« Responsio : In hoc concordati sunt rex et baroni quod ben
volunt quod ipsi (les juges d'Eglise) cognoscant de parjurio e
transgressione fidei, sed nolunt quod cognoscant de feodo, e
qui convictus erit de parjurio vel transgressione fidei injungerin
ei pœnam; sed propter hæc non dimittet dominus feodi justitian
feodi, nec propter hæc se capiant ad feodum (et pour ce, les juge
de l'Eglise ne s'en prendront pas au fief.) » (*Collection des ordon
nances du Louvre*, t. I, p. 39. — Citée par Championniard, p. 396.

loi commune et redevenait pour ce fait justiciable de la cour féodale de son seigneur. C'est la disposition expresse de l'ordonnance de 1214, art. 9 (1).

Voilà quel cercle de fer enserrait la juridiction ecclésiastique et en fermait l'accès aux causes féodales ou seulement mélangées d'un élément de féodalité.

Le procès du curé de Boërius en cour d'Église, c'est tout simplement quelque chose d'aussi fou que nous le paraîtrait aujourd'hui une question d'état, une action en désaveu de paternité par exemple, portée devant le tribunal de commerce, ou un procès en séparation de corps plaidé devant le conseil des prud'hommes tisseurs !

C'est beaucoup, on pourra trouver que c'est trop, nous être arrêté sur un misérable fragment de la misérable compilation de Boërius. Et pourtant on excusera la longueur de cette digression si l'on réfléchit que telle quelle il n'y a que cette loque de mauvais latin qui ait l'air de faire allusion explicitement à un droit de prélibation. Elle revient dans toutes les diatribes sur le droit du seigneur, et il est bon de noter que, par une aimable jonglerie d'argumentation, elle est employée comme preuve à double fin. La citation paraissant incriminer un ecclésiastique, *a fortiori* elle ne permet pas de douter que la même infamie n'entrât dans les us et coutumes des seigneurs séculiers.

(1) « Nullus cruce signatus tenetur respondere in foro seculari sed in ecclesiastico, exceptis feodis et censivis de quibus litigabunt coram dominis feodorum et censivorum. » (*Collection du Louvre*, t. I, p. 33. — Championniard, p. 397.)

C'est la manière de raisonner de M. Dupin. Après avoir dit sur le témoignage de Boërius, « que les seigneurs « *même ecclésiastiques* prétendaient à l'exercice de ce « droit, » il a bien senti qu'il n'avait plus besoin de rien prouver à la charge des seigneurs temporels, et ne s'en est pas mis en peine. Les barons passent sur le marché.

Du reste M. Dupin, qui a lui-même fort contribué à décrier le fatras du président Bohier, a osé trop en prenant dans ce même fatras ses textes pour diffamer l'Église au Moyen Age. Son curé de Bourges et le *texte* de Boërius lui restent sur les bras. L'opinion même irréligieuse n'en veut plus. Depuis la discussion qu'il a si imprudemment soulevée et la première édition de cet ouvrage, des écrivains très-peu catholiques, s'exécutant de bonne grâce sur la fameuse citation, la déclarent inepte et n'ayant pu être, d'où qu'elle vienne, qu'une réminiscence défigurée de l'arrêt de 1409.

Quant à cet arrêt lui-même, il ne reste plus une ombre sur sa véritable et glorieuse signification. Un historien qui tient encore pour le droit du seigneur temporel et fait ce qu'il peut pour en sauver quelques bribes (1), a été obligé de reconnaître qu'il n'y avait rien d'équivoque dans l'affaire de l'évêque d'Amiens et des habitants d'Abbeville, et qu'il s'agissait de dispenses ecclésiastiques, témoignant de mœurs plus

____

(1) Henri Martin, *Histoire de France*, t. V. — Eclaircissements, p. 568.

énergiques et d'une plus grande simplicité de foi dans les temps antérieurs.

Quoique le Parlement, qui n'aimait pas l'Église, montrât peu d'empressement à lui obéir, se fût en quelque sorte engagé, la discipline attaquée resta en vigueur non-seulement à Bourges, comme il résulte |du fait cité par Boërius, mais encore à Paris, siége du Parlement, et même à Abbeville, et cela durant tout le XVe siècle. Les mœurs étaient plus fortes que la justice. La preuve en est que la contestation revint au Parlement en 1501, quatre-vingt-douze ans après le grand et fameux arrêt signalé par tant de voix et sous tant de dates, comme ayant mis un terme, suivant l'heureuse expression de M. Mary Lafon, aux prétentions *étranges* de l'Eglise.

Ce qui mit un terme aux prétentions de l'Église, ce fut la sagesse de l'Église elle-même. Elle avait résisté à des rébellions isolées, d'une part en maintenant la loi, de l'autre en corrigeant les abus. Lorsqu'il lui parut que la loi devenait d'une application difficile et ne faisait plus le bien en vue duquel elle avait été instituée, elle la commua en un simple conseil, auquel les âmes vraiment pieuses n'ont pas cessé d'obéir.

L'occasion de cette commutation, le signal auquel la sagesse épiscopale reconnut qu'il était temps, fut l'arrêt de 1501, rendu sur une nouvelle instance des habitants d'Abbeville, pour qui l'affaire était, à ce qu'il paraît, un point d'honneur et une question nationale. Voici cet arrêt, tel qu'il est promulgué dans les statuts

synodaux d'Étienne Poncher, évêque de Paris (1503-
1519) :

Après avoir renouvelé aux prêtres la défense de rien
exiger pour l'administration des sacrements de bap-
tême, de pénitence, de confirmation, d'extrême-onc-
tion, pour la sépulture des fidèles, etc., l'évêque de
Paris poursuit en ces termes :

« *Pro benedictionibus nubentium, nihil ultra assueta ex
laudabili consuetudine. Et ut nullus incidat in errorem, ve
periculosos processus, cum de similibus simile judicium si
ferendum in dubiis ; pro nonnullis taxis a Parlamenti Curia
factis, hic vobis insero formam arresti Parlamenti Pariensi.
de quo tenor sequitur de verbo ad verbum ; quoniam si aliter
ageretur, possent forte in majores sumptus teneri, ubi appellatio
interponeretur in causa abusis, et hæc est forma :*

« Entre les Maires et Eschevins d'Abbeville et le procureur
du Roy nostre sire d'une part ; et Maistre Iean Martel d'autre :
veu les mémoires, et tout considéré, *dict a esté* que la cause
demeurera, et n'auroit congé ne despens les Evesques, ne
Curez, et sont contraires à toutes fins. Et quant à l'estat au regard des fiançailles, payeront ceux qui seront fiancés douze
deniers parisis pour la lettre devant où il y aura opposition :
Pour l'un ou l'autre des mariés, deux sols parisis ; Pour la
lettre de soy transférer en autre paroisse pour cause de mariage,
deux sols parisis ; Pour chascun ban sans opposition, quatre
deniers parisis ; Pour la lettre de soy transférer en autre paroisse, non pas pour cause de mariage, douze deniers parisis
de celuy qui la voudra avoir ; Pour la bénédiction du lict, en
lieu de vin, payeront les nouveaux mariés douze deniers parisis ; Pour les épousailles, treize deniers parisis, pour une
fois ; Pour la messe du Marié qu'il voudra avoir, et ne voudra
attendre la Grande Messe, deux sols parisis : Quant aux offrandes
qu'il voudra offrir, offre : *Quant à non coucher de trois nuits*

avec sa femme au commencement du mariage, les demandeurs auront la récréance, le procès pendant ; et pourront les épousez coucher franchement les trois premières nuits avec leurs femmes : Quant aux intestats, ils seront enterrés et ensevelis franchement sans lettre, etc., etc. — Prononcé en Parlement, l'onzième jour de mars, l'an mil cinq cens un. — Signé Brunart. »

« *Omnia in prædicto arresto contenta approbamus, absque præjudicio laudabilis consuetudinis Ecclesarium Nostræ Diœcesis ; ubi in contrarium obstaret,* etc. (1). »

Il n'y a là, on le voit, que le règlement d'une fiscalité reconnue parfaitement légitime en principe, la réduction de certains articles, la suppression de quelques autres. L'autorité ecclésiastique adhère à ce règlement, en vue d'éviter des contestations périlleuses. Il faudrait de la bonne volonté pour y trouver autre chose, et particulièrement la preuve de l'ancien droit personnel de *première connaissance charnelle.*

Je me suis demandé pourquoi les plus anciens juristes, c'est-à-dire les plus rapprochés de l'arrêt de 1501, Chasseneux, Guy-Pape, Bénédicti, Rebuffe, Imbert, Boërius lui-même, n'en parlent pas, et pourquoi plus tard, Ragueau, Papon, Servin, Choppin, etc., qui ont si grand soin de rappeler celui de 1409 (en se trompant sur la date), gardent bien le silence. Est-ce la suite d'une première distraction ou d'un premier calcul ? Je n'ai rien à décider là-dessus. J'ai conçu autant de doutes sur la sincérité des juristes que sur

---

(1) *Synodicon Ecc. ; Paris.* — *Statuta synodalia* Steph. Poncher, cap. *De sacramento Eucharistiæ, seu Altaris.*

l'exactitude des érudits. Les uns et les autres aiment bien ce qui leur paraît curieux, et encore plus ce qui flatte leur passion. Je crois que l'arrêt de 1409 n'a pas paru aussi célèbre quand il a été prononcé qu'il l'est devenu plus tard, et qu'on ne s'est pas pressé d'en produire le texte, parce qu'on ne l'a pas trouvé aussi concluant qu'on l'aurait voulu. Laurière surtout en a fait la fortune, en le signalant dans son *Glossaire* sous l'ignoble mot que l'on emploie pour caractériser le prétendu droit du seigneur : faute grossière ou méchanceté grossière, reproduite ensuite, tantôt par sottise, tantôt par un sentiment coupable, dans le plus grand nombre des ouvrages de ce genre, entre autres dans la Continuation de Ducange par dom Carpentier.

Quant à l'arrêt de 1501, l'évêque de Paris n'a eu qu'à le promulguer lui-même pour lui enlever tout son mérite : en l'insérant dans ses statuts synodaux, il l'a aussitôt retiré de la circulation.

Du reste, aucun de ces juristes qui citent l'arrêt de 1409, y compris Laurière, n'a voulu ou n'a osé, ainsi qu'on l'a vu, en tirer les conclusions qu'en tire M. Dupin. Pour en venir là, il a fallu la fourberie du XVIIIe siècle et la crasse ignorance, en certaines matières, du temps de lumières où nous vivons. Même en plein XVIIIe siècle, des hommes animés du plus mauvais esprit, et souvent tout à fait déclarés contre l'Église, se sont encore imposé une réserve qui étonne lorsqu'on lit des auteurs comme M. Dupin ou M. Mary Lafon. L'*Encyclopédie*, après beaucoup d'indécences sur le droit du seigneur, ajoute : «L'évêque d'Amiens exigeait aussi autrefois un droit des nouveaux mariés; MAIS c'était pour leur donner congé, etc. »

Un homme du même temps et à peu près de la même école, Saint-Foix, historiographe de l'ordre du Saint-Esprit, — ce qui caractérise le siècle, — fait ses petits exercices sur cette corde, et met bien au vent toutes ses grâces ; cependant, il ne dit rien de plus que l'*Encyclopédie* :

« Des évêques du temps de saint Louis, *se fondant sur l'exemple du jeune Tobie*, défendaient aux jeunes mariés d'habiter ensemble les trois premières nuits de leurs noces. Mais les habitants d'Abbeville craignirent peu le dragon dont on les menaçait : rien ne put les faire plier sous un joug *inconnu dans la primitive Eglise*. Ayant présenté requête au Parlement, etc. (1). »

Il est fâcheux pour M. Dupin d'avoir eu moins de pénétration que le frivole Saint-Foix, et moins de retenue que le brutal Diderot. Il en a eu moins aussi, qui le croirait? que Dulaure. Oui, Dulaure, ce maniaque qui ne peut s'assouvir d'injures et de ca-

---

(1). SAINT-FOIX, *Essais historiques sur Paris*, t. III. M. LEBER a inséré ce morceau dans sa *Collection des* meilleures *dissertations relatives à l'histoire de France.* — « Saint-Foix, dit Feller, n'ignorait pas combien peu de vérités se trouvaient dans ses *Essais*, mais il effrayait les critiques, les menaçait, les citait devant les tribunaux civils, et faisait enfin tout ce qu'il fallait pour rester en possession de bavarder impunément; ce qui ne lui a que trop réussi. » — FONTANIEU a recueilli les gentillesses de Saint-Foix dans ses *Portefeuilles*, en y ajoutant diverses pièces du même goût, et c'est là que les compilateurs modernes ont fait leur regrat, se bornant pour tout travail à supprimer ce qui leur a paru suspect d'équité et de bon sens.

lomnies contre l'Église, n'impute pas au clergé d'avoir revendiqué le droit d'adultère. Il se contente d'aboyer à propos de la bénédiction du lit nuptial et de la dispense :

« Les curés, anciennement, ne permettaient point aux nouveaux époux de coucher ensemble avant la bénédiction du lit nuptial, bénédiction qu'ils se faisaient toujours payer. D'autres curés, et même des évêques, ne se bornaient pas à exiger le droit de la bénédiction du lit nuptial ; ils défendaient aux nouveaux époux de consommer le mariage pendant les trois ou quatre premiers jours qui suivaient sa célébration à l'église (1). »

Je comprends que M. Dupin n'ait lu ni l'*Encyclopédie*, ni Saint-Foix, ni Dulaure, et je ne lui reproche point de n'avoir pas été par là chercher des modèles. Mais M. Dupin est obligé d'avoir lu Montesquieu. Or, Montesquieu, ce galant successeur de Boërius, condamne Boërius et M. Dupin. Il parle de notre affaire dans l'*Esprit des lois*, en style des *Lettres persanes*. Si M. Dupin a lu l'*Esprit des lois*, je m'étonne qu'il ait oublié ce passage sur les empiétements du clergé :

« On ne pouvait pas coucher ensemble la première nuit des noces, ni même les deux suivantes, sans en avoir acheté la permission : c'étaient bien ces trois nuits-là qu'il fallait choisir ; car pour les autres on n'aurait pas donné beaucoup d'argent (2). »

Misce stultitiam consiliis brevem ;
Dulce est desipere in loco (3).

(1) DULAURE, *Histoire de Paris.*
(2) MONTESQUIEU, *Esprit des Lois*, LXXVIII, ch. XLI.
(3) HOR., *Od.* II.

Peut-être que, pour mieux imiter Montesquieu, M. Dupin, en verbalisant sur le livre de M. Bouthors, s'est piqué aussi de suivre le conseil d'Horace? Il a mal exécuté son dessein, mal choisi la rencontre. L'Académie des sciences morales n'était pas le lieu, et il ne fallait pas tout à fait oublier la raison. Et puis Montesquieu avait de l'esprit !

Nous verrons, dans la troisième partie de ce travail, des auteurs dont M. Dupin se rapproche davantage par le style, par les convenances, par la solidité des études. Les anecdotiers et les compilateurs modernes sont entièrement de son bord. Je lui ai déjà donné M. Mary Lafon ; il y en a un autre que je dois nommer immédiatement, parce qu'il parle du curé de Bourges et des évêques d'Amiens : c'est M. Lebas.

M. Lebas est grand ramasseur de ces sortes de choses. Il les prend sans aucune espèce de choix, les manipule sans aucune espèce d'art, et en farcit des livres qui n'ont aucune espèce de mérite. Il est membre de l'Institut. Parmi les livres qu'il a fabriqués, existe un certain *Dictionnaire encyclopédique*, mis récemment à l'*Index*. Je me permets d'indiquer cette compilation comme la véritable maladrerie où l'on peut étudier toutes les lacunes, toutes les difformités, tous les ulcères de l'esprit moderne. Ce que Dulaure a rejeté, M. Lebas le trouve fort présentable ; il y ajoute des enjolivements que M. Mary Lafon regrettera d'avoir manqués. J'inflige à M. Lebas le châtiment de se relire :

« Le peuple, dit-il, a gardé un souvenir non moins amer des

honteux droits de *prélibation*, *marquette*, etc. Il est *indubitable*
que des *abbés* et des *évêques* mêmes *exercèrent* ou *s'attri-*
buèrent cette prérogative en qualité de hauts barons, *entre*
autres les évêques d'*Amiens*, les religieux de Saint-Étienne de
Nevers, les nobles chanoines de Lyon, etc.... BOÈCE (il ne sait
pas même le nom de son témoin !) dit qu'il a vu plaider à la
cour métropolitaine de Bourges un procès par appel pour certain curé qui réclamait *en sa faveur* le droit de *prélibation*
dans sa paroisse, en vertu d'un usage admis en tout temps. La
demande fut repoussée *avec indignation*, la coutume abolie, et
le *curé libertin* condamné à l'amende !!! »

Voilà ce que M. Lebas a lu dans BOÈCE (1), où personne n'en avait vu si long. « Mais ajoute le savant
homme, à mesure que la civilisation gagna du terrain, et que la pudeur entra dans les mœurs publiques... »

Oui ! LA PUDEUR ! parlez-en ! *Il est indubitable* que
vous vous y entendez, vous et les vôtres !

Avant de passer à l'étude du droit du seigneur laïque,
je crois devoir conclure par le droit du seigneur ecclésiastique :

1° Que M. Dupin s'est trompé grossièrement ;

2° Qu'il s'est trompé sinon tout à fait volontairement, au moins très-étourdiment, et assez déloyale-
ment.

(1) M. Lebas s'est bien gardé d'aller aux sources ; il y a des
chemins plus faciles pour arriver à l'Académie. Cet article est un
mélange de Saint-Foix et de Velly, pris tout fait dans les manuscrits de Fontanieu.

Il y a des incrédulités méchantes et coupables. L'histoire, telle qu'on l'a écrite depuis trois siècles, élève contre l'Église des attestations où le mensonge éclate comme la lumière; on se fait le complice de ces mensonges en y accédant. C'est déjà quelque chose de honteux à certains esprits et à certaines positions que les voir passer sans les combattre; mais les adopter, les publier et les attester soi-même, ou c'est stupidité pure ou c'est connivence.

Paris contient quelque demi-douzaine d'écrivains libéraux et démocratiques auxquels on peut accorder l'excuse de la stupidité; mais M. Dupin n'est pas de ce nombre. Ses lourds préjugés et son pauvre style ne l'empêchent pas d'avoir du bon sens et un certain esprit. Il possède pleinement la faculté de raisonner et d'étudier; il en use fort bien lorsqu'il le veut. Pourquoi n'en a-t-il pas usé ici?

Quant à la discipline elle-même, que M. Dupin a travestie si étrangement, je laisse à juger si elle a été abolie sans inconvénient pour la dignité du mariage.

Aujourd'hui que cette pratique religieuse n'existe plus, que fait-on? Là où le noble et délicat instinct qu'elle protégeait n'a pas complétement péri, il l'a, comme il a pu, remplacé par une mode. Les riches évitent de se marier au grand jour. Tout de suite après la célébration, ils fuient, afin d'éviter à la nouvelle épouse les regards du lendemain. Dans le peuple, la mariée soumise à d'ignobles quolibets, est forcée de faire, en vingt-quatre heures, un apprentissage complet d'impudence. Elle n'entre dans son saint état

d'épouse et de mère qu'à travers un bourbier d'ignominie. En ces jours du Moyen Age qui font monter le
rouge au front de M. Dupin, elle apparaissait au seuil
de la chambre nuptiale, tranquille, respectée et pure
comme au seuil de l'église. Elle avait le temps de
s'accoutumer à son état, de faire connaissance avec
son mari, de lui donner son cœur; elle n'était pas
jetée brutalement dans la couche nuptiale, comme
une pauvre créature qui a cessé de s'appartenir sans
s'être elle-même donnée, et à qui celui qui la possède
n'a plus besoin de plaire... Les malheureux ! que
d'immondices ils ont réussi à entasser sur l'une des
plus charmantes institutions que le génie chrétien ait
jamais créées pour protéger la liberté de la femme et
sa pudeur !

TROISIÈME PARTIE

LE MARITAGIUM

I

Nous savons quel était le droit de la *première nuit,* prétendu par « les seigneurs ecclésiastiques. » Voyons quel était le droit correspondant réclamé par les seigneurs temporels.

On lui donne une trentaine de noms grotesques et indécents : *maritagium, marquette, prélibation, afforage, cazzagio,* et beaucoup d'autres que je me dispense d'écrire et qui ne sont que trop connus. Tous reviennent à ceci, que le seigneur avait le droit de prendre en tribut l'honneur de ses sujettes lorsqu'elles se mariaient dans son domaine.

Je m'étonne toujours d'avoir à combattre une telle erreur. Plus j'y pense et plus j'étudie à ce point de vue les documents du Moyen Age, moins je comprends qu'elle ait pu s'établir. Il n'en est guère cependant de plus accréditée, même parmi de très-honnêtes gens. En ayant un jour causé avec M. le comte Léon

10.

de Laborde, membre de l'Académie des inscriptions, je lui demandai par quel hasard, lui ou quelque autre savant comme lui, un de ceux qui ont tout à la fois de l'érudition, de l'esprit et du bon sens, n'avait pas eu la curiosité de vérifier ce point d'histoire, et la bonne pensée d'écraser cette infecte sottise : « Que voulez-vous? me répondit-il en riant : je pensais bien que cela n'était pas très-sérieux; mais je croyais qu'il y avait eu *des malheurs.* »

J'ai vu même des prêtres disposés à admettre qu'en effet il y avait eu « des malheurs, » et que parmi tant de traits de barbarie attribués au Moyen Âge, celui-là pouvait s'être rencontré.

Quant aux simples lettrés, bourgeois, gens du peuple, ils n'ont pas même de doute. La tradition du droit du seigneur, consacrée par le théâtre, par le roman et par l'histoire, est inébranlable. « Le peuple en a conservé un *souvenir* amer, » nous dit M. Lebas, qui s'est employé de son mieux, comme beaucoup d'autres, à consolider et à répandre ce prétendu souvenir. Dans vingt ouvrages récents, il est question du droit du seigneur comme d'une chose prouvée. On est effrayé de voir quels auteurs se donnent la main dans cette chaîne. Chateaubriant s'y trouve entre le bibliophile Jacob et Napoléon Landais ; l'abbé Velly précède M. Dupin. Et plus les ouvrages sont récents, plus ils sont affirmatifs. M. Mary Lafon est d'hier.

Comment le peuple ne croirait-il pas de si nombreux témoins, dont les attestations caressent à la fois le goût du scandale et la jalousie, deux des plus

puissants instincts de la nature humaine? J'espère
n'aimer point le scandale et n'être point jaloux ; pourtant, si je n'avais pas le bonheur d'être catholique,
j'aurais cru M. Dupin, quoique peu disposé à mettre
en lui ma confiance, lorsqu'il est venu en pleine
académie protester que la tradition du droit du seigneur repose sur « des FAITS écrits dans des LOIS où ils
sont qualifiés DROITS ; que ces lois sont AUTHENTIQUES, que le texte en est PRODUIT. » Le moyen d'imaginer qu'il n'y a rien d'authentique et que rien même
n'est produit?

Ici encore, avec un peu de réflexion et d'étude
M. Dupin aurait pu s'épargner, sinon le regret d'avoir
outragé l'Église et la société, à quoi il peut n'être pas
sensible, du moins l'ennui d'être publiquement redressé.

Un peu de réflexion lui aurait fait douter que la
coutume dont il parle ait pu exister ; un peu d'étude
lui aurait montré qu'il n'y a pas de preuve qu'elle ait
existé. En réfléchissant et en étudiant davantage il
aurait vu partout la preuve qu'elle n'a jamais existé.
C'était un travail, j'en conviens ; mais M. Dupin n'a
plus rien à faire. Dans tous les cas, l'Église et la
société méritent bien de lui quelques égards. Avant
de formuler contre elles une accusation de ce genre,
il devait prendre garde à ses témoins : or, les uns
avouent qu'ils n'ont rien vu ; les autres laissent
deviner qu'ils n'ont rien compris à ce qu'ils ont cru
voir.

Dans ces prétendus faits, que les ennemis pos-

thumes de la féodalité empruntent à des calomnia-
teurs posthumes, et se transmettent servilement
depuis deux siècles, en grossissant toujours la voix,
tout est vague : l'époque, la source, la coutume, le
pays, le nom même; ou tout est pris de travers par
une malignité ordinairement stupide. Le témoignage
le plus précis est celui de Boërius : nous savons ce
qu'il vaut.

Une loi d'après laquelle, suivant les uns, la première nuit, suivant d'autres, les trois premières nuits
du mariage appartenaient à l'adultère, n'est pas de
ces lois qui passent inaperçues. A quelle époque était-
elle en vigueur? On ne le sait d'aucune manière, ni
certainement ni approximativement.

Boërius : « J'ai ouï dire. »

L'*Encyclopédie* : « Autrefois; »

Voltaire : « Très-longtemps ; »

Roquefort : « au temps de l'affreuse féodalité; »

Le savant M. Lebas, de l'Institut, avec cette préci-
sion qui caractérise ses savants travaux : « Certains
seigneurs du XIIIe siècle. » Ayant à choisir l'époque,
M. Lebas tombe finement sur celle de saint Louis; il
étale l'ordure autour du roi qui ne souffrit jamais
près de lui un gentilhomme de mauvaises mœurs (1).

(1) « Et aucunes foiz fesoit fère enquestes sus sa mesniée, pour
savoir se il y en avoit nul qui feissent fornication ou avoutire, ou
se il se menoient deshonnestement en aucune manière, et se il
peust trouver que aucuns fussent en fornication et en avoutire, il
les boutoit hors de sa court et de son mesnage, ou il fussent puniz
selon ce que leur meffez le requeissent. » JOINVILLE.

Le seul auteur que M. Dupin ait lu, M. Bouthors, l'avertissait de ne pas s'aventurer.

« Le relief *payé* à *l'occasion* du mariage s'appelle *marita-gium, marchetta*..... Il figure dans *quelques coutumes* comme rachat du droit que *prétendaient* avoir *certains* seigneurs de cueillir la première fleur de l'hyménée sur leurs sujettes. »

Pour preuve, il allègue le *ouï dire* de Boërius, et une coutume qui s'observait « autrefois, » dans un village « près Zurich. »

Si l'on veut trouver l'origine de ce droit, dont l'exercice est si incertain, les ténèbres augmentent. Suivant les historiens de l'Écosse, l'invention est d'un roi de leur pays, nommé, Évenus III. Pour autoriser son libertinage, Evenus III décréta que les rois auraient droit sur les femmes nobles, les gentilshommes sur celles des plébéiens, les plébéiens sur celles du bas peuple. Après avoir établi cette hiérarchie, le législateur fut étranglé par « les grands du royaume; » ce qui n'empêcha pas sa loi de rester en vigueur jusqu'au règne de Malcolm II ou Malcolm III, qui l'abolit à la prière de sa femme, et remplaça l'ancien tribut en nature par un tribut en argent, un demi-marc : d'où le nom de *marquette*. Mais la coutume primitive passa en Angleterre et en France, quand les Pictes ne la supportaient plus; et malheureusement, ni en Angleterre ni en France, il ne se trouva une reine pour la faire abolir. Rien n'est vraisemblable !

Cette histoire est fort en vogue. Elle a la sanction de M. Lebas, chez qui je l'ai lue pour la première fois.

M. Lebas, étant assez négligé sur les dates, m'a obligé de chercher longtemps celle du règne d'Evenus. On ne la rencontre pas partout! Évenus III (*alias* Évenus Ier, *alias* Évenus XVI) est antérieur de plusieurs siècles à notre Pharamond ; il régnait, *dit-on*, environ soixante ans *avant l'ère chrétienne*. Allez vérifier son code! Celui de Malcolm III n'est guère plus saisissable. Malcolm III (très-problématique lui-même) aurait vécu vers l'an 1060. Ainsi la coutume d'Évenus aurait survécu onze ou douze siècles au prince galant qui fut étranglé pour l'avoir établie. Voilà ce que M. Dupin, s'il avait pris la peine d'y regarder, n'eût jamais voulu croire.

Quelques auteurs remontent moins haut. Ils attribuent la première idée du *maritagium* à l'empereur Maximin, lequel, au témoignage de Lactance (1), « s'était fait une habitude de ne permettre à personne de se marier sans son autorisation, comme pour cueillir les prémices de tous les mariages. » Je ne sais si M. Alloury préfère cette version. Il y en a une troisième, mais elle inculpe gravement la belle antiquité classique si chère à ce Romain de Nevers. Le sénat de Rome, d'après Dion Cassius, aurait voulu donner à César le droit le plus absolu sur toutes les dames romaines. Mais le rapport de Dion Cassius est suspect, Montesquieu le croit, Voltaire le nie, et traite Dion Cassius de gazetier. Ni César, dit-il, ni ses suc-

____

(1) *De mortibus persecutorum*, cap. 38 ; et MICHELET, *Origines*, etc., p. 258.

cesseurs n'avaient besoin, en pareil cas, d'un sénatus-consulte appuyé d'un plébiscite ; c'était bien assez de la courtoisie qui régnait à cette époque cultivée. N'oublions pas M. Mary Lafon : Il voit, clair comme le jour, l'origine du *maritagium* dans une loi de Caligula, et il fait là-dessus une de ces belles phrases qu'il fait si bien. Entre ces quatre sources, M. Alloury peut choisir. Catholique et ami du Moyen Age, je n'ai pas plus à répondre des résolutions du sénat de Rome que des lois d'Evenus, de Caligula ou de Maximin.

Par obligeance seulement, j'avertis M. Aloury que le brevet du roi Evenus est le mieux fourni d'attributions et de signatures. Il y a vingt auteurs célèbres qui ne doutent pas de son authenticité, qui savent certainement que la loi d'Evenus a été suivie en Ecosse jusqu'au règne de Malcolm. Mais il ne faut pas leur demander une preuve. « Voyez Boëthius, voyez Buchanan, voyez Skenœus, *De marchetis mulierum.* » Ils s'en tiennent là. J'engage M. Alloury à consulter aussi les poëmes d'Ossian, surtout le manuscrit autographe.

Autre lacune de ces auteurs si ferrés sur l'origine du *maritagium :* aucun n'indique par quel chemin, à quel moment, ce droit, qu'il vienne d'Évenus, du sénat de Rome, des esclaves de Vulsinies, ou de Maximin, ou de Caligula, s'est implanté dans la législation des Barbares, si brutaux sur l'article conjugal, et de là s'est glissé dans les mœurs chrétiennes. M. Mary Lafon lui-même n'a pas résolu cette difficulté. Il faut qu'il n'y ait pas songé ; car rien ne l'embarrasse.

Ainsi, on ne sait pas d'où vient le *maritagium*, on ne sait pas comment il s'est introduit, on ne sait pas à quelle époque il a existé : voilà ce qui saute aux yeux d'abord. Cherche-t-on davantage; loin de disparaître, les difficultés augmentent, les impossibilités se multiplient.

Sans remonter aux sources, sans sortir des documents falsifiés et de l'érudition de pacotille, on s'aperçoit que ceux mêmes qui prétendent croire au droit du seigneur, ou n'y croient pas, ou n'y croient guère, se contredisent entre eux, et se démentent eux-mêmes. *Quelque part, autrefois,* tel est leur langage invariable. S'il se hasardent à préciser, comme M. Lebas, c'est assez des connaissances historiques les plus superficielles pour les confondre. D'après M. Lebas, le droit de « prélibation, » supprimé en Écosse au XIᵉ siècle, était en pleine vigueur en France au XIIIᵉ, et serait tombé tout seul au XVIᵉ. La France, au temps de saint Louis, avait moins de pudeur que l'Écosse encore sauvage, et la pudeur publique est née chez nous avec Rabelais! Suivant les historiens écossais, Évenus a été étranglé à cause de ses lois infâmes par son peuple indigné; et treize siècles plus tard tous les peuples de l'Europe, devenus chrétiens, se seraient tranquillement pliés sous une tyrannie que n'avaient pas supportée les Pictes! On cite deux bourgades du Piémont où le *maritagium*, nommé là *cazzagio*, aurait provoqué un soulèvement. Les paysans, voyant que leur seigneur ne voulait pas commuer ce droit, secouèrent le joug et se donnèrent à Amé VI, comte de Savoie. L'histoire est fausse. Prenons-la pour vraie : Comment ne s'est-il rencontré, dans toute l'Europe, un peu d'énergie et d'honneur que chez quelques paysans d'un coin du Piémont?

On dévore toutes ces absurdités, parce qu'elles permettent de diffamer les âges chrétiens. Quand la conscience fait des objections, l'ignorance et le parti pris les résolvent.

M. Lebas se demande pourquoi « Louis IX, » qui réforma tant d'abus, « n'a rien fait pour réprimer le plus monstrueux de tous? » c'est le cri de la conscience. « *Peut-être* l'abus n'existait-il pas dans ses domaines, où seulement ses ordonnances avaient force de loi. » Réponse de l'ignorance et parti pris. Mais que pense M. Dupin de cette réponse? M. Dupin, qui a édité et annoté les *Institutes coutumières de Loysel*, connaît au moins l'esprit des lois de saint Louis. Il sait que le seigneur qui refusait justice à son vassal perdait son fief ; que celui qui corrompait une fille placée sous sa garde était également déchu.

D'autres s'étonnent que les vilains et vassaux soumis au *maritagium* n'aient pas au moins plaidé. Ils n'osaient, ajoutent-ils ; et voilà leur probité satisfaite à bon marché. Mais celle de M. Dupin doit réclamer encore. Il sait que l'on plaidait beaucoup au Moyen Age, même avant l'institution des parlements. Il y avait toutes sortes de juridictions, de juges et d'arbitres. Nos archives, nos bibliothèques regorgent de collections d'arrêts et de sentences sur toutes sortes de matières. M. Dupin peut feuilleter ces collections, animées pour la plupart de l'esprit parlementaire, c'est-à-dire d'un esprit anticlérical et antiféodal. Il peut compulser les *Olim*, passer de là aux recueils de Joannes Lucius et de Guido Papæ, à ceux de Tiraqueau, Dumoulin, Chasseneux, Rebuffe, Benedicti, Imbert et autres commentateurs des coutumes de France, résumés par Papon ; qu'il y ajoute Giraud de Maynard, La Roche Flavin, Simon d'Olive, Combolas, Charondas, Thaumas de la Thaumassière, Jacques Brillon, vingt autres ; qu'il y joigne la collection des *Ordonnances des rois de France* : il ne trouvera pas une ordonnance, pas un arrêt qui abolisse soit la coutume elle-même, soit une redevance exigée à titre de représentation et de commutation de ce droit. Il ne trouvera rien non plus dans Mornac, dans Despeisses, dans Baquet, dans Dupineau, dans Perreciot, qui s'est piqué de ne pas suivre servilement les autres. — Et véritablement, M. Dupin ne saurait assez rougir de m'obliger à lui jeter tous ces noms ! Est-ce moi qui devais lire Baquet, Dupineau, Charondas, Cambolas, Thaumas, et remonter à travers Jean Papon jusqu'à Guy de la Pape.

Ce que M. Dupin aurait vu avec cela dans tous ces auteurs, c'est la preuve que tout le monde recourait à la justice, petits et grands, et que la justice faisait justice à tout le monde. Inutile de prétendre qu'un manant était trop peu de chose pour plaider contre son seigneur. Quand une coutume paraissait blessante, ce n'était pas le manant qui réclamait : c'était la Commune. Or, la Commune ou communauté fut de très-bonne heure un aussi grand personnage que le plus puissant suzerain. Il suffit d'ouvrir les yeux pour voir aussi la très-active sollicitude des juges à l'encontre de tous ces usages qualifiés vexatoires, abusifs, insolites ou contraires à la décence, qui existaient, par exception, en différents endroits. Mais jamais ces « ridiculités » ne sont spécifiées avec le caractère infâme qu'on a voulu depuis leur donner; et rien, absolument rien, dans les archives de la justice, n'autorise à dire que nos pères ont jamais fait du crime une loi, ou l'ont toléré comme un usage.

Si nous cherchons les témoignages qu'ont dû nécessairement, dans l'hypothèse du fait, laisser les chroniques et la littérature, même silence partout. Le Moyen Age n'a pas entendu parler du droit du seigneur.

Le présent travail est précédé, dans la première édition, de la liste des ouvrages que j'ai interrogés pour le composer. Les plus nombreux et les plus illustres, antérieurs ou postérieurs à l'époque où l'on a voulu donner au *maritagium* le sens odieux de l'adultère, n'y font pas même allusion. Je demande si ce silence peut être attribué soit à l'ignorance, soit à la volonté de l'auteur, dans des livres tels que les *Recherches sur la France* d'Estienne Pesquier, le *Traité des droits seigneuriaux* de Salvaing, le *Nouvel examen de l'usage des fiefs en France, pendant les XIe, XIIe, XIIIe et XIVe siècles*, de Brussel; le *Traité des droits seigneuriaux et des coutumes féodales*, de Boutaric; le *Traité de la police*, de Delamarre; le *Recueil des documents inédits de l'histoire du Tiers-État*, de M. Augustin Thierry; l'*Histoire de la civilisation en Europe*, l'*Essai sur l'histoire de France*, de M. Guizot, etc., etc.

Rien, même dans les poëtes et dans les satiriques. M. Dupin est privé de cette ressource, qui serait de peu de valeur. Assurément, un mot se trouverait là-dessus dans le *Roman de la Rose*, dans le *Roman du Renard*, dans les *Satires de Rutebeuf*, dans celles de Pierre Cardinal, dans les *Cent nouvelles nouvelles*, ce mot ne constituerait nullement une preuve; mais ce mot n'y est pas. Deux grands ramasseurs d'ordure, placés l'un et l'autre à la lisière du Moyen Age, au moment où la calomnie a commencé de poindre, et qui ont écrit par plaisir tout ce qu'ils ont trouvé de plus sale dans l'histoire, dans la tradition et dans leur imagination, Rabelais et Montaigne (1), ne disent rien du *maritagium*. Auraient-ils négligé cette aubaine?

Je ne m'en suis pas tenu là. J'ai consulté ces hom-

____

(1) J'examine dans la quatrième partie un prétendu témoignage de Montaigne.

mes qui ont lu tous les livres avec le zèle curieux de la science et la rectitude du bon sens, et qui ajoutent à la connaissance des livres celle des documents manuscrits. M. Léon Lacabane, M. de Mas Latrie, M. Guessard, M. Ad. Tardif, professeurs de l'École des chartes, en me donnant avec une obligeance parfaite les renseignements et les indications dont j'avais besoin, m'ont dit que dans leurs longues et savantes investigations des monuments écrits du Moyen Age, ils n'ont jamais rien rencontré qui pût leur faire croire à l'existence d'un droit si honteux. Il n'y a point d'autorité, en pareille matière, plus élevée que la leur. M. Léon Lacabane est au premier rang des maîtres ; M. de Mas Latrie a exploré presque toutes les archives de l'Europe ; M. Tardif a particulièrement étudié les origines de notre Droit ; M. Guessard a remué, pour les travaux de M. Augustin Thierry et pour les siens propres, des milliers de chartes des communes, lesquelles renferment un nombre immense d'actes de *renonciation* et de *concession* tantôt librement accordées, tantôt imposées. Ces renonciations et ces concessions, inspirées par la piété, dictées par la rébellion, conseillées par la politique, calculées par l'intérêt, motivées, en un mot, par toutes les considérations possibles, spécifient l'abolition d'une grande quantité de droits dits exorbitants, insolites, vexatoires, etc., etc. Nulle part il n'est parlé de la chose en question. J'ai le même témoignage de M. Paulin Paris, si versé dans les œuvres littéraires du Moyen Age ; de M. Viollet Le Duc, que ses beaux travaux sur

l'architecture gothique ont conduit à tant de recherches et d'études touchant les lois, les idées et les
mœurs de toute la période artistique ; de M. Didron
l'aîné, directeur des *Annales archéologiques ;* du R. P.
Cahier, auteur de la *Monographie de la cathédrale de
Bourges*, et l'un des érudits les plus solides et les
plus âpres de notre temps ; du savant et illustre abbé
de Solesmes ; de M. Léopold Delisle, dont le livre m'a
tant servi. M. Dupin pouvait prendre les mêmes informations et d'autres encore : il aurait trouvé partout
beaucoup de bonne grâce, beaucoup d'empressement ;
il aurait pu même trouver aussi un désir véritable de
lui fournir des armes, s'il y en avait. Car, parmi tant
d'érudits qui s'occupent du Moyen Age, plusieurs ne
seraient pas fâchés de mettre la main sur ce que j'ai
cherché inutilement, et j'ose dire que personne, sans
m'excepter, rencontrant un document positif, la
preuve « d'un malheur, » n'aurait voulu le taire.
Après tout, ce ne serait, en effet, qu'un malheur, un
argument pour de misérables passions qui savent se
passer de tout argument. Aucune raison vigoureuse
ne trébucherait là-dessus. Ni la part du mal n'en
serait notablement accrue, ni la part du bien sensi-
blement diminuée. Le mal est fait ! Mais ici il a plu
à Dieu qu'il se fît sans prétexte : toute base même
spécieuse lui manque ; ce mensonge ne repose sur
rien.

J'ai dit que plusieurs des écrivains qui l'ont voulu
accréditer, et à qui l'entreprise a si bien réussi, n'y
croyaient pas. J'ai parlé de leurs contradictions. En se

trompant avec malice sur l'origine, la nature et le sens du droit, ils laissent voir que la pratique démentait leur théorie. Voltaire, presque toujours embarrassé d'un fonds de bon sens, même quand il délire, se réfute là-dessus mieux que tous les autres. A travers un flot de blasphèmes et de pasquinades immondes, il laisse échapper des réflexions dont la justesse aurait dû frapper M. Dupin. Il s'étonne, dans les termes les plus obscènes, que l'Europe chrétienne ait fait *très-longtemps une loi féodale* ou du moins un *droit coutumier* d'une si révoltante pratique :

« Mais, ajoute-t-il aussitôt, remarquons bien que cet excès de tyrannie ne fut jamais approuvé *par une loi publique*. Si un seigneur ou un prélat avait assigné devant un tribunal réglé une fille fiancée à un de ses vassaux pour venir lui payer sa redevance, il eût perdu sans doute sa cause avec dépens. Il n'y a jamais eu de peuple civilisé qui ait établi des lois formelles contre les mœurs. Je ne crois pas qu'il y en ait un seul exemple. J'appelle loi contre les mœurs une loi publique qui me prive de mon bien, qui m'ôte ma femme pour la donner à un autre ; et je dis que la chose est impossible (1). »

(1) *Dict. philosophique.* Dans le pamphet intitulé : *la Défense de mon oncle*, Voltaire dit encore : « S'il avait voulu justifier la paillardise par de grands exemples, il aurait pu choisir ce fameux droit... que *quelques* seigneurs de châteaux s'étaient *arrogé* dans la chrétienté, *dans le commencement* du beau régime féodal. Des barons, des évêques, des abbés, devinrent législateurs (avec quoi aurait-il voulu qu'on fît des législateurs ?) et ordonnèrent que, dans tous les mariages autour de leurs châteaux, la première nuit des noces serait pour eux. Il est bien difficile de savoir jusqu'où ils poussaient leur législation... Mais surtout remarquez bien que ces coutumes bizarres, établies sur *une frontière* par *quelques brigands*, n'ont rien de commun avec les lois des grandes nations, *que jamais ce droit n'a été approuvé par nos tribunaux.* »

Ainsi, que nous interrogions les historiens, les pamphlétaires, la science, les greffes, le simple bon sens, la passion même, M. Dupin reçoit des leçons de tout le monde. Il accepte ce qu'ont rejeté « les chroniqueurs les plus crédules, » il affirme ce que n'ont pas voulu dire sans réserve « les écrivains les plus passionnés. » Quand il ose prétendre que les faits hideux qu'il lui plaît d'imputer à l'Eglise et à la société du Moyen Age « sont *écrits* dans les *lois,* où ils sont qualifiés *droits*, que le texte de ces *lois* est authentique, qu'il est produit, » Voltaire, l'effronterie et le mensonge incarnés, Voltaire lui-même, par la seule raison qu'il n'est pas stupide et qu'il craindrait sans doute de faire avorter la calomnie en l'outrant à ce point, Voltaire se lève, proteste et s'écrie : « JE DIS QUE LA CHOSE EST IMPOSSIBLE ! » Plus crédule que Dulaure, plus passionné que Voltaire, plus ignorant que M. Lebas, M. Dupin prend là une jolie position de retraite !...

A ces considérations, à ces témoignages, qui de tous côtés attestent l'impossibilité du scandale dénoncé par lui, M. Dupin me permettra-t-il d'ajouter les preuves qu'il aurait dû tirer du cri même de son cœur? Il n'a pas, sans doute, le cœur fait autrement que les autres hommes, et les autres hommes n'ont pas le cœur fait autrement que le sien. L'humanité aurait donc été bien dégradée, bien abrutie au Moyen Age ! Quoi ! ni pudeur, ni amour, et pas même de jalousie?

III

Eh bien, j'accorde tout cela. J'accorde toutes les complicités qu'il faut nécessairement admettre pour expliquer ce silence général et profond : complicité des lois, complicité des tribunaux, complicité des chroniqueurs, complicité des victimes. Il en faudrait une encore, et celle-là, je défie M. Dupin, je défierais les rédacteurs du *Siècle* d'y croire un instant : c'est la complicité de l'Eglise.

Devant un pareil crime, quand le monde entier se serait tu, l'Eglise aurait parlé.

Mais l'Eglise garde le silence comme les lois, comme les tribunaux, comme les historiens, comme tout le monde. Pas un concile, pas un synode, pas une sentence d'évêque contre ce monstrueux désordre ! Pour moi, c'est là que j'ai cherché d'abord ; et quand je me fus assuré qu'il n'y avait rien là, j'ai dès lors été convaincu qu'il n'y avait rien nulle part, et tous ceux que j'ai questionnés en ont été convaincus comme moi.

L'Eglise avait dans les mains une arme dont M. Dupin nous dirait très-volontiers qu'elle n'a pas assez ménagé l'usage : c'était l'excommunication. M. Dupin s'explique-t-il que l'excommunication ne soit jamais

41.

tombée sur cette pratique de l'adultère, quand même des seigneurs ecclésiastiques y auraient participé? Comment! il y a eu des prélats déposés (1), des rois excommuniés pour des faits beaucoup moins graves, et il ne se serait pas rencontré dans le cours de dix siècles un pape, un évêque, un légat, un de ces hommes pareils aux prophètes de l'ancienne loi et tels que le Moyen Age en a tant vus, il ne s'en serait pas rencontré un seul pour foudroyer les coupables et leur faire abandonner leur péché?

M. Dupin et ses disciples ont-ils entendu parler de saint Dunstan? Non, sans doute. C'était un fort grand homme, archevêque de Cantorbéry, dans la seconde moitié du Xe siècle, avant l'époque où, suivant tant de graves auteurs, le droit d'Evenus, aboli par Malcolm III, allait passer d'Ecosse en Angleterre et en France. En ce temps-là donc, un grand d'Angleterre, très-puissant, avait épousé sa parente et ne voulait pas la quitter, quoique Dunstan l'eût averti trois fois.

---

(1) « Les Pères du concile de Tolède (an 656) étaient encore assemblés, quand on leur présenta un écrit de Pontanius, archevêque de Brague, dans lequel il se reconnaissait coupable d'un péché d'incontinence. On le fit entrer et reconnaître son écrit : on lui demanda si sa confession était libre et contenait la vérité. Il en fit serment, et déclara, fondant en larmes, que depuis environ neuf mois il avait quitté le gouvernement de son Eglise pour se renfermer dans une prison et faire pénitence. Suivant les anciennes règles ecclésiastiques, il devait être déposé de l'épiscopat; mais le concile, touché de compassion, lui laissa le nom d'évêque, le condamna à une pénitence de toute la vie, et choisit saint Fructueux, évêque de Dume, pour gouverner l'Eglise de Brague. » (ROHRBACHER, *Hist. univ. de l'Église*, t. X, p. 348.)

Dunstan finit par lui défendre l'entrée de l'église. Le grand en appela au roi. Appel comme d'abus ! Cette circonstance fera plaisir à M. Dupin, et je veux bien qu'il s'en serve pour une nouvelle édition de son *Manuel de droit ecclésiastique*. Le roi fit dire à l'archevêque de laisser le pécheur en paix et de lever ses censures. L'archevêque fit répondre au roi de se mêler des affaires de son royaume et de le laisser gouverner son Eglise ; et comme le pécheur, persévérant dans son premier crime, y avait ajouté celui de calomnier l'archevêque, Dunstan l'excommunia. L'excommunié recourut à Rome. Par ses intrigues, il obtint des lettres qui ordonnaient à l'archevêque de le réconcilier. Dunstan, voyant ces lettres, dit : « Quand ce pécheur se repentira, j'obéirai avec joie aux ordres du Pape ; s'il reste dans son péché, qu'il reste hors de l'Eglise. A Dieu ne plaise qu'aucun homme mortel m'empêche d'observer la loi de Dieu ! » Il maintint l'excommunication. Touché de pitié ou de crainte, le grand enfin rompit son mariage illicite. En habit de pénitence, nu-pieds, des verges à la main, devant un concile où Dunstan présidait, il vint confesser sa faute et recevoir son pardon.

Bientôt le même archevêque eut affaire à un pénitent plus redoutable. Le roi Edgar, petit-fils d'Alfred le-Grand, avait de la foi, des vertus, il était marié, et tout cela ne l'empêcha point d'abuser d'une fille noble, nourrie dans un monastère. En vain pour éviter les poursuites du roi, elle avait mis sur sa tête un voile de religieuse, bien qu'elle n'eût point fait de vœux.

Le scandale fut public ; l'archevêque en eut une amère douleur. Il vint trouver le roi ; celui-ci l'apercevant s'avança vers lui et lui tendit la main comme à son ordinaire pour le faire asseoir sur son trône. L'archevêque, avec un regard terrible, dit au roi adultère : « Ma main immole le Fils de la Vierge ; elle ne sera pas touchée par la main impure qui s'est portée sur une vierge destinée à Dieu. Après avoir corrompu l'épouse, vous croyez, par une civilité, apaiser l'ami de l'Époux. Je ne suis pas l'ami d'un ennemi de Jésus-Christ. » Le roi se jeta aux pieds de l'archevêque et, pleurant, avoua son crime.

Dunstan, ravi d'un si prompt repentir, se mit à pleurer aussi. Ce vengeur de Dieu avait des entrailles de père. Parlant au roi avec douceur, il lui montra néanmoins toute la gravité de son péché, d'autant plus énorme que la dignité souveraine l'obligeait à plus de vertus. Il lui imposa une pénitence de sept années, pendant lesquelles il ne porterait point la couronne, jeûnerait deux jours par semaine et ferait des aumônes abondantes. De plus, il lui ordonna de fonder un monastère de filles, afin de rendre à Dieu plusieurs vierges au lieu d'une qu'il lui avait ravie ; de chasser des églises les clercs mal vivants et de mettre à leur place des moines capables d'édifier le peuple ; enfin de faire des lois justes et chrétiennes, et d'avoir soin qu'elles fussent observées. Le roi accomplit exactement ces prescriptions. La septième année, sa pénitence étant finie, il réunit solennellement les évêques, les abbés et les grands de son royaume ; et, devant cette assemblée, en présence du peuple, saint Dunstan lui remit la couronne sur la tête (1).

Tels étaient ces évêques des temps barbares. Ils paraîtraient sévères aux docteurs qui se récrient contre la morale relâchée des casuistes modernes. On avouera du moins qu'ils n'auraient pas laissé les seigneurs ecclésiastiques ou séculiers en possession du droit de « première nuit. » C'est la réflexion que je me permets de suggérer à M. Dupin et aux dupinistes. Ensuite, ils s'élèveront, si bon leur semble, contre la dureté et la tyrannie des prélats.

Car, je les prie encore de bien remarquer ceci : l'exemple de saint Dunstan n'est pas un fait isolé ; c'est au contraire un fait général, un fait législatif. La pénitence religieuse pour un péché public, suivi de censure publique, était une satisfaction que les mœurs et souvent la loi civile exigeaient comme l'Église.

Nous connaissons la rigueur de cette pénitence à l'égard des prêtres qui tombaient dans le péché de la chair. Elle n'avait pas beaucoup moins de sévérité pour les laïques, et il en fut ainsi durant tout le XIe, le XIIe et le XIIIe siècle. Les ouvrages de Burchard et d'Yves de Chartres le prouvent surabondamment. Ces saints évêques ont composé leurs recueils pour apprendre aux prêtres comment ils devaient imposer la pénitence selon la qualité du pécheur. L'un et l'autre

(1) ROHRBACHER, *Hist. univ. de l'Égl.* 2e édit., t. XIII. *Act. Bened.*, sect. 5. *Acta SS.*, 19 maii.

prescrivent ce qui se trouve dans les canons anciens, dans les livres pénitentiaux les plus approuvés, dans les décrets des papes. Ils ne relâchent rien de ce qui était en vigueur avant eux, ils n'admettent de dispense que pour les cas où la stricte observation des règles eût été plus périlleuse qu'utile. Ces canons passaient souvent tout entiers dans les lois du pays. Labbe nous a conservé les ordonnances de ce roi Edgar, qui se montra si chrétiennement docile aux réprimandes et aux ordres de saint Dunstan. Elles contiennent des règles touchant la confession, tant pour les confesseurs que pour les pénitents, un formulaire de confession générale, des canons pénitentiaux. Pour l'homicide volontaire et pour l'adultère (presque toujours assimilés), sept années de jeûne : trois au pain et à l'eau, les quatre autres à la discrétion du confesseur. C'est la pénitence que fit le roi lui-même. On ajoute : « Après ces sept ans, le pécheur doit encore pleurer son péché, autant qu'il lui sera possible ; car les hommes ignorent de quelle valeur sa pénitence a été devant Dieu. »

Ces doctrines étaient si bien imprimées dans les esprits, qu'il n'eût pas été sûr pour les grands, quelque grands qu'il fussent, de les mépriser ouvertement. Ceux qui en auraient été tentés n'avaient point pour eux la force et le nombre, même dans leur ordre ; car la croyance des grands ne différait pas de celle du peuple en ces temps où le clergé élevait tout le monde. Souvent, le sentiment public contraignit à la pénitence de hauts personnages qui désiraient s'y soustraire. Tous les princes ne montrèrent pas la docilité empressée d'Edgar. Il ne faut pas oublier ici le démêlé de saint Grégoire VII et de l'empereur Henri, qu'on a toujours si présent en d'autres rencontres. Henri était un grand monarque ; il avait un puissant parti dans le monde, même dans l'Église. Il lui fallut pourtant courber la tête. Il vint à Canosse, sans appareil de guerre, sans appareil de royauté, vêtu d'habits de laine, pieds nus ; il se tint à la porte, et durant trois jours, avec beaucoup de larmes, il implora la miséricorde.

Quand le monde recevait de tels exemples ; quand un Robert et un Philippe-Auguste de France s'humiliaient après l'empereur d'Allemagne ; quand un autre empereur, Frédéric II, était vaincu au concile de Lyon, éteint comme la flamme d'une bougie par le souffle du vieux pape Grégoire, âgé de quatre-vingts ans ; quand un saint Louis tenait le sceptre, c'est à cette époque que l'Église aurait laissé quelque part un baron, un seigneur quelconque, grand ou petit, exercer publiquement, tranquillement, en vertu d'une loi, en vertu d'un droit appartenant à lui et à sa postérité, la violation des droits les plus sacrés de l'homme et du chrétien, et l'un des deux crimes que la loi divine et la loi humaine punissaient avec le plus de sévérité ?...

Je dis que la chose est impossible.

IV

Si, consterné de l'évidence de son erreur, M. Dupin
invoque les circonstances et les interprétations atté-
nuantes; s'il se réduit à prétendre que la coutume a
été très-rare, qu'elle n'a été établie que dans les premiers temps et dans les derniers recoins, *sur la frontière*, comme disait Voltaire, blessé du bât qu'il
mettait au public : ce n'est déjà plus le texte lu à
l'Académie des sciences morales et politiques, et
célébré par M. Alloury; mais c'est trop encore, et je ne
puis concéder cela. Il faut abandonner tout à fait la
thèse, y renoncer, confesser qu'on s'est trompé, sans
excuse. Je dis que cette prétendue coutume n'a été ni
générale ni particulière, ni récente ni ancienne, ni du
temps de saint Louis ni du temps de Clovis; qu'elle
n'a été ni une réalité ni une figure, ni un rachat ni un
tribut; qu'elle n'a pas existé.

On peut en mettre l'origine à Rome, en Écosse, à
Babylone, où l'on voudra, je défie que l'on trouve
dans l'histoire de France ni dans celle d'aucun peuple
de l'Europe un moment où elle aurait pu s'introduire
et être pratiquée. Avant le Christianisme, c'est impossible à cause du cœur humain; après le Christianisme,
c'est doublement impossible : à cause du cœur et à

cause de la religion. Connaît-on le temps où le jeune époux n'a pas aimé sa nouvelle épouse et préféré cent fois la mort au tourment qu'une pareille loi lui eût réservé ?. Si les seigneurs avaient cherché quelque moyen de dépeupler leurs terres, soit par l'émigration et la fuite, soit par le suicide, soit par le meurtre, ils n'en auraient pas trouvé de plus efficace que celui-là. Ils n'auraient pu non plus rien imaginer qui mît plus certainement leurs propres jours en péril.. Ne dites pas que l'esclavage dépouille l'homme de toute fierté et de toute délicatesse sur ce sujet, et que la terreur étouffe jusqu'au désir de la vengeance : ce serait inutilement essayer de mentir à la nature, pour accréditer une fable contre laquelle proteste la raison même de ceux qui la publient.

En pareille matière, l'extrême barbarie est moins conciliante que l'extrême civilisation. La rigueur des lois barbares contre l'adultère indique assez les ressentiments qu'il excitait. Chez les Germains, la femme coupable, dépouillée de ses vêtements, était chassée à coups de fouet par le bourg et par les chemins; cette coutume existait encore du temps de saint Boniface. On la retrouve dans la loi anglo-saxonne. Chez les Saxons, la mort pour les deux complices ; chez les Burgondes, la mort; chez les Visigoths, la fustigation publique et le bûcher ; chez les Francs Saliens et Ripuaires, *non una fuit adulterorum pœna*, c'était une variété de supplices (1).

(1) Voici d'après divers auteurs, les peines portées contre

Le Christianisme n'adoucit que très-peu et très-tard cette législation terrible. L'Église inflige à l'adultère

l'adultère chez les différents peuples de l'Europe dans les premiers siècles :

Apud *Anglos*. — « Adulter sicut homicida punitur. Canutus hominem adulterum in exilium relegari, feminæ nasum et aures præcidi jubet. » (Leg., part. 2, cap. 6 et 50.)

Apud *Saxones*. — Voici ce qu'en dit Boniface, archevêque de Mayence, dans son *Epistola ad Althebaldum regem* :

« In antiqua Saxonia, si mulier maritata, fracto fœdere matrimonii, adulterium perpetraverit, aliquando cogunt eam, propria manu per laqueum suspensam, vitam finire; et super bustum illius incensæ et concrematæ corruptorem ejus suspendunt. Aliquando congregato fœmineo exercitu, flagellatam eam mulieres per pagos circumquaque ducunt, virgis cædentes, et pungentes minutis vulneribus cruentatam et laceratam de villa ad villam mittunt, et occurrunt semper novæ flagellatrices, zelo pudicitiæ adductæ, usquequo eam mortuam, aut vix vivam derelinquant.» (Vide Petrum Opmerum, in *Chronolog.*, p. 345.)

Apud *Visigothos*.— « Adulter et adultera marito adducebantur; et si adulter filios non habebat, ejus bona eidem cedebant. » (Lib. III, tit. 4.)

Apud *Hispanos*.— « Adulteri castrabantur. »

Apud *Aragones*... — «..... Amittebant vestes suas et solvebant 60 solidos calumnia... Si non poterant solvere, flagellabantur.» (Vide Mich. del Molino.)

Apud *Lusitanos*.— « Adultera cum adultero cremabatur. »

« Adulterorum apud *Polonos* pœnam ejusmodi fuisse, dum adhuc pagani essent : si quis alienis abuti uxoribus, vel fornicari præsumit, hanc vindictæ subsequentis pœnam protinus sentit : in pontem mercati is ductus, et novacula prope posita hic moriendi, sive de his absolvendi dura electio sibi datur. »

Apud *Bohemos*. — « Adulterarum pœna decapitatio. » (*Vita S. Adalberti, episcopi Praguensis*, n° 9.)

Apud *Francos*. — « Non una fuit adulterorum pœna. Adulterum impune occidi, si eum pater sive maritus domi suæ deprehendat, caché les plus rudes pénitences ; l'adultère public est puni par les plus violentes avanies, par les plus

dicit Taull., rec. sent., lib. II, tit. 26. » (Vide legem Ripuar., tit. 77. Idem Visigoth., lib. III, tit. 4, cap. 6.)

« Si qua mulier maritum suum, cui legitime juncta est, dimiserit, necetur in luto. » (L. Burg., tit. xxxiv, c. 1.)

« De eo qui mulieri ingenuæ strinxerit, DC dinariis , qui faciunt solidos XV, culpabilis judicetur.

« Si vero brachium strinxerit, MCCCC dinariis, qui faciunt solidos XXXV, culpabilis judicetur.

« Si autem super cubitum manum miserit, MCCCC dinariis, qui faciunt solidos XXXV, culpabilis judicetur.

« Si ergo mamillam strinxerit, MDCC dinariis, qui faciunt solidos XCVI culpabilis judicetur. » (Lex Salica.)

« Trotari dicebantur adulteri, qui per urbem nudi traducebantur. Ea enim fuit apud Francos nostros recepta in adulteros et adulteras pœna. »

Feri Morlanenses, cap. 26 : « Si aliquis vel aliqua cum alterius uxore vel marito captus vel capta fuerit, totam villam currant uterque nudus. »

« Quicumque habitator villæ Martelli cum aliqua uxorata in eadem villa captus esset et probatus adulter, trahetur per genitalia nudus, et adultera nuda. » (Libertates villæ Martelli in Lemovicibus, ann. 1219.)

L'Eglise avait aussi des constitutions sévères contre le concubinage :

« Que personne ne mette, en jouant, au doigt d'une pauvre jeune fille, un anneau de jonc ou de toute autre matière vile ou précieuse, pour se croire plus libre de pécher avec elle ; car, en croyant se jouer, il se serait chargé des liens d'un mariage légitime (*). »

« — Quand, à la cour de l'official, il se présente quelques per« sonnes qui ont forfait en leur honneur, la chose étant avérée, si « l'on n'y peult remédier autrement pour sauver l'honneur des « maisons, l'on a accoutumé d'amener en ladite église l'homme et

(*) *Constitutiones* Ricardi Parisiensis, an. 1217.

lourdes amendes, par la mutilation, par la mort. Le roi de Portugal Henri établit la pénalité en usage chez les Visigoths; Pierre III d'Aragon permet au mari de tenir sa femme adultère en charte privée, au pain et à l'eau. En France, les deux complices des filles de Philippe-le-Bel furent écorchés et mutilés vivants en présence du peuple. Il arrivait souvent dans les campagnes et dans les villes que le peuple lui-même se faisait juge et exécutait la sentence. M. Léon Lacabane a bien voulu me communiquer le texte

« la femme qui ont forfait en leur honneur; et là, estans con-
« duicts par deux sergents (au cas qu'ils n'y veulent venir de leur
« bonne volonté), ils sont espousez ensemble par le curé dudit
« lieu avec un anneau de paille (*). »

Voici la pénalité actuelle pour l'adultère et pour le concubinage, qui n'est puni que lorsqu'il est introduit dans le domicile conjugal :

Code pénal.— « 336. L'adultère de la femme ne pourra être dénoncé que par le mari; cette faculté même cessera s'il est dans le cas prévu par l'art. 539.

« 337. La femme convaincue d'adultère subira la peine de l'emprisonnement pendant trois mois au moins, et deux ans au plus.

« 338. Le complice de la femme adultère sera puni de l'emprisonnement pendant le même espace de temps, et en outre d'une amende de cent francs à deux mille francs. Les seules pièces qui pourront être admises contre le prévenu de complicité seront, outre le flagrant délit, celles résultant de lettres ou autres pièces écrites par le prévenu.

« 339. Le mari qui aura entretenu une concubine dans la maison conjugale, et qui aura été convaincu sur la plainte de la femme, sera puni d'une amende de cent francs à deux mille francs. »

(*) Du Breuil, *Antiquités de Paris*, p. 30.

inédit d'une sentence arbitrale par laquelle Giraud de Sabanhac, le grand jurisconsulte du Midi au XIIIᵉ siècle, maintint une coutume assez semblable à celle des Germains. On a des lettres de rémission accordées à des individus, hommes et femmes, qui redoutaient cette punition, prétendant ne l'avoir pas méritée. Il a fallu du temps pour en venir à la mansuétude d'aujourd'hui ; et cette mansuétude elle-même n'a pas encore pénétré dans les mœurs et n'y pénétrera jamais. La loi prononce un court emprisonnement, une faible amende. L'opinion flétrit de ridicule l'époux qui se contente de cette vengeance; la justice pardonne le meurtre au premier moment de sa colère, et elle est toujours fort large sur l'appréciation de ce premier mouvement. Il en a toujours été de même, il n'a jamais pu en être autrement. L'Église semble ici faire une exception à la loi stricte du pardon des injures. Elle ne rompt pas le lien conjugal, mais elle permet qu'il se relâche. Si elle conseille encore cette rémission entière, ce total oubli des offenses que chacun demande à Dieu pour soi-même, *sicut et nos dimittimus debitoribus nostris*, elle ne l'exige pas ; et d'une certaine façon, quand ce crime est entre eux, l'épouse et l'époux ne sont plus une même chair (1).

Voilà donc quel sentiment ancien, profond, enraciné

______

(1) Le 1ᵉʳ concile de Nantes, an 655, can. 12ᵉ, permet à un mari de chasser sa femme adultère et lui défend d'en épouser une autre de son vivant. Il ordonne aussi sept ans de pénitence à la femme adultère, et autant au mari, s'il se réconcilie avec elle.

dans les coutumes, sanctionné par les lois, autorisé par la religion, le *maritagium* aurait dû braver et vaincre. Je dis que c'est impossible ; je dis qu'une pareille pratique n'a pu être ni établie, ni essayée, ni conçue ; qu'elle n'est qu'une impure imagination de la calomnie et de la débauche ; que si elle avait régné quelque part, on en suivrait toute l'histoire au bruit des anathèmes et à la trace du sang.

V

Nous savons ce que le *maritagium* n'était pas, disons maintenant ce qu'il était.

Jusqu'à une certaine époque du Moyen Age, les serfs ne purent contracter mariage sans la permission de leur seigneur, particulièrement s'ils se mariaient hors de ses domaines, ou épousaient des femmes de condition franche.

Plus tard l'autorisation fut mise à prix, c'est-à-dire que la prohibition primitive fut commuée en compositions pécuniaires.

Il n'était pas question sous Charlemagne du droit du seigneur. Personne sans doute n'oserait le placer là; on a besoin, pour l'expliquer, des ténèbres de l'anarchie féodale. Cependant, sous Charlemagne, nous voyons la trace de cette condition du servage. Éginhard écrit à un comte Halton, son ami, en faveur d'un serf de ce seigneur qui avait épousé sans sa permission une femme placée sous sa dépendance. Il le prie de lui pardonner.

Pour bien saisir la raison d'être de ces entraves à la liberté des mariages, et les apprécier sans injustice, il faut comprendre ce que fut le servage lui-même, et la véritable condition des hommes de main-morte.

Le servage a été la dotation foncière des esclaves. La société catholique du Moyen Age n'affranchit pas brusquement les masses d'esclaves qu'elle trouva partout dans l'Europe romaine.

Qu'auraient fait de ce présent périlleux, *de cette abstraction*, des multitudes sans familles et sans foyers! — Par quel moyen auraient-elles pu pénétrer et se fondre dans la société nouvelle? — Le Moyen Age leur donna la terre et le foyer, premières assises de la famille et de la vie civile.

Par une ample participation à la propriété agricole, il les mit dans ce premier degré de dignité morale de l'homme qui tire du sol sa subsistance et celle de ses enfants.

A la différence de l'esclave de l'antiquité, pure machine humaine qui ne pouvait acquérir pour lui-même, le serf, ses tailles payées, était seul proprié-taire, et disposait absolùment de son épargne. « Et « tant y veut il bien avoir la seignorie en lor cozes « qu'il acquièrent à grief peine et grand travail, » dit Baumanoir (*Coutume du Bieauvoisis*, ch. XLV, n° 37). Le serf, sous des charges plus ou moins onéreuses, et variables autant que les coutumes locales, avait ainsi réellement *le domaine de la terre qu'il culti-vait.* « Si les serfs étaient attachés à la glèbe, dit

« M. Troplong (1), la glèbe leur était attachée par
« un démembrement important de la propriété. »

La propriété du serf n'était que viagère, et, à sa
mort, la terre qu'il avait possédée faisait retour à son
seigneur. C'était, à l'origine, la condition de toutes les
tenures féodales, la loi commune du noble feudataire
et de l'homme de la glèbe. Il est vrai que l'hérédité
de la terre servile fut plus longtemps à s'établir que
la patrimonialité des fiefs. Au temps de Baumanoir, le
seigneur, dans la coutume du Bauvoisis, succédait
encore à son serf, sauf rachat par l'héritier naturel de
celui-ci.

Dure condition sans doute, mais il y avait dans
cette société dominée par l'Église une grâce qui
mitigeait la rudesse des institutions, et comme une
abondance de séve réparatrice. L'esprit d'association
était plein de vie et d'expansion. Communes jurées,
corps de métiers, communautés monastiques, l'association sous toutes ses formes groupait partout les
besoins de même nature, et formait des forces collec-
tives en assemblant des faiblesses individuelles.

L'association vint au secours des serfs, elle les pro-
tégea contre le droit de reversion et immobilisa dans
leurs mains la propriété agricole. Ceci est capital
pour l'intelligence du régime de la main-morte et des
prohibitions du for-mariage.

Une famille serve, qui réunissait d'ordinaire plusieurs générations, exploitait le même domaine, vi-

(1 (*Sociétés civiles et commerciales.*— Préface, page XLI.

vait sous même toit et *au même pain* (1); il se formait
entre ses membres, sans contrat, et par le seul effet
de la *co-demeurance*, une société de travaux et de
bénéfices. Tout devenait commun : l'épargne, les pro-
duits de la culture et la terre cultivée elle-même.

Dans cette situation il est manifeste que le seigneur
ne devait plus, ne *pouvait plus* succéder à son serf
venant à décéder. Ce n'était point en effet le serf
individuellement, c'était la *communauté serve* qui possédait; or la communauté ne mourait point, et, par la
force des choses, c'était elle seule qui succédait indéfiniment à ses membres défunts. — *Succéder* n'est
peut-être pas le mot exact, et les juristes éviteraient
de l'employer. Il se passait ici ce qui a lieu pour tous
les biens possédés par toute corporation: la fraction
des biens et droits communs délaissée par les pré-
mourants *accroissait d'autant* la part de ceux qui sur-
vivaient.

Mais que cette dévolution fût qualifiée d'*hérédité*, ou
désignée par le nom plus modeste *de droit d'accroissement*, le mot importait peu, au fond le résultat était
le même, et le droit de déshérence ou réversion au
seigneur se trouvait indéfiniment éludé tant que les

(1) « Le pain, dit M. Troplong (*Ibid.*, p. xxxvi), est l'emblème
« de ces sociétés rustiques. Voilà pourquoi les membres en sont
« appelés *compani*, c'est-à-dire *mangeant leur pain ensemblement*,
« ainsi que l'enseigne Pasquier, et leur réunion porte souvent le
« nom de *compagnie* dans les texte des Coutumes. Aussi quand ils
« conçoivent le triste dessein de se séparer, le plus vieux d'entre
« eux, conformément à la formule de dissolution consacrée, prend
« un couteau et partage le grand pain en divers chanteaux. »

serfs demeuraient en état de communauté et dans le giron de la famille. C'est ce qu'exprima la règle coutumière, devenue à peu près générale : « serfs ou mainmortables ne peuvent tester et ne succèdent les uns aux autres, *sinon tant qu'ils sont demeurant en commun* (1). »

Ces associations héréditaires entre gens de main-morte datent de loin et le développement en fut rapide.

« Dès le moment où l'histoire, dit encore M. Trop-
« long, (*Ibid.*, p. XXXV), parvient à jeter quelque
« lumière sur les profondeurs de cette civilisation
« féodale où les classes inférieures vivaient dans le
« servage de la glèbe, on aperçoit les familles agri-
« coles de main-morte organisées en sociétés tacites
« héréditaires. L'association de tous les membres
« de la famille sous un même toit, sur un même do-
« maine, dans le but de mettre en commun leur tra-
« vail et leurs profits, est le fait général caractéristique,
« qu'on trouve depuis le midi de la France jusqu'aux
« extrémités opposées. »

Ces humbles républiques agricoles, ou l'indivision était perpétuelle, où le tien et le mien n'étaient point séparés entre les *compani*, s'élevaient, paraît-il, dans certaines contrées à un niveau assez honnête de prospérité collective. Guy Coquille, qui les voyait encore

---

(1) C'était la disposition expresse des Coutumes de La Marche, de Bourgogne (Comté), du Nivernais, du Bourbonnais, d'Auvergne, de Vitry, de Troyes, etc.

fonctionner dans son Nivernais, nous en a laissé un tableau qui n'est pas sans charme.

« Selon l'ancien établissement du ménage des
« champs, en ce pays du Nivernois, lequel ménage
« des champs, est le vrai siége et origine de bourde-
« lage, plusieurs personnes doivent être assemblées
« en une famille pour démener le ménage, qui est
« fort laborieux et consiste en plusieurs fonctions en
« ce pays, qui, de soi, est de culture malaisée ; les
« uns servant pour labourer et pour toucher les
« bœufs, animaux tardifs, et communément faut que
« les charrues soient traînées de six bœufs ; les autres
« pour mener les vaches et les juments aux champs ;
« les autres pour mener les brebis et les moutons ;
« les autres pour conduire les porcs. Ces familles ainsi
« composées de plusieurs personnes, qui toutes sont
« employées chacune selon son âge, sexe et moyens,
« sont régies par un seul, qui se nomme maître de
« communuauté, élu à cette charge par les autres,
« lequel commande à tous les autres, va aux affaires
« qui se présentent ès-villes ou ès-foires et ailleurs, a
« pouvoir d'obliger ses parsonniers en *choses mobi-*
« *lières* (1) qui concernent le fait de la communauté ;
« et lui seul est nommé ès-rôles des tailles et subsides.

(1) Quant à la terre elle-même, elle ne pouvait être ni engagée, ni hypothéquée par le chef de l'association, grevée qu'elle était d'une substitution perpétuelle au profit de la communauté. — Heureuse incapacité! elle préservait les gens de main-morte de cette plaie de la dette hypothécaire qui ronge aujourd'hui le petit patrimoine de nos paysans *libres,* mais *serfs de l'hypothèque.*

« Par ces arguments on peut connaître que ces
« communautés sont vraies familles et colléges, qui,
« *par considération de l'intellect, sont comme un corps*
« *composé de plusieurs membres*, combien que ces
« membres soient séparés l'un de l'autre, mais par
« fraternité, amitié et liaison économique, font un
« seul corps.

« En ces communautés on fait compte des enfants
« qui ne savent encore rien faire, par l'espérance
« qu'on a qu'à l'avenir ils feront; on fait compte de
« ceux qui sont en vigueur d'âge pour ce qu'ils font;
« on fait compte des vieux, et pour le conseil, et pour
« la souvenance qu'on a qu'ils ont bien fait; et ainsi
« de tous âges et de toutes façons, ils s'entretiennent
« comme un corps politique, qui par subrogation
« doit durer toujours.

« Or, parce que la vraie et certaine ruine de ces
« maisons de village est quand elles se partagent et
« se séparent, par les anciennes lois de ce pays, tant
« ès-ménages et familles de gens serfs, qu'ès-ménages
« dont les héritages sont tenus en bourdelages, *a été*
« *constitué pour les retenir en communauté*, que ceux
« qui ne seraient en la communauté ne succéderaient
« aux autres, et on ne leur succéderait pas (1). »

Ces dernières paroles de Coquille méritent attention. Elles font voir clairement ce qu'était devenu, et
devenu de très-bonne heure, le droit de déshérence

______

(1) Coquille. — *Questions sur les Coutumes.* — Cité par M. Troplong, p. xlii et suivantes.

12.

ou de réversion au seigneur dans le régime de la main-morte. Ce droit n'était pas le moins du monde une institution normale, destinée à fonctionner régulièrement. Les seigneurs ne demandaient pas mieux que de ne pas en user. C'était purement un moyen répressif, et de fait, plus encore comminatoire que répressif, tendant à prévenir le morcellement des cultures et la dispersion des cultivateurs, particulièrement leur émigration sur les terres des seigneuries voisines (1).

(1) Les avantages de la culture collective par les gens de main-morte étaient encore constatés par Dunod à une époque voisine (chose digne de remarque), de l'édit de Louis XVI, qui abolit les derniers vestiges du servage. « Le travail de plusieurs per- « sonnes réunies, disait Dunod (*Des Main-Mortes*, 2ᵉ partie, « chap. 1ᵉʳ), profite bien plus que si tout était séparé entre elles. « L'expérience nous apprend dans le comté de Bourgogne , que « les paysans des lieux mainmortables sont *bien plus commodes* « (plus à l'aise) que ceux qui habitent la franchise, et que plus « leurs familles sont nombreuses, plus elles s'enrichissent. »

Un fait qui pourra étonner davantage, c'est que, tout près de nous, *en* 1832, il existait encore dans le Nivernais une de ces associations héréditaires d'anciens serfs, exploitant le même domaine sous le vieux régime de la main-morte. Ces braves gens n'avaient pas pris garde au fracas des révolutions et *aux décrets libérateurs* de l'Assemblée constituante, et s'étaient paisiblement maintenus dans leur état de communauté partriarchale. La Cour de Bourges, touchée de sympathie pour ce débris du passé, trouva le moyen d'éluder, au moins pour un temps, une demande en partage formée par l'un des membres de l'association.

C'est encore M. *Dupin*, qu'on a la chance de rencontrer partout et soutenant toutes les thèses, qui a révélé ce fait intéressant. (*Lettre à M. Etienne*, ou *Excursions dans le Nivernais*.)

N'ayant pas sous les yeux la *lettre à M. Etienne*, je vais encore à ce sujet citer M. Troplong, qui emprunte le fait à M. Dupin.

« Coquille, dit M. Troplong (p. LII et suiv.) commentateur de la

Ceci donne la clé des prohibitions relatives au for-mariage. C'était une institution animée du même esprit que celles qui viennent d'être esquissées, et qui tendait également à serrer le lien de l'association dans les familles agricoles. Il y avait *for-mariage* dans toute union matrimoniale des serfs qui devait avoir pour conséquence de les éloigner, eux ou leurs enfants à naître, de la terre en main-morte qu'ils cultivaient. Ainsi, for-mariage dans le fait d'une fille serve épousant un homme de sa condition, mais qui résidait sur les terres d'un autre seigneur et dont elle devait nécessairement suivre le domicile.

For-mariage encore dans le fait du serf qui se mariait même sur les terres de son seigneur, mais à une femme de condition franche. La lignée, en effet, de-

« Coutume du Nivernais, et Vigier commentateur de la Coutume
» d'Angoumois, ont fait des tableaux séduisants de la propriété
« des familles soumises à ce régime primitif! *Ces tableaux ne sont*
« *pas flattés,* car malgré le niveau que la Révolution a passé sur
« notre France, malgré l'abolition générale et absolue des sociétés
« tacites prononcée par le Code civil, *M. Dupin aîné a trouvé*
« *dans un coin du Nivernais une de ces heureuses communautés,* sur-
« vivant aux menaces de la législation, aux transformations des
« mœurs, à l'inquiète indépendance de l'esprit individuel. Il a vu
« ce régime vigoureux fonctionnant encore aujourd'hui *dans les*
« *mêmes conditions qu'au temps de Coquille,* et procurant aux mem-
« bres de l'association le même bien-être, les mêmes satisfactions
« matérielles et morales. — Ces débris respectables des vieilles
« institutions résisteront-ils encore aux principes de dissolution
« que le droit commun a placé à côté d'elles? — C'est ce qu'il
« n'est pas permis d'espérer dans un siècle où la centralisation
« de jour en jour plus active, promène en tous sens l'égalité des
« lois et des mœurs. »

vait en ce cas échapper à la culture de la terre en main-morte, elle était franche comme la mère (1).

Les seigneurs étaient opposés à ces for-mariages qui, en se multipliant, auraient appauvri sur leurs terres les populations rurales. Ils les interdisaient donc, ou en tout cas ne consentaient pas qu'il y fût procédé sans leur congé et moyennant des compositions dont le taux fut d'abord arbitraire. Le mariage contracté au mépris de ces prohibitions n'était néanmoins pas nul (2), mais il donnait lieu à des peines pécuniaires exorbitantes. Dans la Coutume du Beauvoisis il entraînait la réversion au seigneur des meubles et des immeubles des for-mariés. Beaumanoir assimile à cet égard le for-mariage au décès de l'homme de main-morte. « Et quant il se muerent, *ou quant il se « marient à franques femes*, quonques il ont esquiet « à lor seigneurs, « meubles et héritages. » (Ch. 45, n° 31. Beauvoisis.)

Ceci était la peine du for-mariage contracté sans l'autorisation seigneuriale. Si cette autorisation était requise et accordée, le taux de la composition était à la discrétion du seigneur. C'est ce que fait clairement comprendre Beaumanoir en ajoutant immédiatement. « Car cil qui se for-marient, il convient qu'*il finent* à « la volonté de lor seigneurs. »

______

(1) C'était une règle coutumière que la mère communiquait la franchise, comme le père la noblesse. — D'où le dicton : *La verge anoblit, le ventre affranchit.*

(2) Il y eut un diocèse, celui de Bâle, où le mariage, ainsi contracté, ut déclaré nul : rigueur excessive et qui ne fut point imitée.

Ailleurs que dans le Beauvoisis, dès le XIIIe siècle, et déjà au XIIe, ces rigueurs s'étaient fort amendées. Elles s'amendèrent partout dans le siècle suivant. L'équilibre s'établissant entre la population et les besoins de la culture, les règles prohibitives du for-mariage devaient inévitablement se détendre. L'ancien droit de réversion et les compositions arbitraires furent remplacés par des taxes uniformes, relativement modérées.

Voilà ce que fut le droit de for-mariage; d'abord une rude entrave à l'émigration des cultivateurs, finalement un tarif prohibitif tendant à modérer sinon à arrêter complétement la dépopulation des campagnes dans les terres de chaque seigneurie.

Voilà aussi ce que fut le *maritagium* dont le *foris-maritagium* n'était qu'une application, et ajoutons l'application la plus générale, la seule que nous sachions dont s'occupent les feudistes.

Et voilà encore, et enfin, ce qui était désigné par le mot grossier, par le mot devenu *impossible* dans nos habitudes de langage, qui a été la cause ou le prétexte de la méprise d'abord, et plus tard de la calomnie (1).

______

(1) Au XIIIe siècle, les vilains de Verson acquittaient le droit de for-mariage, ou le *maritagium*, ou le droit de..... comme on voudra l'appeler, au profit des moines du mont Saint-Michel, ce qui avait donné texte à ces rimes d'un poëte du temps :

> Se vilein sa fille marie
> Par *dehors la seignòrie*,
> Le seignor en a le culage
> Trois sols en a del mariage.

Il s'agit bien ici de la taxe du for-mariage purement et simple-

La restriction de la liberté des mariages était la loi générale. Elle atteignait les vassaux nobles comme les serfs, et elle était fondée sur une maxime d'État qui règne aujourd'hui dans les familles souveraines, dont aucun membre ne peut se marier sans l'agrément du roi.

Cette règle existait certainement au IXe siècle (Houard, *Anciennes lois des Français*, indique une époque plus éloignée). Dans le capitulaire de 862, Charles-le-Chauve se plaint que Baudouin, comte de Flandre, lui ait enlevé sa fille Judith qui, quoique veuve, n'en était pas moins sous sa tutelle royale, *sub mundeburde regio constitutam*. Le bien de l'État voulait que les princes et princesses du sang ne vinssent pas, par des mariages indiscrets, troubler le royaume, abaisser l'honneur du sang royal, et donner occasion à des révolutions, des changements de dynastie, à des guerres. On sait quels efforts fit Napoléon Ier pour rompre le mariage qu'un de ses frères avait contracté sans son assentiment.

Par des raisons semblables, les seigneurs imposèrent uniformément la même loi à leurs vassaux, lors de l'établissement des justices territoriales. Les filles des vassaux, ayant la liberté indéfinie de se marier, auraient pu choisir un époux ou ennemi de leur suze-

ment, se vilein sa fille marie *par dehors la seignorie*, et l'identité ne peut être mieux certifiée entre le droit de *foris-maritagium* et le droit désigné par ce mot dont use bravement le rimeur du XIIIe siècle.

rain, ou trop puissant pour être contenu dans les devoirs du vasselage (1).

Ce mariage était un cas de félonie, comme on le voit dans les *Assises de Jérusalem*, dans les *Établissements de saint Louis*, dans Beaumanoir et ailleurs :

« Se aucun des homes dou seignor espose feme qui tient fié dou seignor et s'en saisit dou fié, quel amende le seignor en puet avoir, et coment un des homes dou seignor le puet apeler de foy mentie... Duquel fié la feme a meffait contre vous pour ce que elle s'est mariée sans votre congié, de quoi je dis que il a sa foy mentie vers vous, et se il veaut le néer, je suis prest que je li prove de mon cors contre le sien, et que je le rende mort ou recreant en une oure dou jour, et vees-ci mon gage. Et s'agenoille devant le seignor, et li tent son gage... »

Par la même raison encore, le seigneur peut contraindre la vassale noble de se marier, et lui désigner un époux. Il faut que son fief soit servi (2) :

— ... se seroit contre Dieu et contre raison, se seignor, pour detrece de service puest marier les femes qui auroient quatre vingts ans, ou quatre vingt dix ou cent, qui seroient si descheues come se elles feussent la moitié pories... Elle doit le mariage à celuy sans plus de qui elle tien le fié que elle dessert de son cors.

« Quant le seignor veult semondre ou faire semondre, si com il doit feme de prendre baron (mari), quant elle a et tient fié qui li doit service de cors, ou à damoiselle à qui le fié escheit

(1) « Pour ce, dit Bracton, jurisconsule anglais, que les hières
« females ne se marieront à nous ennemis et dount il ne nous
« conviendroit leur hommage prendre, se eux se puissent marier
« à lour volunt. »
(2) Michelet, *Origines*, p. 259.

que il li doit service de cors, il li doit offrir trois barons ; et tels
que il soient a li afférants de parage, ou à son autre baron, et
la doit semondre de deus de ses homes ou de plus, ou faire la
semondre par trois de ses homes, l'un en leuc de lui, et deux
com court, et celui que a establi en son leuc à ce faire doit
dire enci : « Dame, je vous euffre de par monseignor tel, et le
nome, trois barons, tel et tel, et les nome, et vous semons de
par monseignor que dedans tel jour, et motisse le jour, aies
pris l'un des trois barons que je vous ay només... et enci li die
par trois fois (1). »

Observons en passant que cette loi, qui peut sem-
bler étrange, n'est pas aussi abolie qu'on le croirait.
Dans les pays où les femmes ne sont pas exclues de la
couronne, la reine est « semonse de baron prendre, »
et il ne lui est pas tout à fait possible de se marier à
sa fantaisie. Chez nous, les membres de la famille
régnante ne sont pas les seuls citoyens qui soient
astreints à la permission de mariage. Les soldats, et
même les officiers, sont dans le même cas : ils doivent
obtenir l'agrément du ministre de la guerre, qui,
pour les officiers, s'informe en outre de la condition
de la future et exige qu'elle ait un certain revenu.
Ainsi le veut, dira-t-on, le service de l'État. Ainsi le
voulait le service de l'État au Moyen Age, c'était le
fief.

Bien entendu que le consentement du suzerain n'é-
tait requis que pour les filles de ses vassaux, parce
qu'il n'en avait la garde. Les hommes libres pouvaient
donner leurs filles en mariage à qui bon leur semblait,

(1) *Assises de Jérusalem*, c. 42-48.

sans demander le consentement de personne. Lorsque Guy de Dampierre, comte de Flandre, voulut marier sa fille Philippine avec le fils du roi d'Angleterre, le roi de France, qu'il avait consulté, lui répondit et lui en donna lettres que, comme homme libre, il pouvait disposer de sa fille librement.

Ainsi la condition était au fond la même dans tous les états, et de vasselage et de servage. Il importait au suzerain de n'avoir pas un ennemi pour vassal; il importait au propriétaire de ne pas recevoir ou de ne pas perdre des serfs malgré lui, et d'empêcher que les biens qu'il avait concédés en arrentement, ou à cens, ou à tout autre titre, ne vinssent à passer sans son aveu en des mains suspectes. Il ne faut pas oublier que le service militaire était attaché à la censive, et qu'en ces temps où chacun devait compter un peu sur soi pour se protéger, ce n'était pas chose indifférente d'avoir quelques hommes de plus ou de moins en état de porter les armes.

Quand les milices féodales disparurent devant le développement du pouvoir royal et la création des armées permanentes, le vasselage cessa naturellement de comporter l'obligation du service militaire, la foi et l'hommage devinrent purement récognitifs de la seigneurie directe; dès lors peu importa au suzerain *qui servait son fief*, ce service n'ayant plus rien de réel. La terre noble put, tout comme l'alleu ou comme la terre en roture, être librement aliénée; seulement la fiscalité remplaça l'ancienne investiture et tout l'ensemble des institutions de l'époque chevaleresque.

Chaque transmission de la terre inféodée donna ouverture au profit du suzerain, à la perception d'un droit fiscal portant sur la mutation même de la propriété du fief. Ces droits étaient le droit de *quint* (le cinquième du prix) quand il y avait mutation par vente; le droit de *rachat* ou *de relief* (équivalent en général à une année de revenu du fief) quand il s'agissait d'une transmission par décès où de toute autre mutation à titre gratuit, ou n'ayant pas en somme d'analogie avec la vente (1).

Le droit du seigneur, relativement au mariage de ses vassales suivit la même évolution. La fille ou veuve noble, et possédant fief, venant à se marier, si elle apportait en dot à son époux le fief qu'elle possédait, payait un droit de mutation. C'était le *droit de rachat*, l'équivalent d'une annuité de revenus de la terre inféodée (2).

Voilà, dans la dernière transformation du régime féodal, en quoi consistait le *droit du seigneur*, en ce qui concernait le mariage de ses vassales nobles. C'était, comme on voit, un impôt sur le mouvement de la propriété foncière, de même nature absolument, et ne lésant non plus la pureté des épouses que les droits de mutation fort multiples, fort onéreux, mais à part cela nullement immoraux, que nous payons aujourd'hui à l'administration de l'enregistrement.

(1) Pothier, *Traité des Fiefs*, t. II.
(2) Pothier, *des Fiefs*, t. II, *des OEuvres*.

Mais était-ce bien cela, un simple droit de mutation, qu'on a pu quelquefois désigner par le mot saugrenu, qui a produit le quiproquo? Parfaitement, c'est à peine croyable, mais c'est vrai ; pour le relief de mariage des femmes nobles, comme pour le for-mariage des gens de main-morte, l'audace de la métaphore est allée jusque-là. Nous en trouvons la preuve dans un texte de charte ou de coutume rapporté dans le livre de M. Bouthors, et que M. Dupin n'y a pas lu sans doute, car ce texte eût suffi pour faire tomber les écailles de ses yeux.

« Le seigneur de Barlin a plusieurs beaux droix....
« et sy a un certain droit de cullage qui est tel que
« toutes femmes *qui tiennent fief de lui* (il ne s'agit pas
« de vilaines ou de serves, j'espère), toutes et quantes
« fois elles. se marient, ou changent de mary, sont
« tenues payer assavoir les fiefs, *reliefs limités* (rachat
« fixe), et les coteries, *le sixième dénier de la valeur.*
« Duquel droit de cullage ledit sieur de Barlin est tenu
« faire pareil droit à Madame de Hombercourt (1). »

Un fort beau droit en effet qu'avait là le sieur de Barlin ! Le relief de mariage était d'ordinaire d'une année de revenu du fief; pour lui il se montait au sixième de la valeur totale; on comprend sa satisfaction.

Mais ce qui a plus d'intérêt, c'est que ce texte nous apprend qu'on donnait ainsi le nom que nous savons au relief du mariage payé par la noble héritière d'un fief, d'où la conséquence qu'il n'y a plus

(1) Bouthors, *Coutumes locales du baillage d'Amiens*, t. I, p. 473.

moyen de jouer sur le mot et d'en faire sortir une interprétation obscène, pas plus qu'il n'y a moyen de se méprendre sur la chose elle-même et sur la nature du droit.

Pour les serfs, le taux du congé de mariage resta plus ou moins longtemps arbitraire, et fut accompagné parfois de certaines cérémonies, les unes bizarres, les autres (plus rarement) humiliantes, mais non pas cependant contraires aux mœurs. Souvent aussi il n'y eut pas d'autre redevance que la cérémonie elle-même, instituée pour constater le droit du maître et empêcher la prescription qui aurait fait tomber des droits plus utiles. On peut affirmer que ces coutumes sont antérieures au XIIᵉ siècle, époque où commencent les chartes de liberté.

Quand vint cette époque d'affranchissement, l'abolition du droit fiscal sur le mariage fut, en général, entière et sans réserve. En effet, les gênes en pareille matière étaient du nombre de celles qui devaient les premières être ôtées. Dans les chartes qu'ils délivrèrent aux serfs de leurs domaines, les princes eurent soin de spécifier en particulier la liberté des mariages. La reine Aliénor, duchesse de Guienne, exempta ainsi les habitants de la Saintonge. On lit dans la charte de Richard, comte de Poitiers, en faveur des habitants de La Rochelle :

« Je leur ai accordé de marier leurs fils et leurs filles comme ils voudront, leur promettant de ne point m'y opposer, et de ne point rechercher leurs fils et leurs filles pour les marier contre leur volonté ; et je leur permets de se défendre si quelqu'un leur fait violence à ce sujet. »

La charte pour l'érection de la commune de Ham, en Picardie, contient quelque chose de semblable. Il y est dit qu'il sera permis à l'avenir à un chacun de marier son fils et sa fille comme il voudra, sans le consentement du seigneur et sans tomber en forfaiture, *et absque ullo foris facto*, c'est-à-dire sans encourir l'amende ordinaire (1).

Ces documents sont fréquents, et lorsqu'on a occasion de les lire après en avoir beaucoup entendu parler, on est un peu surpris de voir qu'ils ne sont presque partout que des tarifs d'amendes et de redevances, tantôt pour fixer des contributions restées arbitraires, tantôt pour remplacer des usages onéreux. La liberté semble avoir été beaucoup plus achetée que conquise ; ou plutôt, comme l'ont remarqué avec raison plusieurs savants, le Christianisme l'avait déjà établie ; et ces chartes en furent la conséquence et non le principe.

Dans tous les cas, à supposer que le droit de *prélibation*, c'est-à-dire le droit d'adultère, eût existé jusque-là, ce qui est démontré faux par la raison et par l'histoire, on ne doutera pas du moins de l'empressement qui se fût manifesté de toutes parts pour le

---

(1) CHARDON, *Mariage*, chap. VII. Je lui emprunte ces faits sans les vérifier, m'étant plusieurs fois convaincu de son exactitude. Pour la charte de La Rochelle, il cite BESLI, p. 600. — Voy. aussi RAEPSAET.

racheter le premier, et il aurait dû dès lors disparaître, précisément à l'époque où certains écrivains affirment qu'il était en pleine vigueur.

En admettant que les peuples l'eussent subi, même avec patience, il faut encore accorder à nos ancêtres et à la nature humaine que ceux qui le supportaient ne pouvaient pas y prendre plaisir.

Cependant il subsiste, comme la chose la plus simple du monde : ici la redevance continue d'être perçue en argent ou en denrées sous le nom grossier que le peuple lui a donné ; là, où la redevance avait été abolie et commuée en une formalité quelconque, la cérémonie se pratique comme autrefois. Les textes qui constatent ou le maintien de la fiscalité, ou celui de la formalité, sont tous postérieurs à l'époque où il était si aisé de s'affranchir et de l'un et de l'autre.

Il me semble que cela est décisif pour prouver que ce droit prétendu infâme n'avait en réalité rien d'avilissant ni d'onéreux. Quand c'était une redevance, elle était modique ; quand c'était une cérémonie, elle était plaisante. Réduit à ce dernier caractère, il faut ranger le *maritagium* parmi beaucoup d'autres droits contre lesquels on se récrie, qui sont déclarés exorbitants, honteux, barbares, et que les paysans cependant ne voulaient pas racheter ; non, comme s'en plaignait Louis X, qu'ils préférassent « de rester en la chétiveté de servitude que venir à état de franchise, » mais parce qu'ils n'étaient nullement gênés de ces choses-là, et qu'un affranchissement complet leur eût coûté plus cher.

M. Michelet a encore entrevu cette vérité :

« Le fameux droit de marquette, dit-il, qui, *au fond, ne fut guère qu'une vexation fiscale*, n'en était pas moins outrageant. »

Toute fiscalité étant de sa nature vexatoire, on peut qualifier le *maritagium* de vexation, comme l'octroi, l'honneur de faire partie de la garde nationale, et quantité d'autres impôts, devoirs ou priviléges, dont toute société, sans excepter la nôtre, supporte le poids. Mais que ce fameux droit, qui souvent n'était guère qu'un impôt, et souvent aussi n'était pas même un impôt, ait paru outrageant, c'est en juger avec nos idées, et par conséquent en porter un jugement faux de tout point. Dès qu'il a paru outrageant, il en est advenu ce qui advient de tous les usages qui n'ont plus leur raison d'être et qui choquent les habitudes nouvelles : il a disparu. Ou les seigneurs l'ont laissé tomber en désuétude, ou les tribunaux l'ont aboli.

VI

Avant d'aborder la dernière partie de ma tâche, qui consistera dans l'examen du petit nombre de faits toujours les mêmes, rapportés par la multitude des écrivains qui ont parlé du *maritagium* comme d'une honte ineffaçable pour les siècles chrétiens, un dernier mot sur l'un des plus beaux et des plus frappants caractères de ces siècles si indignement calomniés. C'est l'âge de la pudeur. Jamais, en aucun temps, la femme n'a été l'objet d'un respect plus tendre et plus religieux, n'a mieux ressenti l'influence du culte de la sainte Vierge; jamais la loi, inspirée par la religion, n'a mieux protégé tout à la fois ses droits, sa faiblesse et sa dignité; jamais, comme épouse et comme mère, elle n'a joué un rôle plus auguste. Les inconvénients mêmes du régime féodal tournaient au profit de son autorité dans la famille :

« Jamais, dans aucune autre forme de société, a dit M. Guizot (1), la famille réduite à sa plus simple expression, le mari, la femme et les enfants, ne se sont trouvés ainsi serrés, pressés les uns contre les autres, séparés de toute autre relation puissante et rivale. Aussi souvent qu'il est resté dans son château,

(1) *Histoire de la civilisation en France*, t. III, p. 332.

le possesseur du fief y est resté avec sa femme et ses enfants, presque ses seuls égaux, sa seule compagnie intime et permanente. Quand il sortait de son château pour aller chercher la guerre et les aventures, sa femme y restait. Elle y restait maîtresse, châtelaine, représentant son mari, chargée en son absence de la défense et de l'honneur du fief. Cette situation élevée et presque souveraine, du sein même de la vie domestique, a souvent donné aux femmes de l'époque féodale une dignité, un courage, des vertus, un éclat qu'elles n'avaient point déployés ailleurs; et elle a sans doute puissamment contribué à leur développement moral et au progrès de leur condition. »

Et Balmès, ajoute cette observation :

« Si ce seigneur, rentrant dans son château, n'y trouvait qu'une femme et non pas plusieurs, à qui cela était-il dû? Qui lui défendit d'user de son pouvoir jusqu'à convertir sa maison en harem? Qui mit un frein à ses passions et l'empêcha d'en rendre victimes les filles de ses sujets? Certainement ce furent les doctrines et les mœurs introduites et enracinées dans l'Europe par l'Eglise catholique ; ce furent les lois sévères que l'Eglise opposa comme un ferme rempart au débordement des passions. »

Ces lois furent acceptées, furent obéies, furent triomphantes. Leur empire se montre et éclate partout; nulle part autant que dans la constitution intérieure de la famille, où elles étaient absolues. Croit-on que ces femmes si aimées et si respectées comme filles, comme épouses, comme mères, auraient laissé durer quelque part, pendant deux générations seulement, la coutume infâme à laquelle voudrait croire M. Dupin? Si la loi avait fermé les yeux, si l'Église s'était sentie impuissante contre cette coutume, les femmes toutes seules auraient suffi pour l'abolir. Celle qui n'aurait pu en obtenir la renonciation de l'amour de son époux l'aurait exigée de l'amour de son fils.

Le respect pour la femme n'éclate pas seulement dans les relations conjugales, dont la religion veu, écarter tout ce qui peut les avilir ; il n'est pas seulement dans l'étiquette, si sévèrement réglée ; dans l'institution primitive de la chevalerie, où ce noble sentiment s'épanouit avec tant de grâce et de candeur : on le voit jusque dans les supplices. Là encore, excepté pour le cas d'adultère, la femme dégradée par le crime et livrée au bourreau reçoit quelque témoignage de respect (1).

(1) « A Amiens, comme en Écosse, le dernier supplice n'était « pas appliqué de la même manière aux deux sexes : les hommes « étaient pendus, et les femmes noyées dans une fosse profonde « remplie d'eau et creusée exprès. Le même usage paraît avoir été « pratiqué en France jusqu'au milieu du xve siècle ; car, s'il faut « en croire Jousse, ce n'est qu'en 1449 qu'on vit pour la première « fois à Paris une femme punie du supplice de la potence. » (BOURHORS, p. 102.)

— Dans les *Lettres*, par lesquelles Louis VI accorde une commune aux habitants de la ville de Laon (1128), on lit la clause suivante, dictée par ce même sentiment de respect : « Si qua vilis et « inhonesta persona, honestum virum vel mulierem turpibus con- « vitiis inhonestaverit, liceat alicui probo viro de pace, si super- « venerit, objurgare illum, et illum uno vel tribus colaphis, sine « foris facto, ab importunitate sua compescere : quod si eum pro « antiquo odio percussisse criminatus fuerit, liceat ei juramento « se purgare quod pro nullo odio eum percusserit, sed tantum « pro pacis et concordiæ observatione. » (*Ordonnances des rois de France*, t. XI.)

Quiconque voudra réfléchir reconnaîtra dans ce respect dont la femme est entourée un grand témoignage de la pureté des mœurs et, par conséquent, un nouveau démenti ajouté à tous ceux qui accablent l'histoire du *maritagium*. M. Dupin veut-il se convaincre matériellement par ses propres yeux de cette fausseté que tout écrase? Il y a un ordre de documents sur le Moyen Age qui sont également agréables et faciles à consulter. Qu'il aille au cabinet des Estampes, à la Bibliothèque, et qu'il demande la collection des costumes pendant les siècles particulièrement incriminés, X^e, XIe, XIIe et même encore un peu plus près. A ce seul aspect, il verra si c'était là une société impudique, et je m'en rapporte à lui pour savoir si la nôtre, sous ce rapport, peut soutenir la comparaison avec avantage. Ces hommes dont nous accusons les mœurs, que diraient-ils à leur tour de nos arts, de nos livres, de nos divertissements, enfin des toilettes de nos femmes? Je me figure un baron du XIIe siècle, tiré tout à coup de la tombe où il dort à côté de sa fière châtelaine, les pieds tournés vers le sanctuaire pour se lever en face de son juge au jour de la résurrection; un de ces vrais chrétiens, un de ces dociles et mâles enfants de l'Église qui ont vécu saintement dans l'union conjugale, et qui sont morts fidèles à la mère de leurs enfants, n'ayant jamais vu que la noble beauté de son visage (1); je me figure un

(1) Dans les fragments du *Pénitentiel*, de Théodore, recueillis par *Luc d'Acheri* en son *Spicilége*, t. IX, on lit cette prescription: *Maritus non debet uxorem suam nudam videre.*

de ces barbares, réveillé de son saint sommeil à l'ombre de l'église qu'il a bâtie, et amené le soir dans nos fêtes : — Voilà, seigneur baron, l'élite du monde voilà les grands, les gentilles femmes, les demoiselles, tout le haut parage. — Quoi! ces épaules nues, ces poitrines livrées au regard de la foule, ces cheveux effrontés!... — Oui, sire, ce sont les dames; et tout ce monde en croit un tas d'avocats, de prétendus clercs et de barbouilleurs qui lui disent que vos mœurs étaient impures.

QUATRIÈME PARTIE

LES FAITS

I

Voyons maintenant les faits sur lesquels on a prétendu appuyer une calomnie si absurde, et commençons par l'histoire très-curieuse de l'origine, du développement et de l'incroyable fortune de cette calomnie.

Cela ne remonte pas bien haut. Les protestants, au XVIe siècle, commencent à jeter quelques bruits vagues, qui se confondent dans les injures et les malédictions vociférées de toutes parts contre la religion, les lois et les mœurs de l'ancien régime. Buchanan répandit par ses écrits la fable écossaise d'Evenus et du droit de marquette. D'autres protestants, en France, profitèrent de cette invention, et trouvèrent bon d'attribuer aux abbés le privilége seigneurial institué par Evenus. Ils avaient beaucoup de ces bonnes idées. Ils publiaient des tarifs de la pénitence catholique où l'inceste était coté 5 gros, le parricide 1 ducat et

5 carlins (1); et cent autres facéties également ingé-
nieuses. Toutefois, ce qui regardait le *maritagium*
n'obtint aucun crédit. L'anecdote de Boërius, reprise
par quelques juristes et fortifiée de l'arrêt de 1409, ne ?
trompa personne. Le *jus primæ noctis* religieux, tel
qu'il avait régné durant le Moyen Age était trop connu.
On le pratiquait encore en beaucoup de lieux, sans
se soucier des franchises accordées par le Parlement.

Jusqu'au commencement du XVIIIe siècle il ne paraît
pas qu'on se soit mépris davantage sur le sens vrai du
maritagium seigneurial. En parlant de ces droits
« insolites, abusifs, scandaleux, contraires à la décence
et aux bonnes mœurs, » que les parlements abolis-
saient aussi souvent qu'ils en trouvaient l'occasion,
les juristes ne disent rien d'où l'on puisse inférer
qu'ils les aient regardés comme ayant jamais autorisé
la violation du lit conjugal. Ils disent même quelquefois formellement, le contraire. Je regrette toujours

(1) Taxe des parties casuelles de la boutique du Pape, en latin
et en françois, avec annotations prinses du décret, conciles et canons, tant vieux que modernes, pour la vérification de la discipline anciennement observée en l'Eglise, le tout accreu et reveu.
Lyon, 1564. — (D'AUBIGNÉ, *Confession catholique du sieur de Sancy.*)
Ces pamphlets ignobles sont cités avec honneur et comme
méritant crédit, dans un petit recueil intitulé: *Curiosités des traditions, des mœurs et des légendes,* dû aux recherches de M. LUDOVIC
LALANNE, l'un des aides de M. Lebas; ouvrage tout à fait indigne
d'un homme qui a passé par la royale École des chartes, mais,
par contre, tout à fait digne de la collection dont il fait partie : je
veux dire la *Bibliothèque de poche, variétés curieuses et amusantes des
sciences, des lettres et des arts.* PAULIN, 1847. Parmi les industries que
tolère la civilisation moderne, il y en a qui auraient effarouché la
délicatesse des Huns et des Sicambres.

que M. Dupin connaisse si peu ces vieux juristes. Je ne lui en citerai que deux, fort célèbres et souvent invoqués comme témoins dans la cause. — Voyez Choppin, voyez Brodeau ; — cela se dit avec une assurance entière, comme si l'on venait d'y voir, et que ce fût une preuve sans réplique. C'en est une pour beaucoup de gens ! Qui se détournera de son chemin et de ses affaires pour aller voir Choppin et Brodeau ? On aime mieux croire que d'aller voir ; et ceux qui ont eu cette curiosité n'en parlent plus.

Voici Choppin :

« Pour le regard des prestations et contributions pécuniaires, sordides et hors de raison, l'evesque ne peut les faire valider par quelque prescription de temps que ce soit. Exemple : c'estoit une coustume invétérée au diocèse d'Amiens que les nouueaux mariez contribuassent à l'evesque une certaine somme pour congé et permission de coucher dedans le lict nuptial... mais ces trois articles de la coustume d'Amiens furent abrogez par arrest de la cour, le 19 mars 1409. *Le premier desquels, touchant le droict de couche,* N'A JAMAIS ESTÉ PERMIS AUX SEIGNEURS TEMPORELS, si ce n'est parmy quelques peuples barbares et les insulaires habitants aux isles Orcades et Hebrides, ou en l'isle Thule en Islande, la plus esloignée de tout le monde. Car Euenus XVI, roy d'Escosse, fit une loy du commencement de son règne par laquelle, etc. Mais *quelque temps après* (onze cents ans seulement), Malcolme Cammor, ayant abrogé cette loy, ordonna qu'au lieu de ce droict les nouueaux mariez, pour sauuer l'honneur et rachepter la virginité de leurs nouuelles espouses, payeroient un escu à leurs seigneurs. Ce que Bœce en l'histoire d'Escosse tesmoigné mesme estre gardé pour le iourd'huy (1). »

(1) *De la police ecclésiastique,* l. II, p. 227.

On voit que Choppin n'admet pas du tout que la prétendue coutume écossaise ait pénétré en France; cette idée était inconnue de son temps, c'est-à-dire durant la seconde moitié du XVIᵉ siècle. Il ne laisse même pas la ressource de prétendre que le droit perçu à l'occasion du mariage était un rachat, attendu qu'il n'y a jamais eu rien à racheter.

Voici Brodeau :

« Il y avoit une coustume abominable et détestable parmy les peuples septentrionaux, que les seigneurs violoient les nouvelles mariées, la première nuict de leurs nopces : *ce qui a esté aboli par le Christianisme*, et converti en un certain tribut qui est descript amplement dans les anciennes lois d'Escosse (1). »

Ces deux textes donnent la moyenne de l'opinion en France, parmi les jurisconsultes, touchant la nature du *maritagium*. Ils croyaient que la loi d'Evenus avait existé en Écosse, qu'elle y avait été abolie par le Christianisme et changée en droit fiscal, et que cette fiscalité s'était introduite dans quelques coutumes locales de la France, sans y avoir jamais eu un autre caractère, ni représenté autre chose que le droit de lever les impôts.

Boërius lui-même ne dit rien de plus, en ce qui regarde les seigneurs temporels.

C'est en 1704 qu'un dictionnaire, le *Glossaire du droit français*, commença de fausser le jugement public.

(1) J. Brodeau, *Coustume de la prévôté et vicomté de Paris*, t. I, p. 275.

C'était un vieux livre remis à neuf. Publié la première fois vers 1580, il existait obscurément dans le Palais, sous le titre d'*Indice des droits royaux et seigneuriaux*. L'auteur, « M. François Ragueau, lieute- « nant du bailliage de Berry au siége de Mehun et « docteur régent en droit à l'université de Bourges, » était contemporain de Nicolas Bohier. Le nouvel éditeur, Eusèbe de Laurière, avocat au parlement de Paris, né en 1659, dit dans sa préface : « Il n'y a per- « sonne au Palais qui ne sache que M. Ragueau a « obmis grand nombre de termes du droit françois et « qu'*il en a indiqué quelques-uns dont il a avoué lui-* « *même que la signification ne lui étoit pas connue*. Je « suis obligé d'en rapporter le jugement qu'en a fait « M. Galland : *Ce personnage ingénu n'a eu d'autre* « *guide en l'explication de ces droits que des coûtumes* « *souvent obscures. C'est pourquoy il a souvent choppé* « *et il est demeuré flottant.* »

Un de ces termes rapportés par Ragueau, sans que la signification en fût parfaitement connue, était le mot *marquette*, sous lequel il glissa le premier les définitions de Boëthius et de Buchanan.

Ragueau avait « choppé » sur cette article. Laurière, qui vivait à une époque fort peu ingénue, et qui se piquait de ne rien omettre, choppa davantage, et donna à ses lecteurs l'occasion de chopper tout à fait. Il était de ces compilateurs, que la curiosité pousse, que l'abondance des matériaux trouble, et qui ont trop à faire de classer et de montrer tout ce qu'ils ramassent, pour avoir la conscience ou le loisir d'examiner. Il mit dans son *Glossaire* le mot devenu horriblement grossier que le peuple avait autrefois donné au droit perçu pour le congé de mariage, et il fit la faute ou il eut la méchanceté de parler, dans ces articles, non-seulement du curé de Boërius, mais de l'arrêt rendu contre les habitants d'Abbeville et l'évêque d'Amiens.

Moyennant des renvois d'un mot à un autre, de *Mariage* à *Marquette*, de *Marquette* à *Bénéfice* de *Bénéfice* au mot indécent dont je viens de parler, et qu'il vulgarisa ainsi le premier; en mêlant Ragueau, Evenus, Boëthius, Skeneus, Boërius, Papon et l'évêque d'Amiens, Laurière finit par faire un amalgame où le fabuleux, le faux, l'incertain et le vrai se mêlaient assez pour tromper des yeux qui ne demandaient plus à voir. Ces notions sur la féodalité et sur l'Église réussirent complétement dans le barreau, d'où elles ne tardèrent pas à passer dans la littérature et dans le monde. Le mot le plus sale devint dès lors le nom de « cette « coutume qui donnait aux seigneurs (temporels et « ecclésiastiques) la première nuit des nouvelles ma- « riées. »

Trente ans après le *Glossaire* de Laurière, parut la seconde édition du *Glossarium mediæ et infimæ latinitatis* de Du Cange; travail immense, mais d'où la critique est souvent absente, et où même elle ne pouvait guère se rencontrer. On sait d'ailleurs que Du Cange, aussi bon chrétien que grand savant, était mort depuis longtemps lorsque cette seconde édition fut publiée par des hommes fort inférieurs à lui.

Le Moyen Age n'était pas en faveur chez eux. Ils ajoutèrent au texte de Du Cange tout ce qu'ils purent ramasser, et grossirent considérablement les articles qui de près ou de loin se rattachaient au *maritagium*. On y retrouve Evenus, Boërius, Ragueau, avec toutes les additions de Laurière, qui furent encore augmentées au supplément, *Glossarium novum*, ajouté par D. Carpentier. Lues avec un peu de jugement, ces nombreuses notes auraient suffi néanmoins pour faire connaître la vérité. La prévention y trouva au contraire des armes pour une guerre qui devenait tous les jours plus vive; et l'erreur se fortifia de tous les avantages qu'elle offrait aux passions du moment.

L'opinion était surprise, le préjugé établi. Si l'on en veut la preuve, qui sera une preuve aussi de la déplorable crédulité et du peu de discernement des compilateurs, on n'a qu'à lire le *Dictionnaire de Trévoux*, entrepris par les ordres du duc de Maine, et dont la cinquième édition, revue, corrigée, augmentée et mise au niveau de toute la science du temps, est dédiée avec un certain orgueil à Louis-Auguste de Bourbon, prince souverain de Dombes, petit-fils de Louis XIV. Les auteurs de ce recueil, dont la plupart étaient prêtres (1), ne mettent pas un moment en doute la réalité du fait :

(1) Le *Dictionnaire de Trévoux* est souvent attribué aux religieux de la Compagnie de Jésus. Ils ont toujours réclamé contre cette paternité, et avec raison. L'esprit général de l'ouvrage est très-gallican, et il contient beaucoup d'articles qu'il ne siérait pas à

« Droit obscène et injuste usurpé par *les seigneurs* et établi par une bizarre coutume.∴ *On prétend* que ce droit, qui choque le bon sens et les bonnes mœurs, fut établi par Éven, roi d'Écosse, et aboli par Malcolm III et converti en une prestation. L'usage de ce droit a causé *quelquefois* (on en cite *un* exemple, et qui n'est pas sûr!) des révoltes des sujets contre leurs seigneurs. Aujourd'hui ce droit est aboli partout, et peut être converti en autre chose... Voyez Laurière sur Ragueau. »

Ailleurs, à *Marquette :*

« Nom d'un droit que les femmes payaient autrefois au roi et aux seigneurs pour se racheter d'une infâme et bizarre coutume... On attribue cet établissement à un roi nommé Malcolm ou Milcolumbe. Le roi Malcolm III le supprima. En Angleterre, il n'y avait que les femmes de condition serve qui fussent sujettes à la marquette. — *Selon Papon et Boërius*, ce droit a été en usage en France. »

Boërius, Papon, Ragueau, Laurière, on n'en sortira plus !

Lorsque les auteurs du *Dictionnaire de Trévoux*, c'est-à-dire des gens sages, de bons chrétiens, des prêtres, parlaient ainsi; lorsque l'abbé Velly publiait à la même époque, dans son *Histoire de France*, une page digne d'être empruntée de nos jours par M. Lebas, on peut imaginer ce que disaient Voltaire et les siens.

des religieux d'avoir écrits ou approuvés. L'avertissement de la 5ᵉ édition nomme parmi les auteurs l'abbé Berthelin, chanoine de Douai; l'abbé de Mabaret, curé à Saint-Léonard; l'abbé Leclerc, directeur du séminaire de Saint-Irénée, à Lyon. Il paraît cependant que quelques jésuites y ont aussi travaillé; mais cette collaboration n'est pas le fait de la Compagnie.

Ceux-là ne se gênent plus du tout, et Voltaire en particulier prodigue les affirmations, tout en criant que la chose est impossible. L'article consacré à cette question dans le *Dictionnaire philosophique* est d'une impudence qui surprend sous plus d'un rapport. On se demande comment un homme a pu se mépriser au point d'écrire de telles choses. Quant à l'esprit, il ne paraît guère au-desus des farces de notre *Charivari*, qui ne sont pas prodigieuses. Quelques phrases du *Dictionnaire philosophique*, décrochées en silence par M. Lebas et mêlées à sa prose ordinaire, n'ont plus rien qui révèle leur origine : elles sont · aussi plates que l'entourage. Je prends ce qu'il est possible de citer :

« La première nuit des noces de la fille du vilain appartenait *sans contredit* au seigneur.

« Ce droit s'établit comme celui de marcher avec un oiseau sur le poing et de se faire encenser à la messe. Les seigneurs, il est vrai, ne statuèrent pas que les femmes de leurs vilains leur appartiendraient; ils se bornèrent aux filles. La raison en est plausible. Les filles sont honteuses, il faut un peu de temps pour les apprivoiser. La majesté des lois les subjugue tout d'un coup. Les jeunes fiancées donnaient donc sans résistance la première nuit de leurs noces au seigneur châtelain, ou au baron, quand il les jugeait dignes de cet honneur.

« On prétend que cette jurisprudence commença en Écosse; je le croirais volontiers : les seigneurs écossais avaient un pouvoir encore plus absolu sur leurs clans que les barons allemands et français sur leurs sujets.

« Il est *indubitable* que des abbés, des évêques, s'attribuèrent cette prérogative en qualité de seigneurs temporels; et il n'y a pas bien longtemps que des prélats se sont désistés de cet ancien privilége pour des redevance ; en argent, auxquelles ils avaient autant de droit... »

Le reste est un tissu d'ordures et de blasphèmes. Un temps viendra où l'épithète de *voltairien* exprimera si nettement pour tout le monde les idées de mensonge, d'irréligion, d'improbité et d'immoralité, qu'on en demandera justice. D'honnêtes gens paieront l'amende, à la requête d'autres gens qu'ils auront traités de voltairiens.

Voltaire ne manqua pas une occasion de répéter les belles choses qu'on vient de lire. Il y revient à deux ou trois endroits du *Dictionnaire philosophique*; il en parle dans la *Défense de mon oncle*; il fit une comédie intitulée *le Droit du Seigneur*; mais ce ne fut point cette œuvre qui servit beaucoup le préjugé : elle parut sans verve et sans charme, comme tous les fruits de sa veine comique, et elle tomba misérablement.

Une comédie bien autrement salée atteignit ce résultat, ou plutôt vint constater à quel point il était déjà obtenu. Beaumarchais avait trouvé en Espagne, quoique étranger, tout ce qui pouvait l'aider à protéger et à venger l'honneur de sa sœur. De retour en France, il écrivit *le Mariage de Figaro*, où l'on voit un grand seigneur, premier magistrat d'une province, « grand corrégidor d'Andalousie, » s'appliquer à racheter de la femme que va épouser son valet de chambre le droit qu'il regrette d'avoir aboli dans ses domaines, quelques années auparavant, lorsqu'il s'est lui-même marié. Idée digne de Beaumarchais, de placer une pareille institution *en Espagne!* On avait oublié d'en doter ce pays-là. Mais bien habile serait l'homme qui prouverait aujourd'hui aux trois quarts des Français sachant lire, « aux masses éclairées, » que le droit du seigneur n'a pas existé en Espagne comme en France, jusqu'au glorieux réveil de 1789. La pièce entière roule là-dessus. C'est la couleur locale. On parle du droit du seigneur comme d'une coutume que tout le monde connaît et qui existe encore dans le village voisin.

« *Suzanne.* — Il y a, mon ami, que las de courtiser les beautés des environs, M. le comte Almaviva veut rentrer au château ; mais non pas chez sa femme : c'est sur la tienne, entends-tu, qu'il a jeté ses vues... Tu croyais, bon garçon ! que cette dot qu'on me donne était pour les beaux yeux de ton mérite !

« *Figaro.* — J'avais assez fait pour l'espérer.

« *Suzanne.* — Que les gens d'esprit sont bêtes !... Apprends qu'il la destine à obtenir secrètement certain quart d'heure, seul à seule, qu'un ancien droit du seigneur... Tu sais s'il était triste !

» *Figaro.* — Je le sais tellement que, si M. le comte, en se mariant, n'avait pas aboli *ce droit honteux,* jamais je ne l'eusse épousée dans ses domaines.

« *Suzanne.* — Eh bien ! s'il l'a détruit, il s'en repent ; et c'est de ta fiancée qu'il veut le racheter en secret aujourd'hui (1). »

(1) *La Folle journée ou le Mariage de Figaro,* comédie en cinq actes, en prose, par M. de Beaumarchais, représentée pour la première fois par les comédiens Français ordinaires du roi, le 27

Voilà par quels moyens les vengeurs de la morale au XVIIIe siècle, — pure et sainte phalange, à la tête de laquelle brillaient Voltaire, Diderot et Beaumarchais ! — firent connaître partout cette corruption du Moyen Age, dont le peuple « a gardé un amer souvenir, » suivant l'heureuse expression de M. Lebas.

C'était un mot d'ordre. Le Palais, premier inventeur de cette bonne tactique, faisait écho à la littérature et au théâtre. Guyot avait publié un répertoire de jurisprudence où le mot et la chose étaient oubliés. Une seconde édition, mise au jour en 1784, l'année du *Mariage de Figaro*, répara cette lacune. Un avocat nommé Garran de Coullon, monarchiste alors, plus tard républicain, et plus tard encore sénateur, fit l'article « au goût du jour : »

« ..... Nom très-malhonnête de cet infâme droit en vertu duquel *les* seigneurs prétendaient avoir la première nuit des filles qu'on mariait. On trouve des exemples de cet abus odieux dans *presque toutes les parties de la France, et* dans d'autres États. *Il prouve combien les mœurs ont été dépravées, et la majeure partie de l'espèce humaine avilie, lorsque la féodalité régnait dans toute sa force...* » — Voyez Laurière.

Il fallait écraser la féodalité, et c'était trop juste :

avril 1784. Au Palais-Royal, MDCCLXXXV. A la fin, il y a deux approbations des censeurs et un permis d'imprimer : « J'ai lu, par « ordre de M. le lieutenant général de police, la pièce intitulée : « *la Folle journée ou le Mariage de Figaro;* et je n'y ai rien trouvé « qui m'ait paru devoir en empêcher la représentation et l'im- « pression. A Paris, ce 21 mars 1784. *Signé :* BRET. » Pauvre monarchie !

la féodalité était si menaçante en 1784 ! On avait bien
le droit aussi de se glorifier un peu des mœurs publiques, qui différaient tant des mœurs de l'époque de
saint Louis!

II

Le plan réussit à merveille; et l'opinion, une fois
formée et devenue générale, — si générale que la noblesse elle-même la partagea et ne sut rien dire pour
défendre son passé, — cette opinion eut les suites que
l'on connaît. Le peuple fut enfin vengé du droit de
marquette, du droit de grenouilles et de tous les autres
droits du seigneur. « Certes, s'écriait M. de Bonald,
« nous avons vu d'autres oppressions, nous avons payé
« d'autres dîmes, même celle de nos enfants! Les
« droits révolutionnaires sont d'autres droits que les
« *droits féodaux;* les *priviléges* que se sont arrogés sur
« les lois, les biens et les personnes, les législateurs
« de la Constituante, les pachas et les satrapes qui
« vinrent ensuite, sont d'autres priviléges que les pri-
« viléges de la noblesse et du clergé! » On a fait le
calcul de ce qu'ont coûté, depuis l'Assemblée constituante jusqu'à 1814, rien qu'en appointements, les réformateurs, devenus presque tous fonctionnaires et
dignitaires publics. Il y en a pour un *milliard cent
soixante-seize millions quatre cent deux mille soixante-
dix-sept francs,* que les biens nationaux n'ont point
payés, quoiqu'on en ait vendu pour trois mille trois
cent vingt-cinq *millions.* Ces mêmes réformateurs ont

entraîné une émission d'assignats de sept mille cinq cent soixante-cinq *millions* : plus deux *milliards* d'emprunt forcé ; plus, deux mille quatre cent sept millions de mandats. Par suite de leurs œuvres, la France a subi pendant trente ans tous les fléaux : guerre civile, guerre étrangère, incendies, proscriptions, pestes, famines, invasions, etc. ; ce qui a coûté environ NEUF MILLIONS D'HOMMES. Moyennant quoi les susdits réformateurs ont fait ou motivé *vingt-cinq mille quatre cent vingt-huit lois* (quatre-vingt-neuf, sous la seule Convention, pour la peine de mort), et huit constitutions. Mais combien, à présent, nous avons dépassé cette première note !

III

Il semble qu'après une si belle vengeance, si largement payée quand la noblesse était détruite, quand on
tenait son rang, ses honneurs, ses priviléges et ses
terres, on pouvait pardonner à la féodalité? Point du
tout! Au contraire! Après cette exécution et cette
râfle pratiquée sur la féodalité, on éprouva plus que
jamais le besoin de la trouver coupable ; on se remit
de plus belle à célébrer sa tyrannie et ses mauvaises
mœurs. Cette recrudescence éclata dès les premières
années de la Restauration. L'âme magnanime des
vainqueurs ne put voir sans déplaisir quelques vieillards qui rentraient dans leur patrie, d'où les avait
chassés la proscription, et qui, s'ils pouvaient parfois
paraître ridicules, n'étaient manifestement que trop
peu redoutables. On se mit à chansonner méchamment
les familles mutilées par l'échafaud, appauvries ou
ruinées par les confiscations. On lâcha sur elles les
poëtes, les pamphlétaires, les avocats. On remua tous
les vieux préjugés, toutes les vieilles injures ; on remit
à neuf toutes les vieilles calomnies. M. Béranger écrivit *le Marquis de Carabas* et *la Marquise de Pretin-
taille*, et d'autres satires mêlées d'obscénité et d'im-

piété, capables de corrompre le peuple cent fois plus que ne l'aurait pu faire la tyrannie féodale elle-même, l'eût-on rétablie telle que ces gens de lettres la dépeignaient. Un jeune et brillant avocat, nommé Dupin, défendit devant les tribunaux le poëte accusé d'outrage aux mœurs : et ce jeune avocat, dès lors très-rigoureux pour les usages du vieux temps, ne fut pas sévère à ces néfastes et sordides gaîtés du sien. « Je « soutiens, disait-il, qu'on ne doit regarder comme un « outrage aux bonnes mœurs, dans le sens légal, que « les obscénités et les idées voluptueuses gazées avec « art (1). « Quelle *gaze*! quel art ! On prenait ses degrés de procureur-général en protégeant ainsi la gaudriole, le seul client peut-être que l'on ait jamais défendu pour rien ; et l'on avait, par-dessus le marché, les honneurs de la vertu... dans le sens légal.

Une brutale popularité couvait cette école, planait sur ces œuvres malsaines, les faisait pulluler. La croyance au droit du seigneur ecclésiastique et temporel s'enfonça dans l'ignorance générale par de si profondes racines, que désormais ceux qui l'exploitaient purent tout oser sans craindre un démenti ni une protestation. Ils osèrent tout. J'en ai des preuves cruelles, que je ferai voir. Des journaux, des bro-

---

(1) *Procès fait aux chansons de P.-J. Béranger*, avec le *réquisitoire* de Mᵉ Marchangy ; le *plaidoyer* de Mᵉ Dupin, etc... Paris, chez les marchands de nouveautés. L'exemplaire que je possède est adressé à *M. Radet, de la part de M. Dupin*, et corrigé de la main de l'illustre avocat. Il y a une profession de foi catholique, façon Pithou, qui serait à mourir de rire, si l'on pouvait rire de ces choses-là.

14.

chures, des recueils anecdotiques, des dictionnaires
de toute espèce, à l'usage de tous les âges et de toutes
les conditions, donnèrent à cette invention un tel caractère de vérité que tout le monde en crut plus ou
moins quelque chose : *Mentientes populo credenti men-*
daciis. Quelles hontes ces menteurs ont infligées à
l'esprit public ! Ils l'ont abêti à ce point de lui faire
engloutir sans difficulté, sans répugnance, et, au
contraire, avec une sorte d'appétit dépravé, les
contes les plus ineptes et les plus révoltants (1). Ils se
sont abêtis eux-mêmes au point d'y croire. Combien
d'entre eux, se provoquant sur ce chapitre, sans nécessité aucune, uniquement pour se faire admirer, ont

(1) J'ai vu moi-même, sur le territoire d'un ancien prieuré,
dans un pays où jamais il n'avait été question d'aucun droit du
seigneur, un homme qui poussait le zèle de la tradition jusqu'à
certifier qu'il était le fils des moines, par suite de ce droit-là. M. le
marquis de Pins m'a dit qu'il avait connu aussi un témoin de cette
espèce : c'était un bon bourgeois de la banlieue de Toulouse,
nommé M. Potric. Il a conté à M. le marquis de Pins, avec tout
le sérieux et toute la bonne foi du monde, que son père, à lui
Potric, ne s'était pas marié dans sa paroisse, parce que cette paroisse relevait des moines de la Dorade, lesquels possédaient « un
certain droit » dont le susdit Potric père avait sujet de s'inquiéter. Mais comme il était d'ailleurs fort bien avec les moines, et
que ceux-ci ne manquaient pas de quelques bonnes qualités, il
leur avait emprunté une batterie de cuisine pour le repas de
noces, et il s'était marié tranquillement à quelques lieues de là,
sur un territoire franc. « Comment, monsieur Potric, lui-disait
M. de Pins, vous croyez ce conte ? — Ah ! monsieur, répondait
M. Potric, mon père me l'a dit, et c'était en 1760. Demandez dans
le pays, tout le monde le sait. » Et, en e   , tout le monde le sait.
Le peuple a gardé cet *amer souvenir.*

ingénieusement « vomi en public leur érudition de cabaret (1). »

Et ce n'est pas fini, comme on voit ; cette mode n'est point épuisée. En vain la véritable science, sortant de son long sommeil, a élevé la voix, révisé ces procès instruits par la haine et l'ignorance, flétri ces arrêts rendus par défaut : la méchante passion qui les porta ne s'avoue point battue ; elle reproduit avec un surcroît d'ardeur les inepties qu'elle a fini par se persuader. J'ai sous les yeux des livres nouveaux, des publications récentes, où non plus seulement des pamphlétaires, non plus seulement de vieux avocats plongés et empêtrés là-dedans dès leur jeunesse, non plus seulement de frivoles journalistes qui n'ont de doutes que pour ce qui est vrai, et qui gobent tout ce qui est incroyable, mais des gens qui se donnent pour antiquaires, pour archéologues, pour historiens, font encore au vieux et noble passé de la France cette guerre de forbans. Apportent-ils des découvertes, des faits inconnus jusqu'ici, des preuves ? Rien du tout ! — Voyez Boërius, voyez Ragueau, voyez Laurière, et l'arrêt ep 1409. Pour conclure, toujours les mêmes histoires, qu'aucun n'a vérifiées ; toujours les mêmes auteurs, qu'aucun n'a lus. Chose vraiment désolante ! des hommes d'un vrai mérite, des chrétiens, attestent aveuglément, sur ces misérables témoignages, la réalité de faits qu'il serait cent fois plus naturel de mettre en doute, même lorsqu'ils paraîtraient démontrés,

(1) Expression de Joseph de Maistre.

Après tout, que cela s'étale dans les écrits de M. Mary
Lafon, de M. Lebas, de M. Louandre (1), de M. Fellens, de M. Napoléon Landais, ainsi le veut la nature !
Il y a même des auteurs où je suis étonné de ne pas
le voir. Mais que cela se rencontre encore, quoique
avec réserve, sous une plume aussi sérieuse et aussi
convaincue que celle de M. Lavallée (2), et se lise tout
au long dans un recueil dirigé par M. Cartier, et enrichi de la collaboration de M. Charles Lenormant (3),
c'est vraiment de quoi désespérer. Si la tâche que j'ai
entreprise me paraît alors plus nécessaire, je tremble
en même temps de l'avoir inutilement accomplie.

Achevons pourtant ; et par l'étude de chaque fait
en particulier, donnons à cette réfutation un dernier
et définitif cachet d'évidence.

I. *Le roi Evenus I, ou III, ou XVI, et la* MARQUETTE.
— Je n'ai là-dessus qu'à copier à peu près Raepsaet.
Il fait en même temps justice de ce qu'ont dit plusieurs
savants étrangers que nos savants ne connaissent pas:
« G. Van Loon, sur la foi de Vanderschelling, assure
bien que ce *droit de première nuit* a existé dans les seigneuries de Voshol, Schagen, Sluypwyck et Rhoon,

(1) LOUANDRE, *Hist. d'Abbeville.* Ce livre a déjà quelques années.
La justice m'oblige à dire qu'un travail postérieur de M. Louandre,
publié par la *Revue des Deux-Mondes*, indique de notables progrès
dans le style, dans les études et dans l'esprit de l'auteur.

(2) Dans le t. I de son *Histoire des Français*, M. Lavallée gâte
une page excellente par une note où il parle comme si le droit
du seigneur avait existé dans *quelques endroits.*

(3) La *Revue numismatique.*

et ce dernier auteur fait là-dessus une dissertation assez ample; mais tous ses raisonnements aboutissent à prouver qu'il y a existé un *droit de première nuit*, sans établir en quoi il consistait. Son embarras s'y manifeste, et il en fait remonter l'usage aux temps du paganisme; en quoi il est victorieusement réfuté par Van Loon. Le professeur Hoffmann classe pareillement ce droit au rang des fables. Cependant quand il trouve le témoignage de Boërius, et le procès introduit devant le métropolitain de Bourges, il finit par conclure que si Boërius n'est pas un franc menteur, il n'est pas possible de soutenir que ce droit n'a pas existé. Du Cange semble également indécis, et l'indécision de tous ces savants paraît provoquée par le ton d'assurance avec lequel Hector Boëthius, dans son *Histoire d'Écosse*, raconte : « Que le roi Evenus était « parvenu à un tel degré de démence qu'il portait des « lois impudiques, telles que la faculté à un homme « de prendre plusieurs femmes à la fois, et que le « seigneur, *loci dominus*, pouvait jouir le premier de « la nouvelle mariée. Après bien des siècles, *post* « *longa sæcula*, on n'a pu parvenir à abroger cette « loi, tant elle avait jeté de profondes racines *dans le* « *cœur des fils des magnats*. A la fin, le roi Malcolm, « à la persuasion de la reine, l'a retirée entièrement, « en y substituant une pièce d'or, qu'on appelle *mar-* « *cheta (nummum aureum, marchetam vocant)*, paya- « ble au seigneur le jour des noces, pour rançon; et « jusqu'à ce jour cette redevance se paie. »

« Se peut-il qu'une fable aussi mal conçue ait pu

même faire naître un doute à un homme tel que Hoffmann, qui a fait des recherches très-intéressantes dans la partie des antiquités ? Et les pamphlets du temps présent (1817) menacent le beau sexe du retour de ce droit abominable en cas de retour de la féodalité et de la seigneurie...

« Si jamais il a existé en Écosse un roi Evenus, il a vécu, suivant Boëthius, *longa sæcula*, plusieurs siècles avant le roi Malcolm.

« Il y a eu quatre rois d'Écosse du nom de Malcolm : le premier est mort en 958, et le quatrième en 1165. Ainsi, quand bien même l'on voudrait entendre que Boëthius parle du dernier et qu'on réduirait ses *longa sæcula* à un seul siècle, on ne rapprocherait l'époque du règne d'Evenus que du XIe siècle.

« Mais c'est un point d'histoire bien certain que Guillaume le Conquérant n'a introduit les droits féodaux et les seigneuries territoriales en Angleterre que dans les années 1066 à 1087, et que les Écossais les ont empruntés des Anglais. Comment donc Evenus aurait-il accordé ce droit *loci dominis*, aux seigneurs des villages, tandis qu'il n'en a pas existé avant la naissance de la féodalité ?

« Fût-il vrai, d'ailleurs, comme l'a cru Boëthius, que ces lois d'Écosse sont de Malcolm II, ainsi que leur titre l'annonce, sa fable n'en deviendrait que plus absurde ; car Malcolm II est mort en 1033, et par conséquent un demi-siècle avant que les Anglais eussent acquis une idée des lois féodales et des seigneuries territoriales.

« Mais déjà les savants ont remarqué que le titre
de ces lois les attribue faussement à Malcolm II, fils
de Kennet, et cela par la même raison par laquelle je
prouve que le droit dont je traite ne peut être attribué
au roi Evenus. Dès que ces lois parlaient de comtes
et barons territoriaux, ils n'ont pas balancé d'en conclure que Malcolm II ne pouvait pas en être l'auteur,
parce que ces titres n'ont été connus en Écosse que
sous Malcolm III, qui monta sur le trône en 1057 et
fut tué en 1093, dans une bataille. Bref, la première
rédaction des lois écossaises est postérieure à l'introduction des coutumes normandes, c'est-à-dire des lois
féodales, en Angleterre, et même postérieure au règne
du roi David Ier, qui mourut le 24 mai 1153 ; de sorte
que tout ce que Boëthius raconte de ces lois de Malcolm II et de ce droit de première nuit est d'autant
plus fabuleux que, sous Malcolm II, on ne connaissait
en Écosse ni *seigneurs*, ni *seigneuries*, ni *marcheta*.

« Allons plus loin. Voici cette prétendue loi de
Malcolm II, qui fait parti de celles qui parurent sous
Malcolm III, après la mort de David Ier, en partie
sous le faux titre de *Leges Malcolmi Mac-Kennet ejus
nominis secundi*, et en partie sous celui de *Regiam
majestatem*, où le titre de *Marchetes* se trouve, *lib. IV,
cap. XXXI* :

« *De Marchetis mulierum*

« *1° Sciendum est, quod secundum assisam Scotiæ*
« *quæcumque mulier fuerit, sive nobilis, sive serva,*
« *sive mercenaria,* marcheta *sua erit una juvena vel*

« *tres solidi, et rectum servientis* (le droit du sergent
« ou du chambellage) *tres denarii.*

« 2° Et si filia liberi sit et non domini villæ, mar-
« cheta *sua erit una vacca, vel sex solidi, et rectum*
« *servientis sex denarii.*

« 3° *Item* marcheta *filiæ thani vel ogetharii, duæ*
« *vaccæ vel duodecim solidi*, et rectum servientis duo-
« decim denarii. »

« 4° *Item* marcheta *filiæ comitis, et reginæ, duodecim*
« *vaccæ.* »

« Y a-t-il dans tout cela une ombre de toute cette
historiette de Boëthius?

« Du temps de Guillaume le Conquérant, qui a
introduit la féodalité en Angleterre, et dont Malcolm III
a été le contemporain, les lois féodales, quoique seulement rédigées après la mort de David Ier, ont été
plus ou moins adoptées en Écosse; le livre *Regiam*
majestatem ne permet pas d'en douter. Toutes les lois
féodales qu'il renferme sont conformes aux lois normandes sur les fiefs, parce qu'elles furent empruntées
de celles que Guillaume avait introduites en Angleterre. Ainsi trouvons-nous en Écosse le *marcheta,*
parce que c'était un droit devenu féodal en France.

« Or Boëthius, rencontrant ce droit dans les lois
de Malcolm, et l'y découvrant pour la première fois,
sans en savoir ni l'origine, ni le but, l'a attribué au
rachat de ce droit obscène de première nuit dans le
sens qu'il l'entendait. Il faut convenir que si cette
conjecture disparaît devant le flambeau de la critique,

elle est néanmoins assez excusable (à l'époque où Boëthius écrivait). J'approuve fort l'opinion de Hoffmann,
qui présume *plebem lascivisse in marchetam :* le peuple aura vu qu'il fallait payer un certain droit au
seigneur pour épouser une fille de sa seigneurie; il
aura appris de père en fils que l'introduction de ce
droit datait depuis des siècles; il aura ignoré que,
par les chartes d'affranchissement de leurs serfs et de
leurs hôtes, les seigneurs se sont réservé en général
une redevance payable au mariage et au décès. Les dé-
nominations lubriques qu'on trouve avoir été données
à la redevance pour le mariage prouvent que ce sont là
autant de sobriquets. Il est dans le caractère du peuple de couvrir d'un nom ridicule ou odieux une
prestation à laquelle il ne peut se soustraire, et qu'il
paie malgré lui. Ce sobriquet reste, et l'origine se
perd dans la nuit des temps; la mémoire en est effa-
cée par d'autres institutions qui se succèdent, comme
la disparition de la servitude, la liberté du mariage.
On ne peut concevoir qu'il y ait eu un temps où cette
liberté ait dû être rachetée. Le sobriquet annonce une
cause différente; elle est méchante, et par cela seul
avidement saisie : voilà la TRADITION! Elle se répète
de père en fils, et les écrivains la transmettent par
leurs écrits, parce qu'ils n'en savent pas plus que le
peuple, et que souvent ils ne se doutent pas des véritables origines. »

Raepsaet, après quelques raisonnements qui seraient superflus ici, termine par une remarque fort
sensée. Si Boëthius ou ceux dont il tenait son récit

ont été obligés de forger un roi imaginaire très-ancien, et de le peindre comme l'homme le plus barbare et le plus fou pour accréditer l'existence en Ecosse d'un droit aussi révoltant, de semblables monstres doivent nécessairement avoir existé parmi les seigneurs territoriaux en France, en Piémont, en Allemagne et en Hollande, où l'on dit que ce droit a été également établi. Or pourquoi les noms de ces monstres et le récit de leurs autres barbaries, bien plus rapprochées de nous que celles de cet Evenus, ne nous sont-ils pas parvenus, lorsque nous connaissons si bien cet Evenus, qui n'a jamais vécu (1)?

Je puis ajouter que l'opinion contraire à celle de Raepsaet est aujourd'hui abandonnée en Angleterre, où, comme chez nous, elle a eu beaucoup de partisans. Une dissertation récente de M. Georges R. Corner (2) cite plusieurs écrits où l'on établit le caractère exclusivement fiscal de la marquette. Lord Hailes, dans ses *Annales de l'Écosse*, loue extrêmement le savant travail de Raepsaet, et traite non-seulement Evenus et sa loi supposée de choses fabuleuses et scandaleuses, mais exprime encore des doutes très-forts sur l'existence de Malcolm III, par qui l'on dit que la loi d'Evenus a été abrogée.

II. Le *cazzagio*. — C'est le nom de la *marquette* ou droit du seigneur en Piémont. On varie beaucoup sur

(1) J.-J. RAEPSAET, *Recherches*, etc., p. 211-219.
(2) *On the Custom of Borough english, as existing in the County of Sussex*; by George R. Corner, esq., London, 1853.

l'orthographe. Les uns mettent deux z et un seul g, les autres deux g et un seul z, les autres deux z et deux g, etc. Voltaire met deux r, *carragio;* le vocabulaire italien ne met rien du tout. Là se bornent tous les renseignements qu'il m'a été possible de trouver sur la nature, l'origine et l'abolition du *cazzagio*. Mais il n'est bruit que de la résistance héroïque opposée au *cazzagio* par les habitants de Prelley et de Parsanni, en Piémont. Les seigneurs de ces deux pays ayant refusé la commutation que leurs vassaux requéraient, ceux-ci se portèrent à la révolte et se donnèrent à Amé VIe du nom, XIVe comte de Savoie, lequel les a transmis à ses successeurs. On lit partout cette anecdote, mise en circulation par Laurière; mais on ne la lit point dans l'*Histoire de Savoie*, où Laurière dit l'avoir trouvée, ni dans l'*Historia Sabaudiæ*, indiquée par Du Cange, dont les éditeurs, probablement, se sont bornés à traduire en latin la note et les indications de Laurière.

Il faut observer qu'on ne rencontre nulle part ni une *Histoire de Savoie*, ni une *Historia Sabaudiæ*. Il y avait, du temps de Laurière, la Chronique de Champier, celle de Paradin, l'ouvrage latin de Vanderbuch, *Sabaudorum ducum principumque historiæ gentilitiæ;* les vastes et savants volumes de Guichenon, *Histoire de la Bresse et du Bugey*, et *Histoire généalogique de la maison de Savoie;* point d'*Histoire de Savoie*.

Ces livres notent, pour ainsi dire jour par jour, les faits et gestes des princes de la maison de Savoie, et donnent avec grand soin leurs moindres acquisitions.

Aucun ne parle des événements ni de l'acquisition de Prelley et de Parsanni. Ces deux communes si célèbres n'y sont pas même nommées. Il est vrai qu'elles ne sont pas nommées davantage dans les dictionnaires géographiques les plus complets : rien dans Lamartinière ; dans Moréri, rien. J'ai des doutes sur l'existence de Prelley et de Parsanni.

Dans toutes les notices consacrées aux Amédée, il n'y a qu'un fait, rapporté par Guichenon, sous Amé VII, qui ressemble à la fameuse aventure de ces républiques :
« Edouard, seigneur de Beaujeu et de Dombes, ayant
« été conduit prisonnier à Paris pour un rapt par
« lui commis d'une jeune fille de Villefranche en
« Beaujolais, les gentilshommes de Dombes, appréhen-
« dant quelque sinistre événement pour leur seigneur,
« et que, n'ayant aucuns enfants, ils n'eussent quelque
« successeur qui ne fût pas à leur gré, se jetèrent entre
« les bras d'Amé VII, et lui demandèrent sa protec-
« tion contre le vicaire général de l'empereur. Ils
« vinrent donc en la ville de Bourg, et le 8 septembre
« 1398, dans la maison du seigneur de Courgenon, lui
« firent hommage, et le comte leur promit de les
« maintenir en leurs anciennes franchises, libertés et
« coutumes (1). »

Si c'est là le fait dont parle Laurière, il a été bien travaillé ! Guichenon ne le reconnaîtrait pas.

Ce Guichenon était très-érudit. Comme historiographe officiel de la maison de Savoie, il avait à sa

______

(1) GUICHENON, *Hist. de la Bresse et du Bugey.*

disposition toutes les archives de la famille et du duché. Par quelle raison aurait-il voulu taire le fait de Parsanni et de Prelley, si honorable pour ses princes ? et comment aurait-il pu l'ignorer?

Mais, s'il est impossible de trouver l'histoire politique du *cazzagio*, Du Cange, heureusement, nous définit le *casalagium*.

C'était simplement une tenure en villenage ; c'est-à-dire que les serfs et vassaux qui tenaient un domaine suivant cette coutume étaient astreints aux devoirs et redevances des hommes de corps. A ce titre, ils devaient demander, et probablement payer, comme ailleurs, le congé de mariage. Si donc les hommes de Prelley et de Parsanni ont levé l'étendard de l'indépendance et se sont donnés aux comtes de Savoie pour ce motif, — qui n'est nullement établi, — c'est que la redevance leur paraissait trop forte, ou qu'ils ne voulaient plus du tout la payer.

Admirables effets d'une simple traduction ! le *cassalagium* existait parfaitement dans les coutumes de Toulouse et du Berry, où l'on n'a jamais songé à en dire le moindre mal : sous le nom de *cazzagio*, il paraît quelque chose d'affreux (1).

____

(1) Du Cange : « *Casalagium.*— *Casalitium.*— *Casale.*

« *Casa,* vel *tenementum hominum de corpore,* censui dominico obnoxium. (Et census ipse ratione *casalitici* domino debitus.)

« *Casale.* — Idem quod *casaliticum* (*casa, tugurium*). Veteres consuetudines Bituricenses editæ a Thomasserio, p. 112: « Quod pro quolibet casali sito in censibus nostris et rebus pertinentibus ad casale, quod casale cum pertinenciis tenebant homines quondam talliabiles reddentur nobis viginti bosselli avenæ, et viginti

III. *La jambe nue. — Les chanoines de Lyon.* — Après avoir raconté l'histoire du curé de Bourges (*ce curé libertin*, dit M. Lebas), Boërius ajoute : « J'ai ouï « dire encore et tenir pour certain que *quelques sei-* « *gneurs gascons* (d'autres disent normands) avaient « le droit, la première nuit des noces, de poser *une* « *jambe nue* à côté de la jeune mariée, ou d'exiger « une composition (1). » Une jambe nue, c'est-à-dire dépouillée de l'armure ou déchaussée, comme celle du baron de Cessac. Voilà un droit superbe qu'avaient ces quelques seigneurs gascons !

L'usage, s'il peut aujourd'hui paraître très-indécent, était du moins très-rare, puisque Boërius, né et élevé à Montauban, professeur à Bourges, président à Bordeaux, ayant toujours vécu dans le Palais, où viennent

denarii Turonenses censuales accordabiles, vel tantum, seu pro rata quam tenebant de casali. » Quæ sic gallice redduntur in consuetudinibus *de Troy* in eodem agro Bituricensi : « *Item*, par ladite coutume et droit prescrit de temps immémorial, ledit seigneur a droit de prendre sur chacun cheseau étant audit censif de cens accordables payables comme dessus, et pour demi-cheseau, trois boisseaux de marseche et un denier obole parisis. »

(1) Et pariter dici et pro certo teneri, nonnullos Vasconiæ dominos habere facultatem prima nocte nuptiarum suorum subdi torum ponendi unam tibiam nudam ad latus neogamæ cubantis, aut componendi cum ipsis. *Décis.* 297.

Je trouve ici l'occasion de placer une note qui m'a été fournie par M. Delisle sur la foi due aux *vidi* et aux *dici et pro certo teneri* de Boërius. Il raconte que les premiers maîtres furent *Joannes Poglia-rensis, Franciscus Tigrini de Pisis* et *Bartolus de Saxo-Ferrato.* Sur quoi La Thaumassière remarque que ces docteurs professaient dès l'an 1330, et le premier est mort en 1355. Bohier né en 1470 n'a donc pas étudié sous eux.

aboutir tous les droits et tous les usages du monde, et de plus ayant passé une grande partie de sa vie à proximité de la Gascogne, ne connaissait pourtant cet usage que pour en avoir entendu parler comme d'une curiosité du vieux temps.

Deux autres voisins de la Gascogne, très-empressés de noter ce qui leur paraissait abusif et insolite, Bernard de La Roche-Flavin et Simon d'Olive, l'un président, l'autre conseiller au Parlement de Toulouse, auraient dû confirmer le ouï-dire de Boërius, si l'usage avait existé. La Roche-Flavin n'en parle pas ; Simon d'Olive le mentionne seulement, non comme *gascon*, mais comme *lyonnais* : « Tel était le droict remarqué « par Choppin sur la coustume d'Anjou, où il rapporte « que certains seigneurs *du pays lyonnois* ont faculté « de tenir la cuisse dans *le lict des nouveaux mariés* « (et non pas *à côté de la mariée*) au iour des nopces « de leurs vassaux. » Simon d'Olive rapporte ce fait à l'occasion d'une instance des habitants d'Avensac pour faire abolir le châtiment usité contre les adultères, « qui estoient obligez de courir la ville tout « nuds, ou bien de payer cinquante sols; » et la coutume fut abolie par arrêt du 12 mai 1628, « comme « contraire aux bonnes mœurs et à l'honnesteté pu- « blique (1). » D'où il faut conclure que si l'usage de la jambe nue avait existé, ou avait donné motif à quelque plainte, ni les plaideurs ni les arrêts n'auraient manqué pour en procurer l'abolition.

(1) *OEuvres de* Simon d'Olive, Lyon, 1660.

Quant à Choppin, j'ai transcrit plus haut le passage où il parle de cette coutume. Il dit, sans autre explication, que les chanoines de Lyon, ayant ce droit (probablement par l'acquisition d'un fief), le trouvèrent peu convenable à leur état et le changèrent en une autre redevance.

IV. *Les religieux de Nevers. — Les abbés de Sorrèze. — Le chantre de Mâcon.* — Parmi les seigneurs ecclésiastiques inculpés d'immoralité, on ne manque jamais de citer les religieux de Saint-Etienne de Nevers, avec cette dernière mention, qui vaut une preuve pour la masse des lecteurs : Voyez Laurière ; voyez Papon, titre *Des Adultères.* Oh ! oh ! voyons Papon ! Mais, au titre indiqué, Papon ne dit rien des religieux de Nevers. Il fait seulement mention de deux clercs condamnés pour adultère ; ce qui ne prouve pas que le droit de marquette ait protégé les mauvaises mœurs. Voilà l'autorité de Papon, qui, grâce à Ragueau, est très-considérable sur la question : «Voyez Papon, *Adultère.*» Comment résister à cela?

Cependant, à un autre endroit, Papon a parlé des religieux de Nevers. Je cite : « Droicts ridicules ne « doibvent estre maintenus. — Arrest du parlement « du 19 mai contre l'Evesque d'Amiens, etc. » Nous connaissons cette ritournelle. «Autre arrest du 25 sep- « tembre 1582 contre les religieux de Saint-Etienne, « qui prétendoient *avoir le droit de prendre un plat de* « *roty, de bouilli, un quart de vin et un pain de quatre* « *livres* (probablement au profit des pauvres) *sur ceux*

« *qui se marioient* (1). » Prétendaient-ils ce droit en compensation d'autre chose? Nullement. Ils disaient simplement le tenir en fief du duc de Nevers. « Mais, « remarque Charondas, la cour a prudemment consi- « déré que le présent, offert quelquefois en un banquet « de nopces par gaillardise ou par libéralité, ne deb- « voit point estre tiré à conséquence. » Même arrê- contre les bouchers d'Orléans qui voulaient obliger le chapitre de la cathédrale à leur donner un banquet, « et en avoient quelque arrest, mesmes dès le tempt « du roy Charles VII. La cour jugea la possession du- « dict droict incivile et abusive, et en débouta lesdits « bouchers. »

L'abbé de Sorrèze, comme seigneur de Villepinte, avait un droit semblable à celui des religieux de Ne- vers. Il est cité rarement, parce qu'il n'a pas été dés couvert aussitôt ; mais bien entendu qu'il n'y perd rien : sa place est bonne, parmi les seigneurs ecclésias- tiques qui ont exercé dans toute son étendue le « cer- tain droit. » Voici la source où l'on puise, le plus sou- vent sans la nommer, et même sans la connaître, et tou- jours sans donner le texte : « Par arrest du 24 janvier « 1549, entre le syndic des manants et habitants du « lieu des Bordes en Lauraguois, et Madalène de « Binet, fut dict et ordonné que, en ce que la dicte de « Binet demandoit de pouuoir prendre par droict de « fougage sur les habitants mariez et durant leur « mariage tant seulement, demi cestier de bled et

___

(1) PAPON, liv. X, t. III, n° 8.

15.

« autres droicts par elle exigez, abusant et repugnant
« à *la liberté* du sacrement de mariage, les habitants
« en furent absous et relaxez et sans despens. Sem-
« blable arrest fut après donné *pour semblable subiect*
« entre l'abbé de Sorrèze, comme seigneur de Ville-
« pinte audict pays de Lauraguois, et le syndic des
« manants et habitants dudict lieu (1). »

Tel était le droit du *chantre de Mâcon,* dont M. Mary
Lafon parle avec tant d'assurance. En vertu d'une ancienne coutume, il avait par chaque mariage une redevance dont le taux variait suivant la fortune des
époux. Ce droit donna lieu à des réclamations que le
Parlement renvoya à l'arbitrage de l'évêque de Lyon,
dont l'évêché de Mâcon était suffragant. L'archevêque
retira au chantre la faculté de délivrer des permis-
sions de mariage, et maintint le droit de la chantrerie,
en le fixant à six deniers parisis, qui seraient désormais payés au curé ou au chapelain de l'église où
serait célébré le mariage. La sentence de l'archevêque
est antérieure à 1340. Elle est rapportée dans le *Glossarium novum* de Carpentier; et si l'on peut raconter
autrement l'histoire, il n'y a nul moyen de l'apprendre autrement.

V. *Les seigneurs de Saint-Martin-le-Gaillard et quelques autres.* — Lorsque l'on a pris de telles libertés
d'interprétation avec les arrêts de justice qui ont un
sens clair, précis, et qui sont offerts à toutes les véri-

(1) B. DE LA ROCHE-FLAVIN, *Arrests notables,* etc. Toulouse.

fications, on en a dû prendre de bien plus grandes ou
par ignorance, ou par méchanceté, avec des chartes
souvent peu lisibles et obscures, et qui avaient besoin
des éclaircissements de la coutume, restée inconnue.
Le plus célèbre document de ce genre, dont il est
question partout, est ainsi signalé par Voltaire, d'a-
près Laurière, à l'article *Taxe*, du *Dictionnaire philosophique.*

« On a conservé un procès-verbal fait par M. Jean Fragnier,
auditeur en la chambre des comptes de Paris, en vertu d'arrêt
d'icelle du 7 avril 1507, pour l'évaluation du comté d'Eu,
tombé en la garde du roi par la minorité des enfants du
comte de Nevers et de Charlotte de Bourbon, sa femme. Au
chapitre du revenu de la baronnie de Saint-Martin-le-Gaillard, dépendant du comté d'Eu, il est dit : *Item*, a ledit seigneur, audit lieu de Saint-Martin, droit de *culage* quand on se
marie. »

Le droit dont il s'agit ici n'étant pas autrement
caractérisé, c'est dans le mot qui le désigne que réside
toute la valeur de la pièce aux yeux de Voltaire et de
Laurière son auteur. — Or, ce mot ne prouve rien de
soi ; on l'a vu plus haut vulgairement appliqué à la
taxe du for-mariage, et au droit de relief auquel
donnait ouverture le mariage des vassales nobles. —
Ce qui ne permet pas de douter qu'il s'agit également
ici d'une redevance purement fiscale, c'est qu'il en
est question *au chapitre du revenu de la baronnie de
Saint-Martin-le-Gaillard.*
Si Laurière avait eu sous les yeux un plus grand
nombre de chartes, il aurait donné sujet à Voltaire

de dire bien autre chose. Il en existe où ce droit est spécifié dans les mêmes termes, au profit de quelques abbés, et même de quelques abbesses.

« Au XIIe siècle, dit M. Delisle, à Garpiquet, l'abbesse de Caen demandait trois sous au paysan dont la fille s'établissait en dehors de sa seigneurie : *Si dederit filiam suam extra vila- nagium, dabit iij solidos abbatisse.* — Au siècle suivant, les vilains de Verson acquittaient un droit semblable au profit des moines du Mont-Saint-Michel :

> Se vilain sa fille marie
> Par dehors la seignorie,
> Le seigneur en a le culage :
> III sols en tel mariage.

« Dans un *aveu du fief du Trop*, en 1455, nous voyons encore les vassaux tenus *de payer le cullage de mariage.* Dans l'un et dans l'autre de ces exemples, il ne s'agit évidemment que d'une redevance en argent; ce qui autorise à donner une semblable interprétation au « droit de cullage quand on se marie » que le comte d'Eu avait sur ses hommes de Saint-Martin-le-Gaillard. »

Il est évident, en effet, que ce terme si exploité n'était que le nom populaire, le *sobriquet*, comme dit Raepsaet, de la fiscalité établie pour la permission de se marier, et principalement pour le for-mariage (1).

(1) Ce nom même, admis dans la langue et employé dans les actes officiels, prouve directement le contraire de ce que l'on veut prouver, et c'est ce que M. Dupin aurait dû comprendre. S'expliquerait-on que des chrétiens, des gentilshommes, des prêtres, eussent employé ce mot s'il avait eu la signification que l'on veut aujourd'hui lui attribuer? Lorsque Molière, avec l'audace d'un banni, jetait en plein théâtre, à la face d'une société polie,

Il avait cours précisément dans l'une des provinces les plus anciennement libres, et les chartes qui le contiennent sont postérieures à l'époque des affranchissements. Ces considérations n'ont pas arrêté M. Lebas, ou il s'est dispensé de les faire. Voyant que la redevance pour le mariage était payée aux abbayes de femmes, il a écrit avec candeur que les abbesses faisaient exercer le surplus des droits du seigneur « par leurs avoués ! »

Observons ici que les documents sur le droit de mariage paraissent très-nombreux parce qu'on a ramassé avec un grand zèle tout ce que l'on a pu trouver, et que les divers auteurs, s'empruntant fidèlement les uns aux autres tout ce qu'ils trouvent, l'ajoutent au butin de leurs devanciers. Néanmoins, ces pièces sont relativement assez rares, si l'on songe à la masse d'écritures que le Moyen Age nous a léguées et qui est encore immense en dépit des siècles et des destructions. Manifestement l'impôt sur le mariage a disparu de très-bonne heure : à partir du XIᵉ siècle, dès que les vassaux ont voulu le racheter; à partir du XIVᵉ, dès qu'ils ont voulu le faire abolir. Il s'est maintenu çà et là plus longtemps, par la simple raison qu'il n'avait rien de blessant ni d'onéreux. M. De-

des mots grossiers qu'elle réprouvait, cela passe pour naïveté, et l'on en conclut que l'âme de Molière était plus pure au fond que celle des Précieuses; mais un mot de même espèce, écrit çà et là dans quelque charte de village du XIIᵉ au XVᵉ siècle, suffit aux mêmes gens pour attester la plus infâme corruption qui fut jamais, et l'avocat des chansons de Béranger, imitant l'auteur de la *Pucelle* et celui de *Figaro*, se voile pudiquement la face !

lisle, qui connaît tout ce qui existe de documents. manuscrits sur la Normandie, en a trouvé une douzaine qui ont trait aux droits de mariage. Voici la conclusion qu'il en tire, après les avoir tous analysés (le premier est du XIIe siècle, le second est de la seconde moitié du XVe) :

« On aura remarqué, dit-il, que le seigneur lève un droit sur les mariages de ses vassaux, mais quelquefois seulement quand la fille sort de ses domaines ; que ce droit consiste généralement en argent *ou en mets semblables à ceux de la noce*, le plus souvent en gâteaux : ce qui fait appeler cette redevance *regards de mariage* ; enfin, que dans certains lieux, le marié est tenu, sous peine d'amende, de rompre une. lance, monté à cheval ou dans un bateau (1). Pour être absolument impartial, observons qu'une fois seulement un mot peu décent s'est rencontré, mais que la suite ne laisse pas la moindre trace à une maligne interprétation ; — qu'une fois encore, les regards de mariage sont indiqués comme l'équivalent d'autres redevances remises à la fin du XIIIe siècle, mais que personne ne saurait se faire un argument de la transformation de ces rédevances, à moins de s'appuyer sur le contrat même de rachat ou sur tout autre document plus explicite que l'aveu par nous produit ; — enfin que, dans un seul cas, nous avons vu spécifier ce droit infâme dont le nom se jette sans cesse à la face de la féodalité comme le plus sanglant outrage ; mais que, dans ce cas même, nous n'avons sous les yeux qu'une. formule comminatoire, puisque l'exercice de ce droit est subordonné à la négligence que le mari mettrait à donner *un morceau de porc et un galon de vin*. En résumé, nous ne constatons donc pas que les paysans aient été, à l'occasion de leur mariage, soumis envers leurs seigneurs à des obligations plus avilissantes que celles.

____

(1) C'était ce qu'on appelait la *quintaine*.

auxquelles ces derniers étaient eux-mêmes astreints vis-à-vis de leurs suzerains (1). »

La clause comminatoire dont parle M. Delisle, et qui est extrêmement rare, n'est qu'une facétie de laquelle on ne peut rien inférer, sinon qu'en certains cas l'impôt même n'était pas exigible. M. Bouthors en cite, d'après Grimm, un seul exemple, allemand, ou plutôt suisse, qui est rapporté plus exactement par M. Michelet, *Origines*, p. 263 : « Notre avis est que « ceux qui viennent ici célébrer leurs noces doivent « inviter le *maire et son épouse*. Le maire, de son côté, « prêtera au futur un pot où il puisse facilement faire « cuire une brebis ; le maire amènera encore une « voiture de bois, et le jour des noces, le maire *et son* « *épouse* apporteront, en outre, le quart d'un ventre « de laie. Quand les convives se seront retirés, le nou- « vel époux laissera le maire avec sa femme ; sinon il « la rachètera pour cinq schillings et quatre pfen- « nings. » — J'ignore pourquoi M. Bouthors a sup- primé l'*épouse* du maire, puisqu'elle assistait à la cérémonie, de par la coutume. Ce sont ces inexacti- tudes, qu'on ne devrait pas signaler chez un greffier, qui donnèrent des tentations aux faibles comme M. Dupin. M. Bouthors aurait pu voir encore, dans M. Michelet, que le droit du pays même où cette cou- tume était établie permettait au mari de chasser sa femme adultère, sans lui donner autre chose qu'une

______

(1) Léop. Delisle, *Études*, etc., p. 74.

quenouille et quatre pfennings, quelle que dot qu'elle
eût apportée. (Droit de Soleure, 1506.)

Pour terminer sur ce chapitre, et pour ne rien omettre, ajoutons qu'un aveu rapporté par le continuateur
de Du Cange, au mot *Braconagium*, semble contenir
le même droit (deux sous) et la même clause comminatoire au profit du sire de Mareuil, seigneur de
Chaulny, dans le Ponthieu, en l'an 1228, sous la reine
Blanche. Le mot, d'après D. Carpentier, «*significat jus
quoddam insolitum domini in puellas quæ nubunt ip-
sas nimirum deflorandi in prima nuptiarum nocte. —
Vide* BRODŒUM, *in* Consuetud. Paris. *tom.* I, p. 273,
2ᵉ *editionis.*» C'est à cet endroit précisément que Brodeau parle de « l'abominable et détestable coustume
qui existoit parmi les peuples septentrionaux et qui a
esté abolie par le Christianisme. » Il rappelle ensuite
les lois d'Ecosse, la *marchela,* Skeneus, etc., « ce qui,
ajoute-t-il, se rapporte au droict de *braconage* dont il
est parlé dans les comptes de domaine de Chaulny ; lequel droict est autre que celui de *chevel* en Normandie. » Puis il retombe dans la jambe nue de Choppin
et de Boërius, dans le droit des seigneurs de Souloire,
dans ses notes sur M. Louet, etc. Tout cela ne démontre nullement l'authenticité de l'aveu des seigneurs de Chaulny, qui d'ailleurs ne prouverait que
l'existence, dans cette seigneurie, du congé de mariage. Mais il est bon d'observer que l'interprétation
donnée au mot braconnage ne se retrouve nulle part
ailleurs ; que ce mot même n'est pas dans les manuscrits de Sainte-Palaye ; que le texte français cité

par le continuateur de Du Cange est évidemment falsifié, et que le style jure avec la date ; enfin, que les autres documents contemporains recueillis dans le Coutumier de Picardie, en 1726, les coutumes d'Amiens, avec les commentaires de De Heu, de Dufresne et de Ricard, les coutumes du Ponthieu, avec les commentaires de Gosset, et l'*Histoire généalogique des comtes de Ponthieu et des maieurs d'Abbeville*, par le carme Ignace-Joseph de Maria, ne disent rien de cela et rien qui en approche.

M. Bouthors vient très-heureusement ici à mon secours.

Après avoir interprété, comme on vient de le voir, le mot *Braconnage*, Dom Carpentier ajoute :

« Hujus mentio præterea occurrit in consuet. locali mss. Auxeii castelli ; à quâ homines Ruguæ, uxoris suæ precibus, liberos jussit esse Guillelmus III, Pontivi comes (vide *Marchetta*). »

Or voici la coutume d'Auxi-le-Château, recueillie par M. Bouthors.

« A Auxi-le-Château, quand aucun estranger se allye par mariage à fille ou femme estant de la nacion d'Auxi ou demeurant en icelle ville, ils ne pœuvent, la nuit de la feste de leurs nœupches, coucher ensemble sans avoir obtenu congé de ce faire du seigneur ou de ses officiers, sous peine de LX sols d'amende. »

Ainsi, il s'agissait tout simplement de la marquette et du for-mariage.

VI. *Grave indécence d'une reine et d'un archevêque.*
— Ce trait de Dom Carpentier m'en rappelle un autre,
d'un tout petit savant de province, qui mit, il n'y a pas
longtemps, sa société archéologique en rumeur, par
une rare découverte qu'il venait de faire.

Dans un mémoire, fruit de ses veilles, contenant
l'analyse de quelques registres de l'hôtel de ville, ce
digne homme assura qu'au XVe siècle, je ne sais en
quelle année, les gens d'une très-grande dame, d'une
reine, au nom de cette princesse, et à l'occasion de
certain fief, avaient prêté serment à l'archevêque, une
main sur l'Evangile, l'autre sur la virilité du prélat.

Notre savant ne dissertait point, ne commentait
point. Il se contentait de lire l'énoncé du fait avec une
gravité académique. Le registre municipal signalait
l'affaire; elle s'était passée à tel jour, à telle heure :
c'était assez. Les ecclésiastiques présents à la séance
courbaient la tête à la façon du *Dictionnaire de Tré-*
voux. Autour d'eux, on échangeait de beaux sourires
de province. Rien n'est brutal comme un fait. Que répondre? Est-ce que la barbarie du Moyen Age n'auto-
risait pas les choses les plus révoltantes? est-ce que le
registre municipal n'était pas là, sous les yeux de tout
le monde, écrasant d'authenticité?

Mais le succès rend ambitieux. Notre savant voulut
colporter dans le monde quelques récits de cette reine,
de cet archevêque et de cette forme des serments au
XVe siècle. Il en parla devant son préfet. Le préfet ne
se piquait point d'archéologie, il croyait d'avance aux
plus fortes singularités du Moyen Age; mais celle-ci

étonna son bon sens, par la raison, après tout, qu'une reine est toujours une femme, et un archevêque toujours un prêtre. « Monsieur un tel, dit-il à l'archéologue, vous avez choppé. » L'archéologue propose de fournir des preuves : on le prend au mot. Il apporte le registre et montre le grimoire assez brouillé du greffier du XVᵉ siècle. Personne n'y put lire. Là était le mystère. Le préfet nota la page et serra le volume.

A quelque temps de là, un élève de l'École des Chartes vint à passer. Le préfet lui mit le registre en main, le priant de lire l'endroit indiqué.

Il y était dit que les gens de la reine avaient en son nom prêté serment à l'archevêque, *une main sur le texte sacré et l'autre sur le* PIS. — Et que signifie cela? dit le préfet. — Une main sur les Saintes-Ecritures, et l'autre sur la poitrine, sur la mamelle, sur le cœur, répond le paléographe. — Ah! ah! *Pis?*... — *Pectus.*

L'explication était évidente. L'archéologue la reçut tout de suite et fut bien forcé d'acquiescer. On eut quelque dureté pour lui à ce propos dans la ville ; ce qui m'oblige à dire qu'il n'était pas l'inventeur de cette imagination ridicule. Il ne savait pas lire l'écriture du XVᵉ siècle ; on peut être savant sans ce détail. Le registre contenait en marge une brève analyse de chacun des articles. Qui avait fait cette analyse ? Quelque autre savant, que la tradition pourrait indiquer. Dans son ignorance ou dans sa malice voltairienne et révolutionnaire, ce prédécesseur avait trouvé et noté au bas de son analyse la traduction étrange que l'amateur moderne avait assumée.

Si cela paraissait incroyable, je pourrais nommer la ville, donner le titre du volume, indiquer la page.

Assurément, le trouveur était incapable d'y mettre plus de méchanceté qu'il ne faut. Content de ramasser la chose, il ne l'aurait pas fabriquée. Mais quelqu'un l'avait fabriquée : nous verrons qu'il y a des gens à qui cette industrie ne répugne point.

Eh bien, pourtant, si le préfet ne s'était pas trouvé incrédule, — une crédulité ingénue, en pareille matière, n'est pas incompatible avec les plus hautes fonctions, — ou si notre savant eût été plus modeste, la chose passait tout droit! Les annales de la société archéologique du département auraient fait connaître l'hommage très-bizarre et très-choquant que l'archevêque de..., au XVe siècle, recevait de la reine de... Voyez-vous les limiers de M. Lebas tombant sur ce gibier! Entendez-vous M. Dupin faisant son rapport à l'Académie des sciences morales sur l'ouvrage de M. Lebas! Lisez-vous M. Alloury, faisant sa réclame sur le rapport de M. Dupin! Et quel régal pour les érudits de barrière! Et comme toute la petite bande des grapilleurs vendangerait cela pour une nouvelle édition ou pour un nouveau volume!

Véritablement, quel moyen de ne pas croire à cette grossièreté qui en aurait accrédité tant d'autres? Une pareille imagination dépasse un peu la mesure admissible de l'erreur humaine. Je ne pense pas que le scrupule fût venu à personne d'aller vérifier le registre des archives municipales de la ville de..., à soixante lieues de Paris. Et puis, si le registre s'était perdu, les assertions de notre savant, corroborées par une société archéologique à qui l'on doit d'ailleurs d'estimables travaux, avaient toutes les chances de devenir une de ces vérités incontestables dont les hommes éclairés de la presse, de la magistrature et de l'Académie des sciences morales se remparent contre les préjugés qu'on veut ressusciter en faveur du Moyen Age. « Voilà pourtant, diraient-ils, les siècles que l'on ne craint pas de nous donner en exemple, à nous qui avons une manière si décente de prêter nos serments ! »

Rien de plus fréquent que cette légèreté, quand il s'agit du Moyen Age. Ceux qui devraient s'en occuper avec un soin tout particulier commettent des énormités effrayantes. M. Léon Aubineau, mon collaborateur à l'*Univers*, précédemment archiviste du département d'Indre-et-Loire, a vu dans ces archives une petite charte du XIIIe siècle où il est question d'un personnage nommé Larchevêque et de sa femme. Un annotateur, assez patient pour découvrir cette petite pièce, ne s'était pas appliqué à la comprendre, et il avait eu la simplicité d'écrire au dos un *nota bene* pour signaler le scandale de ce XIIIe siècle, où un archevêque de Tours faisait comparaître sa femme dans un acte authentique ! !

On composerait un bel *ana* des bévues de cette sorte. D'après celles que des annotateurs ont déposées sur les marges mêmes des textes qu'ils étudiaient, qu'on juge des sottises où peuvent descendre les écrivains qui travaillent souvent sur des souvenirs confus, sans mettre leurs élucubrations en regard des documents qu'ils interprètent, ni leur conscience en regard des hommes et des institutions qu'ils calomnient.

VII. *Les seigneurs de Souloire.* — Entre les noms les plus maltraités par ce grand parti des ramasseurs d'ordures, on remarque celui des seigneurs de Souloire. Leur tyrannie est célèbre. Ils auraient exercé l'infâme droit jusqu'au XVIIe siècle, époque où, devenus sans doute meilleurs, ils y renoncèrent volontairement. Voltaire en a parlé après deux autres, tout le monde en parle après Voltaire. Voyez l'*Encyclopédie*, voyez Du Cange, voyez Laurière, voyez Choppin, voyez Servin, voyez Auzannet, voyez Brillon, voyez surtout : *La Féodalité, ou les droits du seigneur ; événements mystérieux, lugubres, scandaleux, exactions, despotisme, libertinage de la noblesse et du clergé,* par CH. FELLENS. Il faut braver tout dégoût et citer quelque chose de ce dernier auteur, qui écrit « pour le peuple. » On verra l'aboutissement de ces jovialités littéraires et philosophiques. Après quelques phrases obscènes sur le droit du seigneur, dont il assure que sa pudeur ne lui permet pas d'écrire tous les noms, il continue en ces termes :

« Il y avait auprès de la seigneurie de Souloire (auprès de Caudebec) un étang ; auprès de cet étang un chemin, et sur ce chemin une maison où demeurait le juge ou bailli du seigneur de Souloire. Ce juge ou bailli avait droit de cuissage sur toutes les femmes qui passaient sur ce chemin, près de cet étang et devant sa maison. Lorsqu'elles étaient jolies, il pouvait les faire entrer dans son greffe et tirer parti de son droit. Si elles étaient laides, il les laissait passer moyennant quatre deniers. On dit que bien des femmes étaient assez avares pour prier ce juge de mettre son droit en action et de ménager leur bourse, et qu'il avait plus d'injures pour les quatre deniers que pour le droit de cuissage.

« Le seigneur de Souloire jouissait, comme on le pense bien, du droit de cuissage sur les femmes de ses vassaux ; il ne fut dépossédé de ce droit qu'au commencement du XVIIe siècle, le 15 décembre 1607.

« Il est bien singulier, dit Fournel, que des ecclésiastiques aient joui d'un pareil droit et qu'ils aient exigé si rigoureusement la prestation. (BOERIUS, etc.) »

Je le déclare tout de suite, aucun autre de ceux qui parlent des seigneurs de Souloire n'a atteint ce degré d'impudence ; même lorsqu'ils ont écrit, comme le sieur Fellens, *pour le peuple*, ils ont davantage respecté le lecteur et eux-mêmes. Cependant ce qu'ils n'ont pas dit, ils ont autorisé à le croire, par leur ton irrité et par leurs réticences.

Maintenant, voici les droits des seigneurs de Souloire, exposés par l'avocat même qui plaidait pour eux, en l'audience de la grand'chambre du Parlement de Paris, le 6 mars 1601 :

« En la cause d'entre damoiselle Charlotte du Bois, vefue de Joachim Barillon, escuyer, sieur de Souloire, garde noble de ses enfants mineurs, appelant d'une sentence donnée par le seneschal d'Anjou ou son lieutenant, le 4e mars 1600, d'une part ;

« Et Gabriel Ragot, sieur de La Faye, mary de la damoiselle Renée de Guynemoire, et Michel Bremat, métayer audict lieu ;

« *Gourreau*, pour la dame de Souloire appelante de ce qu'elle a été déboutée d'un droit dont elle a rendu adveu à la comtesse de Maulevrier, que en toutes noces qui se feront par ses subiects en son fief, son sergent y sera inuité huict jours auparavant, y assistera si bon luy semble, séant auant la mariée, disnera comme elle ayant deux chiens courants et un léurier qui auront à disner, et à l'issue du disner mènera le sergent la mariée et dira la première chanson ; a conclud en son appel à ce qu'il soit dict mal iujé, et en amendant le iujement, attendu la possession suivant les aveux et coustume d'Anjou, sera maintenue et conseruée en ses droicts subordinement à ce que diminution lui soit faite par la dame de Maulevrier dont elle relève. »

Ainsi, premièrement, ces prétendus droits infâmes se bornaient à la faculté d'envoyer le sergent de la seigneurie aux noces ; secondement, ce ne sont pas même les seigneurs qui réclament. La dame de Souloire plaide pour maintenir ses enfants mineurs dans un droit dont ils doivent compte aux comtes de Maulevrier, seigneurs dominants du fief.

Ce n'est pas le seigneur qui réclame ; ce ne sont pas non plus les paysans qui se plaignent : c'est le sous-vassal, le sieur Ragot de La Faye, mari de la demoiselle de Guynemoire, à qui le sous-fief appartient, et qui craint d'être obligé un jour, en sa qualité de vassal, d'inviter le sergent de Souloire aux noces de messieurs ses enfants.

« *Choppin* pour l'Intimé, dénie le droict, duquel l'appelant n'auoit de tiltre et n'estoit reçu par la coustume ; et le soustenoist ridicule, inepte, contre l'honnête liberté publique. N'entrant au fait de concubinage, parce que l'Appelant, pour ce regard, n'auoit conclud en l'appel et n'y auoit voulu persister.

« Par l'enquête, quelques témoins rapportent aucunes nopces avoir été faites où le sergent de Souloire auroit été invité ; mais un d'iceux dit qu'ayant été recherché de se susmettre à ce devoir quand il se mariroit, il fut empêché par l'Intimé, mary de la demoiselle de Guynemoire, qui lui dit qu'il ne fist la submission, promettant le guarantir pour le refus qu'il en feroit. »

On le voit, le plaignant, c'est bien le petit gentilhomme, mari de la demoiselle de Guynemoire; le paysan n'est là que par obéissance.

Pourtant, quel est ce fait ou droit de *concubinage* auquel l'Appelant avait renoncé? Ne donne-t-il pas raison à M. Fellens?

Ce droit est celui dont les juristes qui ont parlé de la cause disent mystérieusement, d'après l'analyse donnée par Choppin lui-même : « Il y avait d'autres « droits contraires à l'honnêteté publique, dont il ne « fut pas parlé à l'audience. » Mais qu'on se rassure : le droit en question ne regardait nullement les femmes mariées. Il était dit dans l'aveu que le sergent de Souloire pouvait prendre de toute femme *concubine publique* qui passait sur la chaussée, ou quatres deniers, ou la manche du bras droit de sa robe, ou faire d'elle à sa volonté. Il ne me paraît pas absurde de croire que ce droit avait été établi en vue d'empêcher ces sortes de femmes de traverser le domaine. Ne met-on pas encore aujourd'hui sur leur industrie un impôt, sans doute afin d'en arrêter le développement, et devons-

nous rougir parce que cette profession n'est pas tout à
fait aussi libre chez nous qu'en Angleterre? Quoi
qu'il en soit, la dame de Souloire, déboutée de ce
droit par le premier juge, y avait renoncé; mais l'Intimé se faisait un argument de sa renonciation même :
« Et comme ce droit seroit tyrannique et porte une
« marque de cruels traitements d'un seigneur sur les
« subiects d'un vassal qui tient de luy, et partant
« ne doibt avoir lieu; soutient, l'Intimé, que le sub-
« séquent, fesant mention du droit d'assistance aux
« nopces, ne doit être non plus exécuté. »

Louis Servin parlait, dans cette cause, comme avocat général. Il se prononça contre les prétentions de
la dame de Souloire, disant : « Que si la liberté devoit avoir lieu en acte quelconque, *certe magna in ma-
trimonio esse debet*, pour n'estraindre pas tous subjets
d'un vassal à rendre au seigneur du fief des recon-
noissances extraordinaires et qui ressentent une contrainte de servitude payenne; que certainement telles
loys ou coustumes tiranniques comme aucunes de
Denys, tiran de Sicile, et autres récités par Aristote
en ses *OEconomiques*, et celle d'Écosse, dont l'exemple
est rapporté au temps du roi Malcolimb, se doivent
régler au droit de raison par un tempérament de mutation en un autre droit ou par abolition entière de ce
qui est contraire à la liberté; que cette coustume
pourroit devenir choquante pour les gens de qualité
qui s'y trouveroient soumis; qu'enfin, après tant de
malheurs et de guerres, il étoit bien temps de ramener les hommes à la sobriété dans les repas, et par

conséquent d'abolir ces coustumes qui entraînoient, au contraire, à de grands festins, » ce qu'il prouva par les Pères de l'Église, et plusieurs belles raisons qu'on trouvera couchées tout au long dans son quinzième plaidoyer.

La cour, pour cette fois, ne fut pas sensible à l'éloquence. Rejetant les dires de Chopin et l'opinion de Servin, elle approuva la sentence du sénéchal d'Anjou en ce qui concernait les concubines publiques ; elle la cassa pour le reste : « Et émendant le « jugement pour ce regard, a maintenu et gardé, « maintient et garde l'Appelant en la possession « dudict droict ; la sentence au résidu ressortissant « son effect. »

En résumé, le crime et la tyrannie des seigneurs de Souloire consistent en ces deux points : qu'ils avaient le droit de mettre un impôt sur la prostitution, et le droit d'envoyer le sergent de la seigneurie aux noces de leurs vassaux. C'est pour cela qu'ils sont, depuis deux siècles, considérés comme des monstres de barbarie et de luxure. Voyez Servin !

Il est question dans Auzannet, *Coutume de Paris*, et dans Brillon, *Dictionnaire des arrêts*, d'un autre procès qui ne diffère de celui-là que par les noms des parties : c'est le procès du sieur *Desoloris*. J'avertis les chercheurs de ne pas prolonger leurs perquisitions. Choppin, écrivant en latin le récit de cette lutte judiciaire où il fut battu, a latinisé jusqu'aux noms propres, et le seigneur de Souloire est devenu le sieur *Desoloris*. Plus tard, Auzannet, faisant sa récolte dans

Choppin, n'a pas su, quoique érudit, remettre *Deso-loris* en français ; Brillon a copié Auzannet ; d'autres ont copié Brillon : — et c'est ainsi que le tyran *Deso-loris* s'est ajouté à la liste des oppresseurs de nos pères.

VIII. *Les moines de Mont-Auriol ou de Saint-Théo-dard.* — Dans un *Dictionnaire des communes de France*, publié chez Didot en 1845, un auteur nommé M. Girault de Saint-Fargeau, écrivain aussi *populaire* pour le moins que l'illustre Fellens, échauffé des mêmes sentiments et doué du même style, raconte que la fondation de Montauban, en 1144, est due à la pudeur révoltée des vassaux du monastère de Mont-Auriol, « dont les abbés exerçaient ce droit *dans toute sa plénitude.* » M. Girault de Saint-Fargeau part de là pour raconter, à son point de vue et dans sa manière, les démêlés qui suivirent entre l'abbé de Mont-Auriol et les comtes de Toulouse, lesquels avaient offert à ces pauvres vassaux un lieu d'asile (le *local*, dit-il, était beau). Et comme les évêques et le pape prirent le parti de l'Abbé, il ne manque pas de leur dire leur fait. Toulouse avait été mis en interdit jusqu'à ce que le comte eût fait justice. « C'est-à-dire, s'écrie M. Girault « de Saint-Fargeau, que les Toulousins devaient être « punis du prétendu crime de leur seigneur, parce « que celui-ci avait bâti une ville pour recevoir des « malheureux échappés à la tyrannie *atroce* de quel-« ques moines. »

La même version populaire est adoptée dans une

publication tout aristocratique (184 livraisons à
50 centimes), intitulée: *Histoire des Villes de France,
avec introduction et un résumé général pour chaque
province: — chroniques, traditions, légendes, institutions, coutumes, mœurs, statistiques locales; — par
une société de membres de l'Institut, de savants, de magistrats, d'administrateurs et d'officiers généraux de
terre et de mer,* — sous la direction de M. Aristide
Guilbert. Ce n'est là qu'une partie du titre, mais
c'en est assez.

L'écrivain que M. Aristide Guilbert a détaché de
son bataillon de membres de l'Institut, de savants, de
magistrats, d'administrateurs et d'officiers généraux
de terre et de mer, pour écrire l'histoire de Montauban, est M. Mary Lafon, déjà nommé. « L'auteur de
« cette excellente notice, fruit de savantes et labo-
« rieuses recherches, est M. Mary Lafon, de Lafran-
« çaise, qui a été notre principal collaborateur *pour*
« les villes de la Gascogne et de la Guyenne. Les re-
« marquables travaux que nous devons à ce jeune
« écrivain ne peuvent que rehausser la réputation ho-
« norable qu'il s'est déjà faite *pour* sa belle *Histoire*
« *politique, religieuse et littéraire du Midi.* Nous lui
« sommes personnellement obligé *pour* l'empresse-
« ment avec lequel il a mis à notre disposition ses
« connaissances *sur* la France méridionale, *dont* il a
« fait une connaissance *si* approfondie. »

Voyons les profondes connaissances de M. Mary
Lafon.

Après avoir raconté vaille que vaille, en homme de
16.

style (il appelle quelque part le roitelet *ce nain des oiseaux*), la fondation du monastère et celle du village qui vint s'établir et grandir rapidement à ses pieds, ce qui donna bientôt au monastère presque autant de vassaux en Quercy qu'en avaient les comtes de Toulouse eux-mêmes, il ajoute :

« Les comtes de Toulouse, ennemis déclarés de l'Eglise, avaient vu d'un œil jaloux cet accroissement de puissance, et, comme ils étaient les plus proches voisins des moines, n'attendaient que l'occasion d'abaisser l'orgueil de l'abbaye. Elle (l'occasion) se présenta d'elle-même en 1144. Un abus féodal forçait les habitants du bourg du Mont-Auriol de conduire chaque nouvelle mariée au moustier. Là il *paraît* que le droit seigneurial *était exigé à la rigueur :* l'abbé Albert, qui tenait sans doute aux priviléges du monastère, l'exerça *si souvent* en 1144, que les habitants émigrèrent en masse *un matin*, et vinrent se réfugier sous les tours du comte de Toulouse. Ils y trouvèrent aussitôt asile et protection.

« ... Après avoir imposé à leurs nouveaux sujets l'obligation de les suivre à la guerre quand ils en seraient requis, les comtes promirent la *liberté* et leur protection contre toute *poursuite étrangère* à ceux qui viendraient bâtir une maison dans la nouvelle ville, et jurèrent sur les quatre Évangiles qu'ils ne la donneraient en fief, ni ne l'engageraient, ni ne l'échangeraient jamais.

« A ces conditions, les anciens serfs se mirent à l'œuvre, et le vieux Montauban fut construit... Dans le but de le mettre à couvert de toutes les entreprises de l'Abbé, le comte de Toulouse fit construire trois nouveaux châteaux vis-à-vis le monastère même, dont la ville n'était séparée au levant que par un fossé. *Qu'on juge de la fureur de l'Abbé :* courant se jeter aux pieds du pape Eugène III, il déposa devant le trône de saint Pierre les attestations de la plupart des évêques de la Langue d'oc ; il accusa le comte Alphonse d'avoir détruit par la violence l'abbaye de Saint-Théodard, en poussant les habitants du bourg à s'insurger contre les moines, en forçant l'Abbé et ses religieux à prendre la fuite, en leur adressant à tous des menaces de mort. Le pape se hâta de prendre en main la cause d'Albert et fulmina contre Alphonse et Raimond une lettre apostolique datée de Viterbe, dans laquelle il leur enjoignit, sous peine d'excommunication, de faire satisfaction à l'Abbé et à ses moines, de détruire les châteaux qu'ils avaient construits. Mais la maison de Toulouse ne *s'effrayait pas pour si peu*, et ce ne fut qu'en 1149 que Raimond, successeur d'Alphonse Jourdain, son père, céda, sur un parchemin *griffonné* par Honoré Vidal, son secrétaire, la moitié de la seigneurie de Montauban à l'abbé de Saint-Théodard. »

Voilà proprement l'érudition de cabaret ; et elle est particulièrement désagréable lorsqu'elle s'accompagne de ce ridicule bel esprit, dont le contentement et l'assurance semblent croître à mesure qu'il babille plus à faux.

En 1073, soixante ans avant la fondation de Montauban, les moines de Saint-Théodard, émus par la réputation de sainteté de Seguin, abbé de la Chaize-Dieu, s'étaient mis sous sa conduite et avaient volontairement pris la règle de saint Benoît, plus sévère que leur ancienne constitution. M. Mary Lafon le dit lui-même. Ils auraient alors au moins abandonné le privilége qu'on veut leur attribuer, s'ils l'avaient eu. En 1119, le pape Calixte II tint un concile à Toulouse. Les désordres qui s'étaient introduits dans l'Église y furent condamnés. Si les moines de Mont-Auriol avaient été coupables, ce concile aurait sévi contre eux. Après le concile, ce même pape, se rendant de Toulouse à Cahors, passa par l'abbaye de Saint-Théodard et y séjourna. Les vassaux avaient là une belle occasion de se plaindre : M. Mary Lafon, de La Française, sait-il pourquoi ils ne l'ont pas fait?

Jusque vers la fin du XIIᵉ siècle, les comtes de Toulouse, les premiers princes qui se soient intitulés souverains « par la grâce de Dieu, » n'ont pas été *ennemis déclarés* de l'Église. Alphonse Jourdain, comte régnant en 1144, était fils de ce grand Raymond, qui, le premier entre tous les princes chrétiens, prit la croix au concile de Clermont. L'un des héros de la première croisade, où il conduisit par terre une armée de cent mille hommes, la plupart ses vassaux, Raymond, abandonnant son beau comté de Toulouse pour délivrer le tombeau de Jésus-Christ, mourut chrétiennement en Terre-Sainte ; et sans mettre son espérance dans ses sacrifices, dans ses combats et dans ses victoires, il restitua par testament à l'Église d'Arles quelques domaines qu'il lui avait usurpés. Après Raymond, Bertrand, son neveu et son successeur, prit à son tour la croix et ne revint pas. Après Bertrand, Alphonse, surnommé Jourdain, parce qu'il avait été baptisé dans le fleuve sacré, se laissa séduire un moment par les Henriciens, précurseurs des Albigeois, justement à l'époque de la fondation de Montauban. Éclairé par saint Bernard (1), il rompit avec les hérétiques, les chassa et, comme son père et comme son

____

(1) Le séjour de saint Bernard à Toulouse eut lieu en 1147.

oncle, alla mourir en Terre-Sainte. Raymond, fils d'Alphonse Jourdain, celui qui fit *griffonner* par son secrétaire un arrangement avec l'abbé de Saint-Théodard, observa loyalement ce griffonnage jusqu'à sa mort, arrivée vers 1194. Il réprima les Albigeois et fonda l'abbaye de Bonnecombe. Quelles qu'aient été les fautes de ces princes, on ne peut pas, jusqu'à Raymond V, les qualifier d'*ennemis déclarés* de l'Église.

Plus tard, malheureusement, les comtes de Toulouse, par une fausse politique plus peut-être que par choix, et trop atteints eux-mêmes de la corruption générale de leur peuple, embrassèrent le parti des Albigeois, que cette corruption avait rendu prépondérant. Ils y perdirent la gloire, la puissance, l'honneur : leur couronne devint un fleuron de plus à celle que saint Louis, fidèle à Dieu et à l'Église, venait d'échanger contre la couronne céleste. La dynastie des comtes de Toulouse, si prospère depuis quatre siècles, s'éteignit d'une façon misérable, lorsque, ayant attiré sur elle les foudres de l'Église, elle écouta les conseillers qui lui disaient de ne pas s'effrayer *pour si peu*.

Voilà les connaissances « approfondies » de M. Lafon. Pour mettre le comble à l'impatience du lecteur, il y ajoute ces airs dégagés et capables que l'on pardonnerait à peine au savoir le plus sérieux. M. Michelet est le père de cette école qui veut paraître aimable en même temps qu'érudite, et qui joue avec les problèmes historiques comme les hercules de foire avec leurs poids de carton. Les adeptes cherchent les traits de génie, les mots à effet, et trébuchent lourdement en faisant des gambades. M. Mary Lafon tient pour les Albigeois. Il traite de Caïn le valeureux Baudouin de Toulouse, parce qu'il avait pris parti contre son frère le comte Raymond et combattait dans les rangs catholiques, sous Montfort : « Baudouin, qui, comme un autre Caïn, faisait cause commune avec les ennemis de son frère. » Et, tout de suite après, il raconte que le Caïn catholique étant tombé aux mains de l'Abel albigeois, Abel fit pendre Caïn à un arbre sur la route, pour le bon exemple, et y laissa le cadavre trois jours; après quoi il voulut bien qu'on l'ensevelît. Que dites-vous de cet Abel?

Toute la notice est de cette force quant à la pensée, quant à l'histoire, quant à la littérature. On y prend une heureuse idée de la belle *Histoire du Midi* et des autres travaux dont M. Mary Lafon a enrichi l'entreprise de M. Aristide Guilbert! Mais le légitime courroux qu'inspirent ces prétentieuses sornettes ne doit pas me faire oublier les moines de Saint-Théodard et le droit du seigneur. J'y reviens.

Sans être « ennemis déclarés » de l'Église, les comtes de Toulouse, comme tous les princes, visaient à s'accroître et se montraient volontiers jaloux du clergé féodal. Ils voulaient augmenter le nombre de leurs sujets; c'était augmenter le nombre de leurs contribuables et celui de leurs soldats. Dans ce but, les grands suzerains suivirent une politique dont les rois de France donnaient l'exemple, et qui n'a bien réussi qu'à eux.

Le peuple se portait naturellement autour des monastères, où les conditions du servage étaient toujours plus douces. Les seigneurs, qu'on me passe l'expression, baissèrent leurs prix. « Ils ouvrirent dans leurs terres des espèces d'asiles, offrant à ceux qui venaient s'y fixer des terrains, des maisons, des biens d'une autre nature ; leur concédant certains droits, leur promettant sécurité et protection à perpétuité (1). » C'est la négociation que les comtes de Toulouse entamèrent avec les vassaux de Saint-Théodard, et qui se conclut quand ceux-ci arrivèrent *un matin* au lieu où s'élève Montauban. On les attendait. « La formation de ces bourgeoisies seigneuriales, dit M. Guérard, qui se multiplièrent de tous côtés dans le xie et le xiie siècle, suppose nécessairement l'existence d'une population déjà dégagée des liens de la servitude. » Il est probable qu'en 1144 cette population libre était assez considérable sur les terres de Saint-Théodard pour former le noyau d'une cité. La force fit arriver les autres.

Il n'y a pas d'autre cause à l'émigration qui fonda Montauban. Les moines avaient fait autrefois à leurs vassaux des avantages que ne faisaient pas les seigneurs ; les seigneurs, enchérissant, firent à leur tour des avantages que ne faisaient pas les moines. Les vassaux acceptèrent ; en plus d'un lieu ils eurent sujet de s'en repentir.

Outre le plaisir d'avoir, comme dit Le Bret, un sei-

<hr>

(1) GUÉRARD. *Condition des personnes,* etc.

gneur d'épée au lieu d'un seigneur de bréviaire, chose séduisante pour ces populations déjà travaillées de l'esprit d'hérésie, l'appât qui semble avoir séduit les gens de Saint-Théodard fut la diminution ou l'abandon des droits de main-morte et la liberté des testaments. Au soin avec lequel le comte Alphonse garantit aux prud'hommes, par un article spécial de sa charte de fondation, le respect des dispositions testamentaires, on comprend tout de suite que c'était là le grand intérêt des émigrants : « Art. 25. Et si homo vel femina « de predicto loco obierit, ordo quod ad mortem suam « fecerit teneatur, et nullus homo sit ausus querere « ullam rem contra prefatum ordinem. » Cet article, d'ailleurs, ne laisse pas supposer que l'abbaye eût imposé d'une manière absolue la servitude de main-morte, mais qu'elle avait simplement modifié ou supprimé certains articles des testaments.

De l'autre droit du seigneur, celui que M. Mary Lafon, de sa science certaine, déclare avoir été exercé *si souvent* en l'année 1144 (il paraît que néanmoins on se maria beaucoup cette année-là) par l'abbé Albert, pas un mot dans la charte, pas même une allusion. Eût-on gardé le silence sur un tel point, qui aurait été la cause même et aussi l'excuse de cette révolution, trop contraire à toutes les règles féodales pour n'être pas vivement combattue comme elle le fut en effet ?

Dans un moment où les hérétiques déclamaient avec tant de violence contre les mœurs du clergé, il n'est ni équitable ni seulement raisonnable de croire que les évêques de la province et le pape auraient pris fait et cause pour l'Abbé, si celui-ci avait d'avance justifié ses vassaux, en leur faisant la plus sanglante et la plus criminelle injure.

Et lorsque Raymond V, reconnaissant l'injustice de son père, admit l'Abbé en partage de la suzeraineté de la nouvelle ville, les habitants l'auraient-ils souffert? N'auraient-ils pas du moins stipulé qu'à l'avenir ils ne mèneraient plus la mariée *au moustier*?

Mais personne alors ne pensait à cette ignominie. Elle ne fut inventée que quatre siècles plus tard, par les protestants. Un historien de Montauban, un de ceux que M. Mary Lafon prétend avoir consultés, Le Bret en fait connaître l'origine :

« Les prétendus réformés de Montauban, qui, comme des gens qui se noient, se prennent à tout ce qui leur vient à la main, n'ont pas laissé d'attribuer ce grand changement à ce qu'ils disent que les Albigeois (desquels Bèze, dans ses portraits, Aubigné et Perrin, dans leurs histoires, ont voulu tirer leur généalogie) furent en ce temps-là dans la religion en haine principalement, adjoustent-ils, de ce que l'abbé et les moines de Mont-Auriol, sous prétexte du droit de....., prétendoient faire à leur volonté de toutes les nouvelles mariées : calomnie grossière et qui marque une ignorance d'autant plus grande que, quant à leur succession des Albigeois, ces trois auteurs ont été démentis par les plus habiles d'entre leur parti, tant il y a de différence entre les opinions des uns et des autres; que, quant à la cause du changement de Mont-Auriol à Montauban, on ne la peut attribuer aux Vaudois, Valdo, leur auteur, n'ayant paru que plus de trente ans après ; et que, quant à ce droit....., ce n'estoit autre chose que *jus cunni*, c'est-à-dire *la faculté de faire battre monnoie* (1). »

Je viendrai tout à l'heure au *jus cunni*; mais je prends ici la date de l'invention. C'est à l'époque des polémiques envenimées du protestantisme qu'elle remonte, pas plus loin. Voilà le premier document de la calomnie.

En 1564, cette calomnie n'était pas forgée encore. Il y a une preuve très-importante, que M. Mary Lafon ne connaît pas, je veux le croire, mais qui existe à Montauban, où il aurait pu la voir et la toucher.

Cette preuve est la chronique manuscrite de Jean Fournier, un des plus déterminés chefs du parti protestant. Elle démontre que le droit de main-morte a été la seule cause de l'émigration des hommes de Saint-Théodard, et que, jusqu'en 1564, les adversaires déclarés et irréconciliables de l'Église n'en alléguaient pas d'autre. A défaut de pièces contre les moines, on parle de la tradition. Eh bien! la tradition, la voici, et rapportée par un ennemi, dans le feu même de la guerre; voici textuellement le passage où Jean Fournier raconte, comme il les connaissait et comme il lui plaisait de les présenter, les causes de la révolution de 1144 :

Jadis la ville estoit fort anciennement
Plantée en ceste endroit où l'on voit le fragment

____

(1) *Hist. de Montauban*, par H. LE BRET, prêtre, prévôt de la cathédrale.

Du temple Saint-Michel, qui les vignes appuye ;
Et tout auprès estoit fondée une abbaye
Dont le moustier, au nom de Theodat construit,
Depuis en l'évesché Saint-Martin fut réduit.
L'abbé de ce temps-là en toute ignominie
Envers les habitans usoit de tyrannie ;
Car si *quelqu'un mouroit*, par son droit ou pouvoir,
Il vouloit la moitié de tout le meuble avoir,
Et faisoit endurer par ses moines insignes
Souvent aux citoyens des choses fort indignes :
Dont tous les habitants se mirent sous la main
Du comte de Tolose estant seigneur humain ;
Et du terroir du moine et du pouvoir s'oustèrent,
Et au lieu où ils sont à présent habitèrent (1).

Assurément, s'il avait été dès lors question du *certain droit*, l'auteur zélé de ces rimes ne se serait pas contenté d'une allusion aux choses fort indignes qu'enduraient les sujets des « moines insignes. » Il aurait eu grand soin de conter le fait en toutes lettres ; mais la traduction de *jus cunni* n'était pas encore inventée et ne s'offrit point à sa poétique imagination (2).

(1) *L'Histoire de l'Affliction de la ville de Montauban*, lorsqu'elle *fut assaillie par plusieurs fois et longtemps assiégée de chevalliers et grands seigneurs de la France, l'an* 1562, par JAN FORNIER *de Montauban,* 1564.

(2) Je dois à l'obligeance de M. Devals aîné, de Montauban, la communication du curieux passage de la chronique de Jean Fournier. Sa lettre contient d'autres documents, qui établissent que le droit de main-morte fut la cause des événements de 1144. Je les supprime, parce qu'ils ne me sont point nécessaires et parce que la question des testaments a besoin d'être étudiée davantage. Lorsqu'un abus est imputé à l'Église, il faut, avant de prononcer, regarder de très-près et s'informer mûrement. On trouve toujours

Maintenant, sans quitter encore ce sujet, je dois, à mon grand regret, me tourner vers d'autres adversaires.

IX. *Le jus cunei ou cunni.* — *Mener la mariée au moustier.* — Dans les notes qu'ils ont ajoutées à la nouvelle édition de l'*Histoire de Montauban* par Le Bret, MM. l'abbé Marcellin et G. Ruck s'efforcent de laver les moines de Saint-Théodard de l'inculpation que l'on veut faire peser sur eux. Mais leur langage ne sert pas toujours très-bien les intentions parfaites qui les animent, et leurs arguments laissent deviner qu'ils n'ont pas eu le loisir d'étudier beaucoup la question. Ils expliquent le droit de marquette comme tous ceux qui ne le connaissent point, embarrassés d'Evenus, de Malcolm, de Boërius, de Laurière, de Du Cange et du reste. « Nous avons, disent-ils, cher-« ché longuement, patiemment, dans les livres d'où « ces notions sont extraites, et nous n'y avons trouvé « qu'un seul exemple du *jus cunni* prélevé *en nature* « *par un ecclésiastique*, qui fut immédiatement dé-« bouté de cette prétention par sentence interdictoire « de son évêque. » C'est le curé de Boërius, un peu amplifié ; car tout au plus pourrait-on dire que

quelque chose qui explique ou atténue ce qui choquait d'abord, et souvent un examen attentif fait voir, au lieu d'un abus, des prétentions très-fondées et très-utiles. Je ne dis pas qu'il en était ainsi dans cette occasion, et je ne veux pas sur ce fait justifier les moines de Saint-Théodard : je dis qu'il faut examiner ce curé plaidait *pour prélever*, et dans le fait il n'a rien prélevé.

La patience de MM. Marcellin et Ruck est fort méridionale et n'a pu aller loin ! Ils ajoutent, pour montrer leur érudition, « que justice a été rendue aux *habi-* « *tants* de Souloire *contre le seigneur de Montlevrier;* « aux *habitants* de Saint-Martin-le-Gaillard *contre le* « *seigneur du lieu* (1); aux *habitants d'Amiens contre* « leur évêque en 1336, en 1388, en 1409. V. Capen- « tier, V. Laurière.» En un mot, ils croient à la fable du *droit du seigneur*, qu'ils appellent sans aucune espèce de fondement *jus cunni*, comme les protestants à qui répond Le Bret. Ils prétendent seulement que les moines de Saint-Théodard ne l'ont pas exercé. Sur ce point, plusieurs de leurs arguments sont bons; mais quant aux preuves de fait, elles n'inquiéteraient pas M. Mary Lafon.

Ces éditeurs si superficiellement informés prétendent néanmoins redresser leur auteur. Ils lui reprochent d'avoir donné au *jus cunni* une interprétation insoutenable. Ce sont eux-mêmes et eux seuls qui font cette faute. L'interprétation de Le Bret est très-bonne ; la leur est fausse de tout point. Le droit fiscal sur le mariage a reçu cinquante noms différents, jamais celui-là. Ils n'en trouveront pas un exemple sérieux, j'entends qui soit tiré d'une charte ou de tout autre document authentique. « Si Le Bret, disent-ils

____

(1) Ils ont pris le procès-verbal qui constate le droit pour un jugement qui le supprime.

« encore, avait connu cet historique du droit de mar-
« quette (celui qu'ils viennent de faire), il n'aurait
« pas hasardé son explication du *jus cunni*. Voyant
« autre chose que le privilége de battre monnaie dans
« certain droit de l'abbé et des moines de Mont-Au-
« riol, il se serait abstenu de la *pudibonde colère*
« qui éclate dans son livre et aurait amené la discus-
« sion sur le terrain où elle se place naturellement. »
Le Bret a pris la discussion où il devait la prendre, et
où elle était lorsque, combattant les sectaires qui accu-
saient les moines d'avoir exercé le *jus cunni*, en donnant de ces mots, par ignorance ou par méchanceté,
une traduction obscène, il répondit avec raison que
jus cunni était le droit de coin, le droit de battre monnaie.

L'erreur de M. l'abbé Marcellin et de M. G. Ruck
s'explique par la confiance qu'ils ont accordée à une
dissertation de M. le baron Chaudruc de Crazannes,
publiée par les journaux de leur province et qui a été
depuis insérée dans la *Revue numismatique* (n° XVIII,
1853). M. le baron de Crazannes croit également au
droit du seigneur, et même un peu plus que ne devrait y croire un savant. Il croit aussi, ce qui est plus
surprenant de la part d'un numismate, que *jus cunni*
signifie « le droit odieux de prélibation, de marquette,
« de cuissage, etc., etc., *bien connu de nos anciens ju-*
« *risconsultes* (V. Laurière!), et dont *certains seigneurs*
« du Moyen Age se montraient *si jaloux;* droit dont
« l'usage et l'exercice étaient exprimés parmi les su-
« jets des moines de Saint-Théodard par ce dicton,

« populaire chez eux : « Conduire la mariée au mous-
« tier, » qui n'a guère de rapport ni d'analogie avec
« l'action du monnayage. »

Aussi M. le baron de Crazannes raille beaucoup ce
bon Le Bret, ce vénérable prévôt, ce candide historien, « qui s'établit dans son ouvrage le défenseur et
« le champion de la continence et de la chasteté des
« moines contre les calvinistes, » et qui « ne paraît
« pas douter que ce *jus cunni*, qu'il change et modi-
« fie en celui de *jus cunei*, et qu'il traduit par *droit*
« *du coin*, ne fut autre que la faculté de battre mon-
« naie. »

En somme, la dissertation de M. le baron de Crazannes tend à établir deux choses : 1° que le droit de
battre monnaie ne s'est jamais appelé *jus cunni* ; 2° que
les abbés de Mont-Auriol n'avaient pas ce droit.

Sur le premier point, le savant numismate a complétement tort. Sur le second point, rien ne prouve
qu'il ait raison et rien ne lui servirait d'avoir raison.

Il a tort sur le premier point, et en voici la preuve.

Il dit que, « même dans la plus basse latinité, » *jus
cunni* « n'a jamais été pris dans l'acception qu'a voulu
« lui donner Le Bret. »

J'ouvre Du Cange, et je lis :

« CUNEUS. Sigillum ferreum, quo nummi cuduntur, Gallicè
coin. Sæpe etiam sumitur pro ipso jure cudendi monetam, in
Assisiis præsertim Hierosol. mss. *Le chief signor a cour*, COINS,
et justice, qui est la haute cour. Passim ibi. »

Passim ibi, il y a plusieurs exemples !

« Cunus. Sigillum ferreum quo nummi cuduntur, ut supra *cunius.* « Cum questio verteretur super jure et dominio tallii cunorum monetæ Tolosanæ. etc. » *Cam. Comput. Paris.,* fol. 127, 1° col. 2. »

Je lis dans Roquefort, *Glossaire de la langue romane :*

« Coin, sceau. *Avoir coin :* jouir du droit de battre monnaie. »

Je lis dans le *Glossaire français* des continuateurs de Du Cange :

« Avoir coin, jouir du droit de battre monnaie. »

Passim ibi. Si M. le baron de Crazannes veut consulter les savants professeurs de l'École des Chartes, il apprendra d'eux que *cuneus, cunus, cunnus,* sont le même mot, et que tel en est le sens ordinaire. L'autre sens, le sens protestant, ces mots ne l'ont jamais.

Voilà la question, et elle est vidée. Car, que⋅ les moines de Mont-Auriol aient eu ou n'aient pas eu le droit de coin, c'est une curiosité sans importance. Suivant M. de Crazannes, tout indique que l'abbaye de Mont-Auriol n'a pas battu monnaie. Bien volontiers! mais M. de Crazannes a pris inutilement beaucoup de peine. Ce qui suffit à la thèse de Le Bret, c'est que *jus cunni* ou *cunei* signifie *droit de coin,* comme Le Bret l'apprit aux protestants, quand ceux-ci voulurent y voir une signification tout autre, sans analogie, en effet, « avec l'action du monnayage. »

Ayant en main cette bonne traduction, qui rappelle

celle de *pectus* et de *pis*, dont j'ai parlé plus haut, les protestants devaient naturellement attribuer le *jus cunni* aux abbés de Saint-Théodard et à tous les moines du temps passé. Il ne leur en coûtait rien de leur faire honneur à tous de ce privilége régalien, et c'est assez qu'ils aient vu quelque part le mot pour montrer partout la chose. Leur fourbe n'a que trop réussi, puisqu'elle a trompé des hommes aussi savants et aussi bien inspirés que M. l'abbé Marcellin, M. G. Ruck, M. le baron Chaudruc de Crazannes, et le très-estimable et très-pieux directeur de la *Revue numismatique*.

Un mot sur le dicton «populaire parmi les vassaux des moines de Mont-Auriol : *Mener la mariée au moustier*,» c'est-à-dire, au couvent.

J'admire ces effets de la prévention! Les mêmes savants qui ne veulent pas que *jus cunei* ou *jus cunni* signifie *droit de coin* veulent bien qu'il signifie *mener la mariée au moustier;* et ils accordent sans difficulté que *mener la mariée au moustier*, signifiait jeter une vierge dans une maison de débauche!

Les persécuteurs de l'Église naissante avaient inventé ce supplice d'enfermer quelquefois les vierges chrétiennes dans les lieux de prostitution. Entre tous les excès de leur tyrannie, celui-là était considéré comme le plus exécrable.

Au Moyen Age, ce sont les parents chrétiens de la vierge chrétienne, ses père et mère, ses frères; c'est son jeune époux lui-même qui l'aurait conduite et livrée à cette ignominie, pire, pour elle et pour lui, que la mort!

17.

Je demande à quelle limite on s'arrêtera dans l'absurde, et s'il y a un point où le savant qui se met en tête d'outrager des moines puisse enfin se dire : J'outrage le bon sens et j'écris des sottises?

Jusqu'au XIᵉ siècle, la déclaration solennelle du mariage se faisait d'abord au *mallum*, chef-lieu du canton, en présence des parents et des amis. C'était notre mariage civil. L'Église, par des raisons faciles à comprendre, décida que ce premier acte de l'union matrimoniale serait réuni à l'acte religieux et se ferait à la porte de l'église. Nous avons vu, dans la seconde partie de cet ouvrage, qu'on y lisait *libellus dotis*. Comme, en beaucoup de lieux, et principalement sur les terres ecclésiastiques, le monastère était l'église principale où les sacrements s'administraient, de là est venu le proverbe : *Mener la mariée au moustier.*

C'était tout simplement la mener à la mairie et à la paroisse.

Il me semble que cet usage n'est pas aboli, et ce n'est pas celui-là qui porte préjudice aux mœurs, même quand M. le maire s'est réservé le privilége d'embrasser la mariée (1).

(1) Lorsque le monastère était en même temps seigneur temporal, les redevances fiscales pour le mariage s'acquittaient probablement à cette occasion.

M. Lacabane a bien voulu me communiquer une très-belle charte du XIIIᵉ siècle, de laquelle il résulte que les moines de Fons, premiers seigneurs de la ville de ce nom, étaient en contestation avec les habitants, représentés par leurs consuls, sur les droits-réciproques de la seigneurie et des sujets. D'un commun accord, ils choisirent pour arbitre le célèbre jurisconsulte Geraud

*X. Témoignage de Michel Montaigne. — Le seigneur
de Callas.* — Après la publication dans l'*Univers* de
mon premier travail sur le droit du seigneur, un
ecclésiastique du département du Var me fit l'honneur
de m'adresser les observations suivantes :

« Montaigne, dont vous alléguez le silence, parle de ce droit
infâme : c'est au chapitre *des Usages étranges*. J'aurais voulu
mettre sous vos yeux le texte et la page ; mais je n'ai pu ravoir
le volume des *Essais*.

« Je me permettrai aussi de vous citer un village (Callas) de
notre département, où pareille coutume existait. Il en coûta la
vie au dernier seigneur, avant la révolution de 89. Il fut mis à
mort par le mari et la famille de la mariée. »

Je me hâtai de feuilleter de nouveau Montaigne, et

de Sabannac. Celui-ci, s'étant fait instruire de toutes les prétentions des seigneurs, rejeta les unes, confirma les autres, et fixa
d'une manière définitive tous les droits. Entre autres redevances
réclamées par le prieur de Fons, il y avait celle-ci :

« Item super eo quod predicti Prior et Conventus dicebant et
asserebant se habere debere et sefuisse in sazina et possessione ab
antiquo habendi et levandi *unum sestarium razum avenæ* a quolibet
nubente in dicta villa. Dictis Consulibus in contrarium asserenti-
bus et dicentibus dictum Priorem esse in sazina percipiendi dictum
sestarium avenæ, razum ad mensuram veterem, tamen ab illis
tantum quibus requisitus accommodabat suum palefredum ad
portandam sponsam ad ecclesiam et non ab aliis. »

L'arbitre, pour un motif qu'il ne dit pas, mais qui probablement
était de supprimer un différend qui compromettait à la fois la
gravité des moines et celle du mariage, abolit la coutume : « *Item
quod prefati sint quiti et liberi deinceps a prestatione dicti ses-
tarii avenæ ratione nuptiarum et ab aliis quæ predicto Priori,
occasione predictâ, prestare consueverunt.* » (Transcrit sur l'original de la sentence arbitrale, datée du vendredi 30 déc. 1296.)

j'y trouvai le passage dont mon honorable et bienveillant correspondant avait conservé un vague souvenir. C'est dans le chap. XXII, liv. 1er, *De la coustume, et de ne changer ayseement une loi receue.* Montaigne y a rassemblé une quantité de prétendues coutumes plus saugrenues, plus extravagantes, plus sales les unes que les autres, et qu'il semble accueillir avec une égale crédulité. Je n'ai qu'à citer pour être dispensé de toute discussion : «...Ailleurs, si c'est un mar-
« chand qui se marie, touts les marchands conviez à
« la nopce couchent avecques l'espousée avant luy ;
« si un officier se marie, il en va de mesmes ; de
« mesmes si c'est un noble ; et ainsi des aultres :
« sauf si c'est un laboureur ou quelqu'un du bas
« peuple, car lors c'est au seigneur à faire : et si on
« ne laisse pas d'y recommander estroictement la
« loyauté pendant le mariage. »

Montaigne a-t-il vraiment cru cela ? *Que sais-je ?*

Mais l'avis concernant le seigneur de Callas était plus grave. Je conjurai M. l'abbé *** de vouloir bien prendre quelques informations. Qu'il reçoive mes remercîments pour la promptitude avec laquelle il m'a servi. Je reçus de l'un de ses amis, M. l'abbé Marié, curé de Val-de-Rome, une gracieuse lettre, contenant la note ci-après, due à M. Brieu, greffier de la justice de paix de Callas. Je ne puis faire mieux que de transcrire :

« Il est bien vrai qu'une tradition répandue en Provence attribue aux anciens seigneurs de Callas la possession du privilége connu sous la qualification de *droit du seigneur*. Ainsi le veut une vilaine opinion, née on ne sait où, établie on ne sait comment.

« Fort heureusement cette invention diabolique se trouve implicitement mise à néant par l'histoire locale, plus consciencieuse que le roman. Rien de sérieux, en effet, ne vient prêter un corps à ce jeu de l'imagination.

« Bien des discussions avaient, au Moyen Age, été soulevées entre le seigneur et la commune de Callas; bien des litiges relatifs à des droits féodaux de toute nature, réclamés d'une part, repoussés de l'autre, s'agitaient encore devant diverses juridictions dans la dernière moitié du XVIe siècle, au moment où fut assassiné le seigneur d'alors.

« Et cependant, de tant de documents et de dossiers accumulés dans les archives communales de Callas, il ne sort aucune prétention du châtelain au droit dont il s'agit, aucune protestation de ses vassaux : preuve convaincante que le *droit du seigneur* n'a jamais été allégué dans notre village.

« J'ai discuté le roman; voici l'histoire. C'était en 1599; la Provence était alors divisée en deux partis : celui des *Carcistes*, que tenait le seigneur octogénaire de Callas, Jean-Baptiste de Pontevès, et celui des *Rasats*, pour lequel penchait la commune. Le seigneur, impatient des lenteurs de la justice, appela à Callas, comme juges en dernier ressort entre lui et ses SUJETS (*sic*) 2,000 hommes environ de l'armée carciste, qui firent pencher la balance en sa faveur. Une soldatesque effrénée se livrait en même temps dans le village à tous les excès ordinaires en pareilles circonstances. Des personnes du sexe étaient outragées, entre autres la sœur de Jacques Sassy, alors gouverneur *rasat* d'un château voisin et lui-même enfant de Callas. Sassy, que cette insulte jeta dans une violente exaspération, jura de se venger, et il y réussit. Un jour d'avril, dans la matinée même du vendredi-saint, le château de Callas lui fut livré par des gardes corrompus à prix d'argent. L'un des fils du seigneur tenta en vain de se sauver; atteint sur le chemin, il fut cruellement égorgé. Le vieux seigneur fut retenu captif six semaines durant dans son propre château, incessamment en butte aux mauvais traitements de ses geôliers. Un jour, alléché par la trompeuse promesse d'être conduit vers sa malheureuse épouse, gardée elle-même à vue dans une maison du village, il franchit une dernière fois le seuil de sa demeure, pour tomber bientôt, dans une rue, sous les coups des satellites de Sassy. »

Voilà ce que l'on trouve toujours lorsque l'on remonte aux sources; ainsi disparaissent ces contes ridicules forgés quelquefois avec tant d'impudence et répétés ensuite avec une si complaisante crédulité. Et remarquez comme la tradition se fait! Un vieillard est assassiné, il y a trois siècles, dans une guerre civile; et aujourd'hui, à quelques lieues de l'endroit, malgré les archives, malgré l'archiviste, ce vieillard assassiné il y a trois siècles devient un seigneur mis à mort « avant 1789 » pour avoir exercé « certains droits ! »

XI. *La sentence du grand-sénéchal de Guyenne, en 1302.* — Voici mieux encore. Jusqu'à ce moment nous avons vu comment on se trompe par défaut d'étude ou par défaut de bon sens, tantôt à cause de la tradition, tantôt en suivant des compilateurs qui se copient à la file et s'empruntent les uns les autres des textes tronqués et mal interprétés. Nous allons maintenant saisir en flagrant délit le mensonge même, et voir ce qu'il sait faire pour tromper la bonne foi ou plutôt l'ignorance.

En 1820, existait encore M. Miot, ancien secrétaire général de la guerre sous la monarchie, ancien ministre des relations extérieures sous la Convention, ancien ambassadeur sous le Directoire, ancien tribun sous le Consulat, ancien conseiller d'Etat sous l'Empire. On l'appelait aussi le comte de Melito. Bon helléniste, un peu théophilanthrope, point méchant ; mais de ces hommes « nouveaux » qui, sans dédaigner les titres anciens, n'aimaient rien des choses anciennes et les diffamaient volontiers. Sur le conseil de son ami le comte de Volney né Chassebœuf, alors pair de France (1), le comte de Melito fit paraître, en 1822, une traduction d'Hérodote.

Dans ce livre, à propos d'une prétendue coutume des Babyloniens, qui, selon Hérodote, obligeaient toutes les femmes de la ville d'attendre dans le temple de Vénus qu'un étranger voulût bien les choisir, etc., Miot, comte de Melito, ait la remarque suivante :

« Ce n'est pas à Babylone seulement qu'on a vu les hommes *abuser de l'influence religieuse* et de l'autorité qu'elle exerce *sur l'esprit des femmes*, pour *altérer les mœurs* et produire des désordres qui, quoique moins publics que celui dont parle Hérodote, n'en étaient ni moins réels, ni moins honteux. Enfin, n'a-t-il pas existé chez nous-mêmes, *longtemps après l'établissement du Christianisme*, des *institutions* qui obligeaient les

---

(1) Le sieur Chassebœuf devenu M. le comte de Volney, grand ennemi des croisades, prit pourtant des armoiries. Il portait de *sable, aux ruines antiques d'argent, surmontées d'une hirondelle du même volante en bande.* Le sable, les ruines, l'argent, l'oiseau de passage, il faut avouer que le blason caractérise assez le gentilhomme.

nouvelles mariées à faire hommage de la première nuit de leurs noces à leur seigneur? et l'accomplissement de ce devoir n'était-il pas accompagné de circonstances odieuses? N'a-t-on pas *vu* des prêtres, des évêques, non-seulement ne pas récuser un droit si injurieux à la pudeur publique, *mais l'exercer* ou réclamer un dédommagement en argent pour s'en abstenir? N'a-t-on pas cru en France, pendant plusieurs siècles, que ce honteux usage ne *blessait ni la morale publique ni la morale religieuse?* Si ces faits *sont hors de doute pour nous,* entre ces deux institutions, celle de Babylone, produit d'un abus de la religion, et celle qui subsistait encore il y a cinq siècles dans notre Europe, *produit d'une barbare féodalité,* se trouve-t-il assez de différence pour juger l'une comme une fable, quand *nous avons la certitude* que l'autre n'en est point une? Peut-être même notre droit, etc. »

De toutes les sottises qui ont passé jusqu'à présent sous nos yeux, celle-ci, sans doute, paraîtra la plus carrée.

Mais ce qui suit dénote une foi bien autrement robuste. Je copie le renvoi que l'auteur ajoute aux mots *circonstances odieuses :*

« *Maritus ipse femora nuptæ aperiet, ut dictus dominus primum florem primitiasque delibet faciliùs.* — Sentence de la sénéchaussée de Guienne du 18 juillet 1302, qui condamné la fille Soscarole, mariée à G. Bécaron, à obéir au seigneur de Blanquefort et à lui céder le droit de prélibation (*Bibliothèque historique,* XIIe volume, 4e cahier, p. 232, 1820). »

Je ne pensai point d'abord qu'il y eût ici matière à réfutation. Malgré l'exemple de Miot, il me parût impossible qu'aucun autre homme ayant âge et couleur de raison pût croire pareille chose. Je me trompais. J'ai rencontré sur le pavé de Paris « des bourgeois fort dociles, » qui, par hasard, dans le cours de leurs études, ayant lu la note du traducteur d'Hérodote, croyaient au malheur des époux Bécaron aussi fermement qu'ils refusent de croire à l'Évangile (1). J'ai donc dû aller à la source, et trouver le 4e cahier du XIIe volume de la *Bibliothèque historique*, dont je n'avais de ma vie entendu parler.

Qu'est-ce que c'était que la *Bibliothèque historique?* Qui faisait cela? Où cela se faisait-il? On ne le savait guère. Deux ou trois personnes croyaient se rappeler quelque chose de ce nom, qui avait ressemblé à la *Minerve*, avec moins d'éclat. Heureusement, il existe un *Dictionnaire des anonymes et des pseudonymes*. J'y trouvai cette mention lumineuse :

« BIBLIOTHÈQUE HISTORIQUE, ou recueil de matériaux pour

(1) L'extrême incrédulité, fruit d'une extrême ignorance, qui engendre en même temps une crédulité extrême, n'est pas incompatible avec une certaine culture et des vertus. Ce comte Miot était ce que l'on appelle un homme distingué et bien un brave homme. Sa longue carrière fut remplie d'emplois importants, de voyages, d'études. Il servit la République sans se charger de forfaits, et profita au contraire de ses fonctions pour adoucir le sort de beaucoup de victimes. Il fut ministre du roi Joseph à Naples et en Espagne, conseiller d'État remarqué; on estime ses traductions d'Hérode et de Diodore de Sicile. Cependant il a écrit cette note inepte et calomnieuse! Il offre un beau cas de cette maladie de l'esprit que l'on peut appeler l'abrutissement classique. C'était un de ces chrétiens et un de ces Français à qui des instituteurs français et chrétiens avaient fort bien appris le grec, sans juger à propos de leur apprendre l'histoire et la religion de la France. Il y a encore beaucoup d'instituteurs de cette espèce, et ils font beaucoup de semblables élèves... moins le grec.

servir à l'histoire du temps, par MM. *Chevalier, Cauchois-Lemaire* et autres. Paris, 1818-1820, 13 vol. in-8°.

« M. *Gossuin*, éditeur de cette *Bibliothèque* en janvier 1820, a été traduit à la cour d'assises de la Seine : 1° pour avoir attaqué les art. 5 et 9 de la charte constitutionnelle ; 2° pour avoir outragé la morale publique et religieuse (1). »

Déjà ces noms permettaient de flairer très-fortement le greffe où avait été libellée la sentence rendue contre les époux Bécaron. Un bonheur n'arrive jamais seul : je rencontrai la relation du procès fait à M. Gossuin. M. Gossuin était ce que l'on appelle « un gérant sérieux, » fils de régicide, possesseur d'une belle fortune qui coulait en publications littéraires et patriotiques. Il avait été accusé pour un article où l'on dénonçait la religion catholique aux bons Français, « parce qu'en « elle tout est corruption, machiavélisme et tyrannie, « et parce qu'elle n'a jamais fait et ne fera jamais que « des tyrans et des esclaves. » On y disait : « Les An- « glais ont chassé le catholicisme, parce qu'il est, de « toutes les sectes chrétiennes, celle où il y a le moins « de christianisme. Chassons-le, non du pays, mais « de l'État, parce qu'il marche à la suite du despo- « tisme pour river ses chaînes, etc., etc. » Voilà ce que cette liberticide Restauration osait poursuivre. Le jury lui donna une leçon de tolérance : M. Gossuin fut acquitté. Seulement, l'avocat de la *Bibliothèque historique*, Mᵉ Mérilhou (il est devenu ministre de la justice), eut un petit désagrément. Il avait un peu in-

(1) Barbier, t. IV. Janvier 1827.

sulté le président de la cour, et l'avocat général requit contre lui. Mais, dit la relation du *Constitutionnel* (1), Me Dupin aîné, présent, défendit son confrère, et Me Mérilhou ne fut qu'admonesté.— Me Dupin aîné, c'est le nôtre. Il était « présent! »

Je connaissais la *Bibliothèque historique*, ses rédacteurs, ses avocats, la faveur dont elle jouissait près du jury, le bailleur de fonds qu'elle épuisait, les tenants et les aboutissants. Je savais que c'était une espèce de *Bouche de fer* ouverte aux papiers que les autres journaux craignaient de recevoir, et près de laquelle on voyait rôder M. Arnault, M. Courier, *et autres*, comme dit Barbier. Enfin, je trouvai sur les quais, au dernier rabais, pourrissant auprès d'un livre janséniste, ce tant désiré fome XIIe! Qui m'eût dit, il y a trois mois, que je poursuivrais avec constance et que j'achèterais avec bonheur (pas cher, c'est vrai) un vieil écrit de M. Cauchois-Lemaire!

Le volume est orné d'un vers d'Horace : *Quid vero atque decens curo et rogo, et omnis in hoc sum.*

On va voir voir comment, sous cette couverture, ces messieurs se vouaient au culte de la décence et de la vérité.

Au milieu d'un pathos sur l'excellence des constitutions écrites, ils annoncent qu'on vient de leur « re-« mettre une charte du XVIe siècle, *en provençal*, avec « la traduction française en regard, laquelle établit « un droit que les seigneurs féodaux s'étaient arrogé

____

(1) 25 janvier 1820.

« au Moyen Age, et qui fait connaître à lui seul l'état
« de la nation à cette époque. » Mais, ajoutent-ils,
leur pathos fini : « Avant de mettre sous *les yeux* du
« lecteur ce tableau hideux de la dégradation de l'es-
« pèce humaine, nous allons préparer *ses yeux* à
« supporter un spectacle *aussi déplorable*, en le *fai-*
« *sant précéder de la vue d'une pièce qui* lui *fera* con-
« naître les prétentions des hommes *qui* voudraient
« nous ramener par degrés à cet horrible état de
« choses (1). »

La *pièce* dont *ils font précéder la vue du tableau*
est un protocole de notaire, dans lequel les contrac-
tants, gentilshommes revenus de l'émigration, sont
qualifiés de « hauts et puissants seigneurs. » Pour ce
fait, les rédacteurs de la *Bibliothèque* dénoncent le
notaire comme un suppôt de la féodalité qui va re-
naître. Après quoi, ils exhibent leur document *authen-*
tique, non sans avertir qu'ils ont traduit en latin les
passages les plus odieux : « ils rougiraient de les écrire
« en français ! »

« On fait savoir que de tout temps, de droit et par coutumes
anciennes, les puissants seigneurs de la terre et seigneurie de
Blanquefort, Le Tailhan, Cantenac, Margaux et autres, ont le
droit de prémices et de déflorement sur toutes et chascunes
filles non nobles qui se marient en ladite terre et seigneurie de
Blanquefort dessus nommée, le premier jour de leurs noces, le
mari présent. *Maritus ipse femora nuptæ aperiet, ut dictus*
dominus primum virginis florem primitiasque delibet facilius;

---

et ledit déflorement fait, ledit seigneur ne pourra plus toucher ladite mariée, et devra la laisser au mari.

« Et comme le mois de mai dernier, Catherine de Soscarole, de la paroisse dudit Cantenac, se fut mariée à Guillaume de Bécaron le jeune, le puissant seigneur Jean de Durasfort, chevalier, seigneur de ladite terre et seigneurie de Blanquefort et autres dessus nommées, ayant voulu user dudit droit et pouvoir de prémices et de déflorement, envers et sur ladite de Soscarole, elle se fut refusée d'obéir audit seigneur, et n'eut voulu lui accorder ce droit, et ledit Bécaron s'y fut opposé et emporté de mauvaises paroles envers ledit seigneur; et pour cause de la désobéissance de ladite mariée et les mauvaises paroles dudit marié, ledit seigneur les eut fait mettre en prison séparément, et fut allé se plaignant d'une plainte criminelle, devers M. le grand-sénéchal de Guyenne, pour informer de ce que dessus est dit, et qu'il fut fait enquête par écrit et par assemblée de témoins du droit et coutume ancienne, à cette fin de constater que le seigneur de ladite terre et seigneurie de Blanquefort et autres seigneuries a le pouvoir et usage du droit de prémices et de déflorement, en la manière susdite. Et après ladite information et enquête faites, fut rendue une sentence par la sénéchaussée de Guyenne, dont la teneur suit mot à mot :

« Entre le noble et puissant seigneur Jean de Durasfort, chevalier, seigneur de la terre et seigneurie de Blanquefort, Le Tailhan, La Barde, Cantenac, Margaux et autres, demandeur en droit de prémices et de déflorement, la première nuit des noces, sur toutes et chascunes filles non nobles qui se marient en ladite terre et seigneurie de Blanquefort et autres susdites, le mari présent, d'une part; Catherine de Soscarole, de la paroisse dudit Cantenac, nouvellement mariée à Guillaümé de Bécaron le jeune, défenderesse au susdit droit, d'autre part; et ledit seigneur également demandeur en réparation et châtiment de mauvaises paroles contre ledit Bécaron, également défendeur au susdit droit, encore d'autre part.

« Vu par la sénéchaussée, la plainte criminelle dudit seigneur Jean de Durasfort, ensemble les informations, enquêtes par écrit et par assemblée de témoins, et autres pièces du procès entre les parties, à raison de ladite plainte criminelle, et de tout ce que dessus est dit, ladite cour faisant droit aux parties, a dit et déclare ledit seigneur être bien fondé en droit et en raison, et par coutume ancienne, d'avoir, et pouvoir prendre les prémices et faire le déflorement le premier jour des noces, sur toutes et chacunes filles non nobles qui se marieront en ladite terre et seigneurie de Blanquefort et autres susdites, le mari présent. Cela fait, ledit seigneur ne pourra plus toucher la mariée, et la devra laisser au marié ; et pour raison de ce qui est dessus déclaré, ladite cour a condamné et condamne ladite Soscarole et ledit Guillaume de Bécaron le jeune à obéir audit seigneur, pour qu'il prenne son droit en la manière susdite ; et en ce qui touche les mauvaises paroles que le même Guillaume a dites audit seigneur, ladite cour l'a condamné et condamne à s'amender envers ledit seigneur, et lui demander grâce un genou en terre, la tête nue et les mains en croix étendues sur la poitrine, en présence de tous ceux qui furent assemblés à ses noces ; et de plus, ordonne ladite cour, qu'en tout ce qui touche le droit susdit, la présente sentence servira de loi et statut, tant pour le temps présent que pour le temps à venir, à charge par ledit seigneur de la faire proclamer et publier, soit par un notaire royal, soit par un appariteur, au devant de la porte dudit Cantenac, à la sortie de la messe de paroisse, et par toute l'étendue de ladite seigneurie de Blanquefort et autres susdites, et de faire dresser actes du jugement en tel nombre qu'il lui plaira. »

« Au dos il est écrit :

« Cette sentence fut prononcée à l'audience de la sénéchaussée de Guyenne, le mercredi, treizième jour du mois de juillet, l'an 1302. »

La falsification est évidente, et le but des auteurs ne l'est pas moins. En 1820, un Durasfort, le duc de Duras, était premier gentilhomme du Roi et en grand crédit. Le salon de la duchesse de Duras, quoique assez libéral, exerçait une influence qui déplaisait extrêmement à la queue violente du parti révolutionnaire, dont la *Bibliothèque historique* était un des organes. Le prétendu document qu'on vient de lire a été fabriqué pour décrier tout à la fois la cour et l'opinion royaliste, en diffamant cette illustre famille.

L'imposture va être démontrée par le soin même qu'ont pris les auteurs d'y introduire un nom encore existant à l'époque où ils écrivaient.

Je ne dis rien des signes matériels qui trahissent le faux à première vue. Ce n'est pas la forme et le style des sentences ; il n'y avait pas de *grand-sénéchal* de Guyenne ; le sénéchal, s'il avait rendu un pareil jugement, l'aurait signé ; la sentence n'aurait pas été rédigée en provençal, mais en latin ou en français, etc., etc. Démontrons la falsification par des preuves plus positives et sans réplique.

1° Dans l'espace de plus de cinquante ans avant 1302 et de plus de cinquante ans après, le seul Durfort ou Durasfort qui ait porté le prénom de *Jean* est le vicomte de Lomagne, né en 1329 et mort en 1336, à l'âge de sept ans. Ce n'est pas celui-là qui a pu plaider devant « le grand-sénéchal de Guyenne (1). »

____

(1) *Hist. généalogique et chronologique de la maison royale de France, des Pairs,* etc., par le P. Anselme, augustin déchaussé. 5ᵉ édition

2º A la date de la prétendue sentence, la seigneurie de Blanquefort n'appartenait ni à la famille de Blanquefort proprement dite (1), ni aux Durfort, qui n'en sont devenus seigneurs qu'en 1336, trente-quatre ans plus tard. En 1302, Blanquefort appartenait au roi d'Angleterre, alors maître de la Guyenne.

« Le 15 mai 1270, Alaïde de Blanquefort et Bernard
« de Trencaléon, son mari, vendent au sénéchal
« Roger de Leyburne, agissant pour Edouard, fils aîné
« du roi d'Angleterre, la moitié du château et de la
« châtellenie de Blanquefort, moyennant 10,000 livres
« bordelaises et la réserve de la moitié de l'usufruit.
« Le sénéchal leur accorde en outre la moitié de l'usu-
« fruit de l'autre moitié du château, qu'Edouard pos-
« sédait par suite de la mort d'Hélie de Talmon, frère
« de ladite Alaïde (2). »

Paris, 1730. Il fait remarquer que le nom de cette famille se trouve différemment écrit : *Durfort, Durffort, Duroforti, Durasforti.*

(1) Il existait dès le xiᵉ siècle, en Guyenne, une maison de Blanquefort que quelques généalogistes nomment par corruption *de Blancafort,* d'après l'orthographe latine de ce nom qui, comme ceux de Blanchefort et de Blancafort, s'écrivait *de Blancaforti.*

Cette maison de Blanquefort tirait son nom d'une ancienne baronie de Médoc, qui étendait sa juridiction sur plusieurs paroisses considérables, entre autres sur les lieux de Soussan, d'Avensan, de Margaux, de Cantenac, d'Arsac, de La Barde, de Fian, de Parempuire, de Taillan, de Saint-Aubin, de Saint-Médard-en-Jalès, d'Arez, du Temple, de Sautuges, etc. La seule paroisse de Blanchefort comprenait une population de 1,500 habitants, ce qui peut donner une idée de la puissance et de la richesse de ses premiers seigneurs. (*Hist. généalogique et héraldique des Pairs de France,* par de Courcelles, t. IV. Paris, 1824.)

(2) MARTIAL et JULES DELPIT, *Notice sur un manuscrit de la*

Que fit le prince anglais de cette acquisition? Tout porte à croire qu'elle resta la propriété de la couronne jusqu'en 1308, époque où Edouard Ier en fit don à Bertrand de Gout ou de Got, neveu du pape Clément V, ainsi que le constate une pièce très-intéressante relevée par Dom Villevieille, bénédictin, dans son *Trésor généalogique* conservé au cabinet des manuscrits de la Bibliothèque impériale : « Edouard II, roy d'Angle-
« terre, donne, en considération du pape Clément V,
« à noble homme Bertrand de Gout, chevalier, neveu
« dudit pape, les ville et château de Blanquefort au
« duché de Guyenne, en valeur de 1,500 livres de
« rente ; et, au cas que ladite rente ne puisse être le-
« vée sur ladite terre, lui et ses héritiers nés de son
« corps prendront le surplus sur la coutume de Bor-
« deaux, à la charge des devoirs de fief, et *à condition*
« *qu'il protégera ledit roy en cour de Rome* ; par lettres
« données le 16e juin de la 1re année de son règne 1308.
« (Bur. des finances de Bordeaux.) »

Bertrand fut mis en possession par lettres du sénéchal de Guyenne, du 12 août 1308.

La même année il fit foi et hommage au comte d'Armagnac pour raison de la seigneurie de Blanquefort,

---

bibliothèque de Wolfenbuttel, intitulé : Recognitiones feodorum, *où se trouvent des renseignements sur l'état des villes, des personnes et des propriétés en Guyenne et en Gascogne au* XIIIe *siècle.* Il est question dans ce manuscrit de quelques *usages bizarres,* mais point du tout d'une loi semblable à celle qui aurait fait le malheur de la fille Soscarole et du jeune Bécaron, avec paréage et promesse de payer cinq sous à chaque mutation.

En homme prudent, il fit confirmer, en avril 1312, par Philippe, roi de France, la donation qu'il avait reçue d'Édouard, roi d'Angleterre (dont il obtint aussi une confirmation), et il conserva cette propriété jusqu'à sa mort, en 1324.

Ainsi, de 1270 à 1308, il n'y a eu d'autre seigneur de Blanquefort que le roi d'Angleterre. De 1308 à 1324, le seigneur a été Bertrand de Got.

Pourquoi l'auteur du document *authentique* publié par la *Bibliothèque historique* n'a-t-il pas mis son histoire sous le nom de Bertrand de Got? Un neveu du pape, c'était cependant piquant ! Il faut que ce faussaire ait eu grand besoin d'insulter les Durfort.

Mais le premier Durfort qui ait été seigneur de Blanquefort ne s'appelait pas *Jean* et n'était pas né en 1302. C'était *Amaury*, héritier pour certaines terres de Bertrand de Got, son oncle maternel. Il servit le roi de France dans les guerres de Guyenne, en la compagnie du maréchal de Trié ; et après la mort du vicomte de Lomagne, il reçut du roi, en échange de ses droits comme héritier de ce cousin, les châteaux et terre de Villandrau et de *Blanquefort*, avec promesse de cinq hommes d'armes et de quinze sergents pour la garde de cette dernière place, au cas que la guerre survînt avec les Anglais. Cet arrangement eut lieu au mois d'octobre 1336.

Je crois inutile de suivre plus loin les vicissitudes de la terre de Blanquefort. Le roi d'Angleterre, après

1336, la reprit, la donna plusieurs fois, et la rendit enfin aux Durfort, qui en restèrent paisibles possesseurs à partir de 1346 (1). J'ai assez démontré que le prétendu document authentique de 1302 est une sotte et ignoble supercherie.

Cette supercherie, rien ne l'autorise. Il existe un recueil de tous les actes du gouvernement d'Édouard Ier, publié par Reymer, à Londres, en 1704, réédité plusieurs fois depuis, et en dernier lieu en 1816. Non-seulement la pièce « curieuse » ne s'y trouve pas, mais il n'y a rien qui s'y rapporte de loin ou de près (2).

L'antique et puissante famille de Durfort n'était nullement signalée pour des faits de tyrannie ou de mauvaises mœurs. La majeure partie de ses titres constatent ses bonnes œuvres et sa piété. La liste commence par

(1) Hommage fait par Gombaud de Caupenne à Gaillard de Durfort, seigneur de Blanquefort, pour le château de Bussacor, où sont rapportées les lettres d'Henri, comte Lancastre, sénéchal et capitaine général de Guyenne et de Languedoc, par lesquelles, en vertu du pouvoir à lui donné par les lettres d'Édouard son père y insérées, de donner les terres de ses sujets rebelles à ceux qui lui seraient fidèles, il donne audit Gaillard de Durfort, pour en jouir comme en jouissait de son vivant Bertrand de Got, ladite châtellenie de Blanquefort. — L'hommage est du 12 avril 1346; les lettres d'Henri de Lancastre du 26 novembre 1445; celles d'Édouard du 10 mai. (*Titres concernant les maisons de Foix, Rodez, Armagnac*, etc. M. S., t. XVII, fol. 235.)

(2) *Fœdera, Conventiones, litteræ et cujuscunque generis acta publica* inter reges Angliæ et alios quosvis imperatores, reges, pontifices, principes, vel communitates.— La première édition a paru à Londres, en 1704, une autre en 1727, une autre à La Haye en 1739. La dernière, Londres 1816, n'a pas été achevée.

un acte d'Aiguina, fille de Bernard et de Ava de Durfort, qui «donne à Dieu, à saint Pierre et au monastère
de Moissac, la moitié de l'église de Valbaze,» en 1063. —
Sous Louis VII, Etienne de Durfort est reçu religieux
du monastère de La Valette : « sa mère et ses frères
donnent pour sa réception tout ce qu'ils avaient dans
ce lieu. » — En 1233, les enfants de Bernard donnent
à l'abbé de Bolbonne le village d'Ampouillac et tout ce
qui leur appartenait sur leur territoire, plus 1,000 sols
toulousains, « pour réparer les dommages que leur
père avait faits à la grange de ce monastère en y mettant
le feu. » — En 1244, Hugues de Durfort et ses trois
filles donnent à l'abbé de Villelongue une terre, à condition que les religieux « tiendront une lampe allumée
nuit et jour devant l'autel de la Vierge, dans l'église
où Riche de Roca, leur épouse et mère, était enterrée.»
— Au XIIIe siècle, tous les seigneurs de Durfort se ré-
unirent pour donner une charte à leurs vassaux. Pas
plus que toutes les autres coutumes connues, celle-ci
qui est nommée la Coutume de Clairmont, ne stipule
un droit honteux à l'occasion du mariage, et elle est
d'une remarquable sévérité en ce qui regarde les
mœurs (1). Voilà quels étaient ces sauvages, qui auraient plaidé devant le grand-sénéchal de Guyenne,
pour avoir le droit de violer les nouvelles mariées !

M. le comte de Melito a vraiment fait honneur à sa
noblesse, en recueillant de pareilles ordures contre
les nobles d'autrefois.

(1) M. S. de la Bibliothèque impériale. Gaignières, 554.

Je n'ai aucun autre fait à examiner. J'ai abordé successivement tous ceux qui courent les livres, les recueils d'anecdotes, les dictionnaires. On voit à quoi tout cela se réduit, dès qu'on y veut regarder sérieusement : des choses toutes simples travesties par le mensonge ou par l'ignorance ; des traditions stupides, des inventions scélérates ; rien qui puisse un instant tenir devant l'étude ou seulement devant la réflexion. Mais la haine est sans scrupule, et la crédulité sans bornes. Que n'a pas osé dire la haine ? que n'a pas laissé dire et admis cette imbécile crédulité ?

Je veux en donner un dernier exemple. J'ai sous les yeux une *Encyclopédie des jeunes étudiants et des gens du monde, par une société de gens de lettres et de savants* (Paris, librairie classique et élémentaire de Hachette, 1833). A l'article *Droits seigneuriaux,* après les infamies accoutumées sur les seigneurs, les évêques et les moines, je lis ceci, que je n'ai vu nulle part ailleurs :

« ... Droits onéreux et humiliants pour ceux qui les
« acquittaient, et dont on pourra se faire une idée
« d'après le droit abominable que s'étaient arrogé les
« seigneurs de Montjoie. Lorsque, dans l'hiver, les
« comtes de Montjoie et de Mèches étaient à la chasse,
« *ils avaient le droit de faire éventrer deux de leurs*
« *serfs, pour réchauffer leurs pieds dans leurs entrailles*
« *fumantes.....* »

A l'usage de la jeunesse !

18.

Je le répète, ce qui est infiniment plus grossier, plus indécent et plus immoral que toutes les grossiè-retés, les indécences et les immoralités de tous les temps, c'est l'industrie qui produit de pareils livres.

CONCLUSION

Tantôt par avarice, et tantôt tout simplement par jovialité, les paysans du Moyen Age ont donné des sobriquets plus ou moins indécents et grotesques, ici à des taxes qu'ils payaient avec humeur, comme toujours, ailleurs à des cérémonies et à des usages qu'ils pratiquaient avec plaisir et dont ils étaient eux-mêmes les inventeurs et les gardiens.

A côté du droit du seigneur spirituel, qui protégeait la nouvelle épouse avec une pudeur exquise ; à côté du droit du seigneur temporel, qui demandait une redevance modique, un plat de la noce ou une préséance, comme signe de sa suzeraineté, il y avait aussi le droit du voisin, celui du valet, celui du pauvre, dont on ne parle pas, et qui étaient exigés sous le même nòm (1) et payés comme les autres.

Et tout cela était si légitime et si naturel, que tout cela s'est maintenu : les taxes en dépit des révolutions, les usages en dépit des lumières et des arrêts de justice. Après avoir prouvé que le droit du seigneur

(1) Ceux qui ont puisé leur érudition sur la question dans le dictionnaire de Du Cange ont eu soin de n'y pas voir que le même nom était donné et à la redevance payée au seigneur, et aux grafications et réjouissances auxquelles le mariage donnait lieu.

n'a existé nulle part comme les ennemis du Moyen Age l'entendent, j'aurais un nouveau travail à faire pour prouver qu'il existe encore à peu près partout comme le Moyen Age l'a pratiqué; partout, du moins, où les mœurs sont restées naïves et pures. Ailleurs, il subsiste également, mais gâté.

On peut dire de plusieurs de ces coutumes observées à l'occasion du mariage ce que Jérôme Bignon disait de la loi salique : elles sont gravées *ès cœurs* des paysans.

Il y a encore des populations, en Bretagne et ailleurs, où le droit du Seigneur Dieu est gardé par les nouveaux époux, suivant l'exemple de Tobie et de Sara ; suivant le vœu implicite de l'Église, qui rappelle cet exemple dans la liturgie du mariage ; suivant le conseil de l'âme chrétienne, dont toutes les affections et toutes les flammes prennent cours vers le ciel.

N'est-ce pas aussi le droit du Seigneur DIEU, que reconnaissent et acquittent, d'une manière moins parfaite, les incrédules mêmes qui veulent se marier honorablement? Ils font au moins un simulacre de confession, et ils vont ensuite recevoir dans l'église une bénédiction dont ils ignorent la vertu, mais sans laquelle pourtant, tout incrédules qu'ils sont, ils ne se croiraient pas mariés.

Quant à la redevance féodale, tout le monde la paie au seigneur ÉTAT, représenté par un de ses baillis ou sergents. Nul moyen de procréer autrement des enfants légitimes et de donner le nom d'épouse à leur mère ! On achète aujourd'hui cette faculté comme au temps de « l'affreuse féodalité, » et même on l'achète plus cher. Autrefois cela coûtait aux paysans un gâteau, une chanson, quelques deniers s'ils étaient riches. Il n'y a point de pauvre aujourd'hui qui en soit quitte pour si peu. En frais de timbre et d'actes, ceux mêmes qui se marient sans contrat et sans dot ne parviennent pas à dépenser moins de 8 ou 10 francs. Un pauvre père de famille qui donne à sa fille 10,000 francs de dot par devant notaire paie 200 ou 300 francs pour constatation de cette libéralité. Les grands feudataires sont traités en proportion de leur fortune : à 2 fr. 75 pour cent sur les donations en ligne directe, à 4 fr. 50 pour cent sur les donations entre frères et sœurs, à 6 pour cent sur les donations entre étrangers, cela fait vite, en dehors des autres droits, une somme qui dépasse de beaucoup la marquette la plus exagérée (1).

Enfin, quant à l'autre forme du droit, celle que l'on pourrait appeler le droit du Seigneur PUBLIC, et qui était de beaucoup la plus usitée, elle subsiste pleinement dans presque toutes nos campagnes. Les romans de madame Sand en donnent de fort jolies descriptions pour le Berry. Là, si nos souvenirs sont fidèles, il faut que le marié livre bataille pour entrer dans son ménage. Ailleurs, ce sont d'autres coutumes, qui ont le même sens. Partout on fait des noces, c'est-à-dire que partout l'on paie un *marita-gium*, un régal, à un certain nombre d'amis et de pa-

(1) Voir à l'appendice la note sur le droit du seigneur État.

rasites. Et si le seigneur de l'endroit veut en être (car il y a toujours un seigneur), il est fort bien reçu : on le place à côté de la mariée, il porte la première santé, l'on souffre très-volontiers qu'il chante la première chanson et qu'il dise le premier bon mot, lorsqu'il a l'humeur plaisante. Partout encore on fait, volontairement ou non, quelques cadeaux à des gens qui ne sont pas de la noce. M. le maire est en possession d'embrasser la mariée. A Paris, le marié a le droit d'être embrassé par les dames de la halle et de recevoir de leurs mains un bouquet, qu'il paie plus cher qu'au marché. Donnons à tout cela un nom devenu obscène, mais qui ne l'était pas il y a cinq siècles : il n'y aura rien de changé que la bonne gaîté, la naïveté des vieux âges ; il n'y aura de moins que la simplicité, c'est-à-dire la pudeur.

J'ose en appeler, pour finir, aux souvenirs personnels de M. Dupin. Un personnage de sa condition n'a pas dû se marier en petite pompe, ni faire un petit contrat. Je n'y étais pas ; mais assurément tout s'est passé suivant les lois de l'État, suivant les lois de l'usage ; et partant, M. Dupin a payé le droit du seigneur au Seigneur Dieu, au seigneur État et au seigneur Public, exactement comme le payaient ses ancêtres et les miens, les vilains et les manants du Moyen Age, qui nous valaient bien sous tous les rapports, et à qui jamais personne n'a demandé de le payer d'une autre façon.

APPENDICE SUR LES FAITS

Cet ouvrage donna lieu à un certain nombre d'appréciations et de comptes rendus qui en confirmèrent les conclusions. Deux seulement produisirent ou crurent produire des faits nouveaux. Je les examinerai afin de ne laisser absolument sans réponse rien qui puisse paraître sérieux.

I

Les anciens seigneurs de Bizanos et le seigneur de Louvie.

M. Bascle de Lagrèze, conseiller à la Cour de Pau, a publié un court *Essai sur le Droit du seigneur* (1). Il rejette l'autorité de la compilation de Boërius, la tenant pour un ramas d'anecdotes « scandaleuses et obscènes, » indigne de tout crédit.

Sous le bénéfice de ce jugement, je peux accepter la critique d'ailleurs courtoise que M. de Lagrèze me

_____
(1) Paris, Didron.

fait à l'endroit du même Boërius et de quelques autres : « Les présidents à mortier et nos anciens par-« lements, dit-il, quoique *gens de robe* et écrivant en « latin quelquefois un peu reprochable, ne sont pas « aussi légèrement traités par tout le monde que par « le mordant rédacteur de l'*Univers*. » Hélas ! je le veux bien. Cependant je n'ai pas manqué de noter que Nicolas Bohier a su mourir à l'hôpital, laissant son bien aux pauvres. Cet hommage surpasse tous ceux que lui rendront jamais les autres pauvres à qui il a laissé son misérable livre.

Et ce qui est presque plus admirable, M. Martin, « notre éloquent historien M. Henri Martin » qui est aussi notre éloquent député, vient ces jours-ci d'écrire au *Siècle*, c'est-à-dire au monde entier, la lettre suivante :

Passy, 13 juillet.

Mon cher Jourdan,

« M. de Gavardie a contesté hier à la tribune que le fameux *droit du seigneur* ait jamais existé. Je lui ai crié de ma place : *Il a existé !* Des documents authentiques attestent, en effet, l'existence de ce *droit* dans diverses localités. J'ai cité dans mon *Histoire de France*, tome V, p. 568, 4ᵉ édition, deux pièces tirées de l'*Essai sur le droit du seigneur*, publié en 1855, par M. Bascle de Lagrèze, savant historien et conseiller à la Cour d'appel de Pau. Ces pièces ne permettent aucune espèce de doute.

« Notre collègue Marcel Barthe m'avait déjà, de son côté, communiqué antérieurement le *dénombrement* qui constate le *droit du seigneur* dans les communes de Louvie, Soubiron et Listo.

« Je n'ai pas le loisir de rechercher et de multiplier les preuves : celles-là sont bien suffisantes. Il ne faut pas plus nier cet immonde abus du passé que l'exagérer en le généralisant. D'autres coutumes odieuses ont eu, dans le régime féodal, un caractère plus ou moins général, celle-là n'a jamais été qu'une monstruosité locale.

« Tout à vous,

«H. MARTIN.»

Puisque M. Martin a trouvé bon de crier « de sa place » que le droit du seigneur a existé, il ne peut pas trouver mauvais que je ramasse ce témoignage, lequel, selon moi, est très-puissant pour prouver que son *Histoire* ne vaut rien.

Le contenu du prétendu dénombrement, ses dispositions intrinsèques, contrarient, bien plus encore que sa forme, les règles fondamentales du vasselage et du contrat de fief.

M. de Lagrèze ne donne qu'un petit bout de la pièce ; nous avons dû nous en procurer une copie moins incomplète. Mais les détails où il faudrait entrer ici sortent du *certain droit*, et nous pouvons nous dispenser d'entreprendre un examen qui accuserait trop l'irréflexion du magistrat. Nous répétons simplement qu'il n'a pas pesé sa trouvaille. La date même est maladroite. En 1538, il y avait déjà longtemps que les cours de justice ne cessaient de réformer et d'abroger sans pitié les coutumes les plus innocentes, qu'elles traitaient de droits ineptes, ridicules et abusifs.

Soupçonnant cependant la légèreté de l'objet, M. de Lagrèze a cru bien faire d'y ajouter le poids de la tradition qui s'est, dit-il, perpétuée dans le pays. Voici cette légende « populaire : »

« Une jeune fille de la vallée d'Aure aimait depuis long-temps un jeune homme *dont elle était adorée*, longtemps elle hésita cependant à *couronner son amour*; *c'est* qu'elle frémissait à la pensée que le jour du mariage, au lieu d'être la réalisation d'*un rêve de bonheur*, serait pour elle un jour de désespoir et de honte. Le seigneur du village (ce coquin de seigneur de Louvie) l'attendait dans son castel *comme l'aigle attend sa proie* pour exiger l'*horrible tribut* de sa pudeur virginale. Elle essaya vainement de le fléchir par ses larmes.

« Près de là s'élevait une chapelle consacrée à la Vierge, à Notre-Dame de Bourisp, chapelle vénérée qui jouissait d'une renommée qu'elle conserve encore. La jeune fille va s'agenouiller aux pieds de la Vierge sans tache qui protége l'innocence, et elle fait vœu de lui offrir *la plus belle génisse du troupeau paternel*, si le Ciel daigne la préserver du déshonneur qui la menace. Le jour des noces arrive ; le cortége nuptial s'achemine vers l'église. Un long cri *est répété par les échos*. Le seigneur venait de succomber à une mort soudaine ! »

Il subsiste une *pièce de conviction*, assez semblable aux pièces écrites gardées dans les archives du département : c'est la clochette de la vache. On la pouvait voir il n'y a guère aujourd'hui qu'une vingtaine d'années. « Elle existe même encore, mais TRANSFORMÉE EN USTENSILE DE CUISINE. » On pense bien que cette légère métamorphose n'en détruit pas l'authenticité et n'empêche personne de la reconnaître.

Dans les foires, on annonce à grand tapage l'exhibition d'un phénomène vivant, né du mariage d'une carpe et d'un lapin. Quelquefois même, il parle. Jamais cependant personne ne le voit, mais tout le monde est admis à contempler le père et la mère.

C'est ce phénomène que M. le conseiller de Pau a recueilli.

M. de Lagrèze dit encore de bonnes paroles sur le *certain droit.* « Qu'on lise nos vieilles coutumes, nos « chartes municipales, les ouvrages de juriscon- « sultes ; nulle part on ne trouvera trace d'une « si abominable disposition légale. Pour être con- « vaincu que le droit du seigneur n'a jamais été « écrit dans aucun code du moyen âge, il suffit d'in- « terroger les plus anciens monuments de la législa- « tion féodale. » Voilà le sentiment de M. le conseiller Bascle de Lagrèze.

Il est vrai néanmoins que ce magistrat finit par produire deux bouts de pièce qualifiées *documents,* desquelles il résulterait deux choses : la première, que les anciens seigneurs de Louvie exerçaient le « fameux droit » sur leurs sujettes ; la seconde, que les anciens seigneurs de Bizanos pourraient bien en avoir fait tout autant. Mais ce n'est pas cette trouvaille qui mettra M. de Lagrèze dans l'académie des Inscriptions et Belles-Lettres.

Débarrassons-nous d'abord des seigneurs de Bizanos. Le « document » qui les concerne est un acte de dénombrement, à la date du 12 septembre 1674, sans état civil certain. On y lit la clause suivante :

Item, temps passé, lesdits soubmis étaient en telle subjection que les prédécesseurs dudit dénombrant avaient droit toutes fois et quantes qu'ils prenaient femme en mariage de.... la nuict plus prochaine des nopces ; ce deuoir a esté pourtant conuerty en cest autre, sauoir que les soubmis sont tenus et obligés, chaque fois qu'il se fait des nopces dans ledit lieu, de leur porter une poule, un chapon, une épaule de mouton, deux pains et un gâteau et trois écuelles d'une sorte de bouillie....

Est-ce là une pièce authentique ? M. de Lagrèze ne paraît pas y avoir regardé. La physionomie n'en est nullement rassurante. *Item, temps passé*, lesdits *soubmis...* Qu'est-ce que ces *soubmis*, cette *nuit plus prochaine des nopces ?* Ce n'est plus le style dans le dernier quart du dix-septième siècle. L'auteur de la pièce a grimé son orthographe, et il n'est pas ferme sur les époques. Plusieurs tournures n'ont pas le même âge ; les unes sont des *paniers*, les autres des *crinolines*. Mais l'on peut écarter la question d'authenticité. A le supposer vrai, cet acte prouve seulement que l'homme de loi quelconque qui l'a rédigé croyait ou voulait croire pour son compte que le fameux droit avait existé à une époque indéterminée, *temps passé*. Peu importe là-dessus l'opinion du praticien. On ne peut discuter que des faits. M. de Lagrèze, magistrat, n'y saurait contredire.

Le document relatif au seigneur de *Louvie* est plus

explicite. Si c'est quelque chose, c'est un dénombrement encore, donné par le seigneur de Louvie lui-
même, des terres et droits de toute nature qu'il tenait
en fief de la maison d'Albret. L'*original* est en patois
de Béarn, plus ou moins patois et plus ou moins du
seizième siècle. M. de Lagrèze en traduit le passage
intéressant :

Item, lorsque quelques-uns des dites maisons ci-dessus désignées (neuf maisons du village d'Aüs) viendront à se marier,
ils seront tenus de présenter leur épouse audit seigneur, etc.,
autrement ils lui paieront tribut.

Item, s'ils viennent à avoir quelque enfant, ils seront tenus
de porter *certaines sommes de deniers ;* et s'il arrive que ce soit
un enfant mâle, il est franc parce qu'il peut être engendré dudit seigneur...

Voilà certes qui est précis et complet, trop complet
même, *nimia præcautio dolus*. Mettons de côté la
monstrueuse invraisemblance du fait en plein seizième siècle et ne nous occupons que de la pièce.

D'où vient-elle ? Elle est présentement en sûreté aux
archives de Pau ; mais on aurait besoin de connaître
son origine et ses aventures avant d'arriver à ce séjour. Les papiers terriers des anciens seigneurs ne
sortirent pas de leurs chartriers pour être soigneusement collectionnés aux archives départementales ; ils
en sortirent *pour être brûlés en place publique*, aux
termes du décret de la Convention du 17 juillet 1793.
Tout ne périt pas, il est vrai, et il en reste. Mais dans
l'entre-temps que s'est-il passé ? Et où est la garantie
que telle ou telle pièce parvenue au dépôt adminis-

tratif soit identiquement tel ou tel titre provenant de l'archive d'une maison féodale ?

On doit pouvoir vérifier une pièce comme un témoin, d'autant que la loi ne prononce aucune peine contre le faussaire en écriture historique. Dans notre réponse à M. Dupin, nous avons signalé et démasqué une pièce de ce genre, une prétendue sentence du sénéchal de Guyenne qui a trompé beaucoup d'honnêtes gens ; récemment, le procès de Vrain-Lucas nous a montré la facilité d'abuser même les académiciens. Donc, d'où vient le dénombrement du seigneur de Louvie ? Jusqu'à ce qu'on nous le dise, il ne vaut rien.

Mais nous ne voulons pas l'écarter sur cette raison, quoique suffisante. La pièce fournit les preuves manifestes de sa fausseté. Nous n'aurons pas besoin de les relever toutes.

L'auteur de ce morceau de fantaisie n'a eu aucune idée de la forme et des conditions d'un acte de dénombrement, et son *fac-simile* est des plus gauches. On s'étonne qu'il ait trompé un magistrat. Nous nous demandons comment M. de Lagrèze a pu le lire, le copier, le traduire, l'imprimer et le relire en épreuves sans soupçonner la fraude.

L'acte n'a pas la forme d'un dénombrement. On n'y voit aucune signature de notaire ou de tabellion, mais uniquement la prétendue signature du seigneur de Louvie, celui-là même qui fournit le dénombrement à son suzerain le seigneur d'Albret. *C'est purement un acte privé.* Or, la règle en ces matières, règle universelle, nullement sujette aux diversités locales, exigeait l'*acte public*, reçu par un notaire ou tabellion.

Pothier donne la raison de cette règle. Les actes de dénombrement étaient destinés à fixer l'étendue des diverses tenures féodales. Ordinairement multiples et témoignant d'une longue possession, ils coupaient court aux difficultés qui auraient pu naître de la perte du titre primitif. Un aveu ou dénombrement *par acte privé* n'aurait pas rempli cet objet, puisqu'il aurait été sujet à dénégation et procuré d'interminables procès.

II

Soixante-dix faits relevés par M. Jules Delpit

Tout au rebours de M. de Lagrèze qui est l'homme du monde le plus poli et le plus bienveillant, M. Jules Delpit affecte une extrême rudesse. Sa brochure ou plutôt son livre qu'il présente comme une réfutation du mien est intitulé : *Réponse d'un campagnard à un Parisien* (1). Pourquoi me traite-t-il de Parisien, et que voit-il là-dessous, je l'ignore, et j'ignore également si c'est à titre de campagnard ou de rustre qu'il se déclare imperméable à l'évidence. Pour lui, le droit du seigneur n'a pas besoin d'être prouvé : « Il était

(1) Paris, 185   Dumoulin.

19.

« tellement dans l'esprit du moyen âge que, *n'en trou-*
« *va-t-on aucune trace,* on pourrait encore *avec certi-*
« *tude* dire de lui ce mot célèbre d'un philosophe
« moderne : *je n'en sais rien, mais j'en suis sûr.* »

La tradition qui s'en est, selon lui, perpétuée principalement dans les campagnes, dispenserait au besoin de toute recherche historique. Or, cette tradition
se compose de l'historiette de la mariée de la vallée
d'Aure que M. Delpit accepte pour argent comptant
de M. Bascle de Lagrèze. Il a vu sans doute la clochette de la vache, transformée én ustensile de cuisine. Il a encore mieux que ce fait, si concluant mais
un peu local. « On trouve, ajoute-t-il, *une foule* de
« localités, surtout dans les *provinces arriérées,* où
« les servantes, aux propositions immorales de leurs
« maîtres, répondent *naïvement :* Monsieur n'est-il pas
« mon maître ? »

Toutefois, pour ceux que ne persuaderait pas suffisamment une tradition aussi manifeste et aussi soute-
nue, M. Delpit a bien voulu réunir quelques faits,
soixante-dix seulement.

Il ne faut pas trop s'émouvoir du chiffre. Plusieurs
de ces faits ne sont pas des *faits.* Une *opinion* par-ci,
une phrase louche par-là prise de quelque juriste,
exprimant tout au plus une conjecture faiblement
accentuée, notre campagnard le compte pour un *fait.*
Aïnsi l'article *Braconnage,* dans le *Glossaire* de Ducange (2e édition, celle qui n'est pas de Ducange) constitue un des soixante-dix faits de M. Delpit ; il a le
numéro 8 !

Quant aux faits proprement dits, ils laissent entière la question du droit du seigneur. C'est toujours la même chose : des redevances en argent ou en denrées pour congé de mariage désignées quelquefois par le mot brutal que l'on connaît, lequel ne prouve plus rien.

Dans la collection figurent d'ailleurs d'anciennes connaissances, les religieux de Saint-Étienne de Nevers, le chantre de Mâcon, etc., absolument comme si rien de tout cela n'avait été discuté. Les loques en sont encore bonnes pour la hotte de M. Delpit.

On y remarque un document, emprunté à M. Delisle, qui doit être étonné de se trouver à pareille fête : « Les habitants de Bronville, dans la vicomté de Coutance, étaient obligés de courir la quintaine. »

Qu'est-ce que cela fait que ces gens-là courussent la quintaine et quel rapport a cela avec le droit du seigneur ? M. Delpit l'ajoute à sa pacotille et le cote dans les *preuves du droit général de prélibation !* — n° 17.

Bref, il n'y a qu'un fait dans les soixante-dix qui doive nous arrêter un moment, c'est le n° 1. Notre paysan a soigné le dessus du panier.

C'est un texte tiré d'une charte ou coutume rédigée en 1507 (la date est bonne à noter) pour la terre de Drucat dans la seigneurie de Rambures :

« Quand aucun des subgiets ou subgiettes dudit lieu de Drucat se marye... le marié ne poeult coulchier la première nuyt avec sa dame de neupces sans le congié, licence et autorité dudit seigneur ; *ou que ledit seigneur ait coulchié avecque ladite dame de neupces ;* lequel congié il est tenu de demander audit seigneur et à ses officiers ; pour lequel congié obtenir, ledit maryé *est tenu baillier un plat de viande* avec deux los de bruvaigne.... et est ledit droit appelé droit de cullage. »

C'est explicite ; est-ce effectif?

Le marié menacé d'une irréparable injure, *si cependant il ne préfère donner un plat de viande au seigneur de Drucat,* court-il un risque réel, et est-il placé dans une véritable alternative? C'est le pendant du texte de coutume allemande cité par M. Michelet d'après Grimm, sauf qu'il y a dans la charte de Drucat la circonstance de la date de sa rédaction : 1507. 1507, cela veut dire que nul ne pouvait prendre au sérieux la clause comminatoire, et le rédacteur de la pièce moins que personne, car il était homme de loi, et savait quel accueil aurait fait la justice à une prétention de ce ge

Le marié s'exécutait-il pour le plat de viande et les deux mesures de boisson ; il était à couvert de toute mésaventure. Mais qu'il se fût entêté à refuser la redevance ; il n'aurait pas davantage risqué. Prenons que le seigneur eût plaidé : en l'an 1507, par la jurisprudence qui courait sur le chapitre des droits ineptes, ridicules ou honteux, son compte aurait été bon devant la sénéchaussée d'Amiens et devant le Parlement s'il lui eût plu courir les hasards d'un appel !

Pourquoi alors cette clause qui ne pouvait dans aucune supposition produire aucun effet? Peut-être pour donner une apparence de sanction à une redevance qui pouvait bien être assez irrégulièrement acquittée, vu que, passé la noce, il n'y avait guère moyen de la réclamer. Peut-être aussi, et c'est plus vraisemblable, le mot même qui désignait la redevance, mot sans équivoque alors, a-t-il induit le rédacteur à risquer une gaillardise dans son grimoire au chapitre du mariage.

Ceci est probable ; mais ce qui est sûr, c'est que la clause n'avait pas été mise dans l'acte pour être exécutée, vu qu'elle ne pouvait l'être en aucune façon, ni de bonne grâce apparemment, ni davantage par les voies de contrainte ou de justice.

Cela étant, il est clair que la pièce ne prouve pas le moins du monde que le droit de prélibation ait jamais existé dans la seigneurie de Rambures non plus qu'ailleurs.

Cela étant, la clause scabreuse avec sa date, avec l'alternative du plat de viande, ne peut avoir qu'une conséquence : annihiler justement, en le réduisant à une simple bouffonnerie, le témoignage du seul document original et, paraît-il, non apocryphe que M. Delpit ait produit sur la question.

M. Delpit s'exténue à m'accabler d'injures. Quant à ce point, il se contentera d'un accusé de réception. Pour les critiques de mon travail, j'en fais cas. Il y en a trois ou quatre qui tombent juste :

1° En citant les collections des actes et traités des rois d'Angleterre de Reymer, j'ai supposé que Reymer était contemporain de la seule édition de sa collection que j'eusse consultée et qui est de 1816. Mais il se trouve que la première édition de l'ouvrage date de 1704. Reymer est donc mort. Je proteste que j'y consens, et j'aurais bien plus de chagrin si la collection de Reymer contenait quelque chose en faveur de la sentence supposée du grand sénéchal dé Guyenne alléguée par M. Cauchois-Lemaire. Mais la sentence reste fausse et M. Delpit ne tente même pas de la soutenir.

2° Il conste des recherches de M. Delpit que je n'ai pas lu tout Dulaure. Je ne m'en défends pas.

3° Pareillement je n'ai pas lu tout Papon ; c'est encore vrai. Et én cherchant bien j'aurais trouvé dans Papon une phrase faisant allusion au droit du seigneur. J'aime mieux le croire que d'y aller voir. Flairer Papon une fois c'est assez pour une vie.

4° Enfin, délicieuse aubaine pour notre réfutateur, j'ai félicité M. Louandre du progrès révélé par ses derniers écrits qui m'ont paru pour le style et le fond très-préférables aux premiers.

Or, il y a deux messieurs Louandre, le père et le fils, écrivains tous deux ; et les derniers ouvrages sont du fils. — Heureux père !

Je dédouble MM. Louandre, et me voilà lavé de ma plus grosse erreur.

Ma conscience m'obligne à ne pas quitter M. Delpit sans lui faire quelque compliment. Je dois dire qu'il paraît lui-même écœuré de l'abondance de ses *preuves*. Il lui vient quelque vergogne de ce droit, selon lui, si facilement, si universellement exercé. Il imagine donc que l'usage pouvait bien en être modéré par la satiété du maître. Il exprime cette idée en quelques phrases que je vais transcrire. Elles fixeront l'opinion sur le génie de ce campagnard :

« Figurez-vous un seigneur du moyen âge, père de famille, guerrier, chasseur, administrateur infatigable, et qui, pour ne pas laisser prescrire son droit, eût été obligé de passer la plupart de ses nuits *dans les bras crasseux et galeux* de toutes les gardeuses de dindons et de pourceaux qui se mariaient sur ses terres ; plus il eût été puissant, plus il eût été malheureux. J'ajoute que si l'exercice de ce droit eût choqué les mœurs de l'époque, ces gardeuses de dindons, malgré leur naïveté, auraient aisément trouvé le moyen de ne pas garder pour leur seigneur ce qu'il voulait prendre et de ne se présenter à lui qu'*en état de nourrices*. »

Un mérite qu'on ne peut contester à M. Delpit, c'est d'avoir parfaitement le langage de ses opinions.

III

Le droit du seigneur

Le droit du seigneur (*maritagium*), perçu à raison du mariage de la vassale, était, on l'a vu, un droit de mutation motivé par l'espèce d'aliénation du fief qui résultait de l'apport en dot au mari.

Ces droits de mutation, la Révolution s'est gardé de les abolir, malgré la tache de leur origine féodale. Nous les payons au seigneur *Fisc*, au lieu de les payer au seigneur du fief ou de la censive. Il y a de plus, dans le nouveau régime, une surélévation considérable du tarif; il n'y a de moins que certaines exemptions réclamées par l'humanité, et que les coutumes féodales avaient généralement admises.

Les successions en ligne directe des enfants au père, ou même en sens inverse du père à ses enfants, n'étaient sujettes à aucune taxe fiscale. Le droit féodal, qui avait des entrailles, ne voulait pas avoir une *mutation imposable* dans une transmission aussi naturelle des patrimoines entre personnes si proches (1).

Dans le régime fiscal issu de la Révolution et inauguré par la loi de frimaire an VII qui nous régit encore (sauf l'élévation graduelle des taxes), les enfants doivent payer pour succéder à leur père et mère. Le droit est de un pour cent augmenté du décime; et la quotité en est souvent beaucoup plus forte *en fait*, car ce droit est calculé sur le pied de la masse active uniquement, et *sans aucune distraction des dettes* (2).

L'ancien droit de rachat qui, nous le répétons, n'était perçu que sur les successions collatérales, était en général, et sauf abonnement particulier, d'une année de revenus des biens qui y étaient sujets (Po-

(1) Pothier, au *Traité des Fiefs*, p. 293 et suiv.

(2) Que l'on suppose dans l'hérédité personnelle 100,000 fr. de biens, et, ce qui n'est pas rare, 80,000 fr. de dettes. Les enfants payant un pour cent sur l'actif de 100,000 fr. comme s'il était libre de toute charge, auront payé en réalité cinq pour cent sur 20,000 francs, à quoi se bornent effectivement les biens dont ils héritent de leur père.

thier; *ibid*, p. 336). D'ailleurs la quotité n'en variait point à raison du plus ou moins de proximité des collatéraux qui succédaient. La fiscalité moderne a inventé de faire progresser les tarifs en raison des distances dans les degrés de consanguinité. Les cousins au delà du 4e degré paient le taux énorme de 8 pour cent. Les successions recueillies par des légataires étrangers sont frappées de l'impôt de 9 pour cent, toujours sans déduction du passif.

Et ces tarifs qui rendent le fisc *cohéritier de toutes les successions*, souvent dans une proportion très-élevée, ne sont pas encore à beaucoup près la charge la plus désastreuse qui grève à cet égard les familles. La plaie, plaie dévorante pour les petites successions, c'est le partage par autorité de justice où, sous la forme de droits de timbre et d'enregistrement, l'État prend encore une si large part.

Un ami me signale le fait suivant dont je reproduis la notice telle qu'il me la donne : « P.... possède une « maison et son clos de la valeur de 1200 francs. Il a « eu d'un premier mariage deux enfants. Devenu « veuf il se remarie ; il a de ce second lit un enfant. « P.... meurt laissant ce dernier en bas âge. Au mo- « ment de sa mort, il a 500 et quelques francs de det- « tes. La Justice intervient : inventaire, conseil de fa- « mille, licitation, liquidation, purge etc., etc. Bref, « le petit immeuble est vendu 1200 francs, à la barre « du tribunal, à 14 lieues de là ; et les frais funéraires « payés ainsi que le médecin, il reste 0 fr. 00 cent. « aux enfants et à la veuve ».

Il n'y a, hélas! rien de particulier ni d'exorbitant. Des gens spéciaux nous affirment que, vu les interminables évolutions de la procédure de partage, vu la mulplicité des actes parasites qui la compliquent, une seule chose peut surprendre, c'est que les héritiers de P.... n'aient pas *redû* de l'argent à leurs hommes d'affaires. Ceux-ci étaient assurément fort honnêtes et plus modérés que le tarif légal, pour avoir équilibré les frais avec un misérable actif. Ajoutons que cette forme judiciaire du partage, ruineuse pour les petits patrimoines, n'en est pas moins la forme obligatoire quand il y a des mineurs parmi les héritiers. Qu'il y ait ou non matière à contestation, il faut en pareil cas passer par l'expertise, la vente et la criée du mobilier, la liquidation judiciaire, etc. Nos lois n'ont pas su manifester autrement leur sollicitude pour l'orphelin en état de minorité, et n'ont pas imaginé d'autre moyen qu'une procédure ruineuse de préserver des intérêts qu'un partage amiable pourrait compromettre. De telles infirmités dans la législation moderne devraient nous rendre modestes et nous faire juger de moins haut cette fiscalité féodale, moins âpre et plus humaine que la nôtre.

FIN

TABLE DES MATIÈRES

PREMIÈRE PARTIE

LE MOYEN AGE

DEUXIÈME PARTIE

LE DROIT DE DIEU

TROISIÈME PARTIE

LE MARITAGIUM

QUATRIÈME PARTIE

LES FAITS

PARIS. — IMP. VICTOR GOUPY, RUE GARANCIÈRE, 5.